Wenn der Staat tötet
Eine Geschichte der Todesstrafe
by Helmut Ortner

Copyright © 2017 by Helmut Ortner, C&C Frankfurt

Theiss Verlag, Inprint der WBG,
Wissenschaftlichen Buchgesellschaft Darmstadt, Germany

死刑の歴史

死刑囚が猛獣たちの中に投げ込まれる。
ティスドゥルス（現在のエル・ジェム）のドムス・ソレルティアーナより出土。
3世紀（チュニス考古学博物館蔵）。

磔刑というとりわけ残酷な処刑方法は、今日に至るまでキリスト教文化にはつきものである。
アルブレヒト・アルトドルファーによるキリスト受難の祭壇画。1510–1512制作。
ザンクト・フローリアン修道院（アウグスティーナー・コーアヘレンシュティフト）蔵。

この木版画（1530年頃）にはさまざまな処刑方法が描き込まれている。絞首刑、斬首刑、焚刑、奥には鞭打ち刑も見える。

車輪刑の様子。ジャック・カロの銅版画「戦争の惨禍」(1632-1633) 連作18葉のうちの第14葉。

絞首刑。ジャック・カロの銅版画
「戦争の惨禍」(1632-1633) 連作
18葉のうちの第2葉。

ジョゼフ゠イニャス・ギヨタン (1738-1814)。
フランスの医師、政治家。後に彼の名を冠せられる断頭装置による
処刑の「人道化」を議会で提案した。18世紀の絵画。作者不詳。

1793年1月21日、パリの革命広場（現コンコルド広場）で処刑されたルイ16世の首が群衆に示される。同時代の彩色銅版画。

「メキシコ皇帝マキシミリアンの処刑」。
ケレタロ市、1867年6月19日。エドゥアール・マネの絵画（1868-1869）。

マキシミリアン皇帝とその将軍メヒア、メラモンの射殺。
ケレタロ市、1867年6月19日（フォトモンタージュ。中央が皇帝と将軍たちで、
左右に処刑部隊の写った写真が合成されている）。

リンカーン暗殺犯ジョン・ウィルクス・ブースの共犯者たちの処刑。
1865年7月7日。絞首刑を執行されたメアリー・E・サラット、ルイス・T・パウエル、
デイヴィッド・E・ヘロルド、ジョージ・A・アツェロット。
写真:アレクサンダー・ガードナー。

ギロチンによる断首刑。パリ、1910年頃。

ミュンヘンの非ナチ化法廷の被告人席に座るドイツ人元処刑人
ヨハン・ライヒハルト（1893-1972）。1947年8月23日。
彼はドイツ最後の死刑執行人だった。この職を彼は1924年にバイエルンで叔父から引き継いだ。第三帝国時代には2,800件以上の死刑を執行。戦後は米軍政府から委託されて150名を超えるナチス戦犯を処刑した。

プレッツェンゼー処刑場のギロチンを見るロシア兵たち。
1945年5月に撮影。

銃殺刑。ユタ州立刑務所の処刑室。2010年6月18日にロニー・リー・ガードナーが処刑された後の様子。椅子の後ろの板壁に四つの貫通痕が見える。

電気を使った処刑。テキサス州ハンツビル刑務所博物館に展示されている電気椅子「オールド・スパーキー」

ガスによる処刑。カリフォルニア州サンクェンティン刑務所のガス室。
1972年1月。扉の右隣に見えるバルブホイールで流入するガスの量が調節できる。

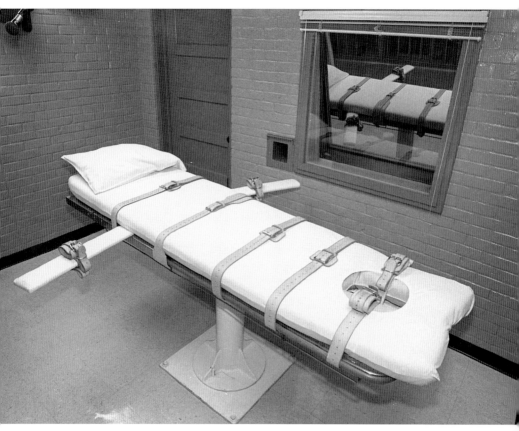

薬物注射による処刑。テキサス州の悪名高いハンツビル刑務所の死刑房（撮影は2000年）。ここでニュルンベルク生まれの強盗殺人犯トロイ・アルバート・カンクルが処刑された。

目 次

特別寄稿　『国家が人を殺すとき』日本語版へ
日本における死刑の状況と本書の意義…1
　　村井　敏邦
****

プロローグ
国民の名の下に——最新の状況…21

序
1　国家が人を殺すとき——長らく待たされたトロイ・デイビス…29
2　アーカンソー州の薬物カクテル注射
　　——または、なぜ米国ではその薬物が不足するのか…36

第1部　儀　式——太古の罰　43

　第1章　殺害のカタログ——権力と名誉と死…44
　第2章　神の手による殺害——報復と和解…57
　第3章　最後の食事——和解の申し入れ…63

第2部　処刑器具——殺害技術の進歩　73

　第1章　すべての権能を機械にゆだねて——ギロチン…74
　第2章　銃弾による死——銃殺…90
　第3章　身体に流される電流——電気椅子…95
　第4章　「アクアリウム」での死——ガス室…103
　第5章　血管からもたらされる死——薬物注射…109

第3部　執行人──法の手足となって　125

第1章　処刑人という職──追放されし者…126
第2章　カルニフェクス（死刑執行人）──関連資料…130
第3章　「私はよき処刑人でした」──死刑執行人が語る…135
第4章　ギロチンの隣に立つ男──ヨハン・ライヒハルト…148

第4部　マーケッター──殺害の値段　175

第1章　悪に対する米国の闘い…176

第5部　告知するもの──公的な演出　185

第1章　恐怖の劇場──民衆文化と死刑…186
第2章　最期の言葉──処刑された人々が遺した言葉…197

エピローグ

死刑についての考察──ある見解表明…201

展　望

希望のとき？──死刑制度をめぐる世界の現状…209

死刑制度に抗して／トーマス・フィッシャー…215

訳者あとがき／須藤　正美…223

補　遺
処刑方法に関する資料——絞首刑から薬物注射まで…227
1976年以降に死刑制度を廃止した国々…229
出典について…231
註…233
文献一覧…243

"死刑。それは観衆の大部分にとっては
血を沸き立たせる人身御供の儀式、暇つぶしの見世物に他ならないが、
何人かにとっては嫌悪混じりの同情を掻き立てる対象である。
法は死罪を通じて観衆に有益なる恐怖をもたらそうとする。
しかし同情と恐怖、これら二つの情動は
はるかに多くの影響を彼らに及ぼすのだ"
チェーザレ・ベッカリーア
〔イタリアの法学者、経済学者、啓蒙思想家〕
1764年

"私は処刑が無意味であるとの結論に至った。
処刑とは原始的な復讐欲という時代遅れの欲求である。
この欲求は物事を単純化し、復讐の責任を他者に転嫁する"
アルバート・ピアポイント
〔イギリスの死刑執行人、別名：最後のハングマン〕
1974年

特別寄稿　『国家が人を殺すとき』日本語版へ

日本における死刑の状況と本書の意義

村井　敏邦

本書の意義

　オウム事件の死刑確定者13名に対する死刑が執行された。同一事件に関わった者が同時的に死刑を執行されるのは、明治時代の幸徳秋水大逆事件（1910年）以来である。
　大逆事件では、24名に対して死刑が言い渡されたが、うち12名は恩赦によって減刑されている。しかし、オウム事件においては、裁判で言い渡されたとおりの死刑が執行された。

なぜ今、大量執行か？

　オウム事件の死刑確定者13名に対する死刑執行はどういう意味を持っているのだろうか。
　2020年の東京オリンピックを前にして、テロの恐れのあることを残しておきたくないということで、執行を急いだという観測がある。また、同年には国連犯罪防止会議が東京で開かれ、死刑を含む刑のあり方が議論されることになっている。その場で日本の死刑についても話題に上がり、ヨーロッパ諸国からの批判が起きる可能性があるので、そこまでオウム事件の受刑者たちの執行を延ばしたくなかったのではないか、という見方もある。
　しかし、今回の大量執行に対しては、国際的にも奇異の目でみられており、批判は避けようがないであろう。
　被害者の側からも、早急な執行は、事件を闇に葬り去ったようなもので、真相究明にかえってマイナスだという反応が出ている。いまだ残るオウム真理教の信者の中からは、死刑執行された人たちを殉教者として称える動きさえある。
　死刑存置者の中からも、教祖1人だけの執行にとどめられなかったかという声がある。執行された人の中には、再審請求中の人もおり、また、真摯に

事件に向き合って、事件の意味を考えている人もいる。このような人たちを一挙に抹殺することへの疑問がある。

　今回の大量執行は、上記の点も含めて、いろいろなことを考えさせてくれる。

　本書で著者のヘルムート・オルトナー氏は、日本の状況にも触れている。その状況に付加する意味で、オウム事件の大量処刑に触れることから本稿は書き始めた。

　国際的な批判を浴びるおそれのある大量執行が行われ、死刑問題も議題の一つとして議論される国連犯罪防止会議が日本で開かれる2020年を前にして、本書が刊行されるのは、大変に意義のあることである。

　改めて、本書のオルトナー氏の著述するドイツを始めとする欧米の死刑の歴史と現状について知ることは、日本の死刑について考える上でも、非常に参考となる。

　そこで、欧米の状況に接する前に、日本の死刑の状況について若干の論述をして、併せて参考に供したい。

日本における死刑をめぐる議論

　日本の政府は、死刑を存置する理由の第一に、世論調査の結果をあげる。

　2014（平成26）年の内閣府が実施した世論調査の結果は、以下の通りである。

（１）　死刑制度の存廃

　死刑制度に関して、「死刑は廃止すべきである」、「死刑もやむを得ない」という意見があるが、どちらの意見に賛成か聞いたところ、「死刑は廃止すべきである」と答えた者の割合が9.7％、「死刑もやむを得ない」と答えた者の割合が80.3％となっている。

　性別にみると、「死刑もやむを得ない」と答えた者の割合は男性で高くなっている。

　ア　死刑制度を廃止する理由

　死刑制度に関して、「死刑は廃止すべきである」と答えた者（178人）に、その理由を聞いたところ、「裁判に誤りがあったとき、死刑にしてしまうと取り返しがつかない」を挙げた者の割合が46.6％、「生かしておいて罪の償いをさせた方がよい」を挙げた者の割合が41.6％、「国家であっても人を殺すことは許されない」を挙げた者の割合が38.8％、「人を殺すことは刑罰で

あっても人道に反し、野蛮である」を挙げた者の割合が31.5％、「死刑を廃止しても、そのために凶悪な犯罪が増加するとは思わない」を挙げた者の割合が29.2％、「凶悪な犯罪を犯した者でも、更生の可能性がある」を挙げた者の割合が28.7％の順となっている。（複数回答）

　イ　即時死刑廃止か、いずれ死刑廃止か

　死刑制度に関して、「死刑は廃止すべきである」と答えた者（178人）に、死刑を廃止する場合には、すぐに全面的に廃止するのがよいと思うか、それともだんだんに死刑を減らしていって、いずれ全面的に廃止する方がよいと思うか聞いたところ、「すぐに、全面的に廃止する」と答えた者の割合が43.3％、「だんだん死刑を減らしていき、いずれ全面的に廃止する」と答えた者の割合が54.5％となっている。

　ウ　死刑制度を存置する理由

　死刑制度に関して、「死刑もやむを得ない」と答えた者（1,467人）に、その理由を聞いたところ、「死刑を廃止すれば、被害を受けた人やその家族の気持ちがおさまらない」を挙げた者の割合が53.4％、「凶悪な犯罪は命をもって償うべきだ」を挙げた者の割合が52.9％などの順となっている。（複数回答、上位2項目）

　都市規模別にみると、「死刑を廃止すれば、被害を受けた人やその家族の気持ちがおさまらない」を挙げた者の割合は中都市で高くなっている。

　性別にみると、「死刑を廃止すれば、被害を受けた人やその家族の気持ちがおさまらない」を挙げた者の割合は女性で、「凶悪な犯罪は命をもって償うべきだ」を挙げた者の割合は男性で、それぞれ高くなっている。

　年齢別にみると、「凶悪な犯罪は命をもって償うべきだ」を挙げた者の割合は70歳以上で高くなっている。

　エ　将来も死刑存置か

　死刑制度に関して、「死刑もやむを得ない」と答えた者（1,467人）に、将来も死刑を廃止しない方がよいと思うか、それとも、状況が変われば、将来的には、死刑を廃止してもよいと思うか聞いたところ、「将来も死刑を廃止しない」と答えた者の割合が57.5％、「状況が変われば、将来的には、死刑を廃止してもよい」と答えた者の割合が40.5％となっている。

　都市規模別にみると、大きな差異はみられない。

　性別にみると、「将来も死刑を廃止しない」と答えた者の割合は男性で、「状況が変われば、将来的には、死刑を廃止してもよい」と答えた者の割合

は女性で、それぞれ高くなっている。

　年齢別にみると、「将来も死刑を廃止しない」と答えた者の割合は70歳以上で、「状況が変われば、将来的には、死刑を廃止してもよい」と答えた者の割合は20歳代で、それぞれ高くなっている。

（2）　死刑の犯罪抑止力

　死刑がなくなった場合、凶悪な犯罪が増えるという意見と増えないという意見があるが、どのように考えるか聞いたところ、「増える」と答えた者の割合が57.7％、「増えない」と答えた者の割合が14.3％となっている。なお、「わからない・一概には言えない」と答えた者の割合が28.0％となっている。

　前回の調査結果と比較してみると、「増える」（62.3％→57.7％）と答えた者の割合が低下し、「増えない」（9.6％→14.3％）と答えた者の割合が上昇している。

　都市規模別にみると、大きな差異はみられない。

　性別にみると、「増えない」と答えた者の割合は男性で高くなっている。

　年齢別に見ると、「増えない」と答えた者の割合は40歳代で高くなっている。

（3）　終身刑を導入した場合の死刑制度の存廃

　仮釈放のない「終身刑」が新たに導入されるならば、死刑を廃止する方がよいと思うか、それとも、終身刑が導入されても、死刑を廃止しない方がよいと思うか聞いたところ、「死刑を廃止する方がよい」と答えた者の割合が37.7％、「死刑を廃止しない方がよい」と答えた者の割合が51.5％となっている。なお、「わからない・一概には言えない」と答えた者の割合が10.8％となっている。

　性別にみると、「死刑を廃止する方がよい」と答えた者の割合は女性で、「死刑を廃止しない方がよい」と答えた者の割合は男性で、それぞれ高くなっている。

　年齢別にみると、「死刑を廃止する方がよい」と答えた者の割合は50歳代で高くなっている。

死刑制度の存廃論

存置論

　第1　憲法31条は、「生命、身体、自由、財産は、法に定める手続によらなければ、これを奪われない」としており、法に定める手続によれば生命を奪われることを認めていること、

第2　死刑には犯罪抑止効果があること、
第3　生命が奪われた場合には、生命で償うというのが、正義の要請であること、
第4　犯罪に見合った刑罰を科すというのは、社会の人に対する教育になること、
第5　誤判の可能性は死刑以外の刑罰においてもあり、取り返しがつかないことはその他の刑罰においても同様であること、
第6　世論調査の結果によると、80％以上の人が死刑の存置に賛成していること、など

廃止論
第1　死刑は残虐な刑罰であるから憲法36条により禁止されていること、
第2　死刑には必ずしも一般予防の効果がないこと、
第3　死刑が基礎にしている「目には目を」という応報主義は、近代国家における刑罰思想から駆逐されつつあること、
第4　現代の刑罰思想は、教育刑主義であり、社会復帰こそ刑罰の目的であること、
第5　裁判には常に誤判の可能性があるが、死刑執行後に誤判であることが判明しても、取り返しがつかないこと、
第6　死刑廃止は世界の趨勢であること、など

日本における死刑の歴史の起源
古代の死刑
　古代の刑についての記述は、古事記、日本書紀にみられる。死刑という言葉は、古事記下巻仁徳天皇条の「速総別の王と女鳥の王」の項に出てくる。天皇が速総別と女鳥を討ち殺した後、天皇の将軍であった山部の大楯の連が、まだ肌の温かい女鳥の王の手からはぎ取った腕輪を自分の妻に与えたとして、召し出した上で、死刑にしたという記述である。
　死刑の形態としては、絞刑と斬刑が併用され、時に火刑も用いられたことが、古事記、日本書紀の記述によって知られる。

律令時代
　律令時代の刑は、笞杖徒流死とある。その最高刑である死刑は、絞と斬の

2種であった。皇族などの死罪に対しては、自ら死を選ぶ自尽が認められていた。特権を利用した閏刑の一種である。この自尽が武家時代には、切腹という形態になる。

仏教伝来と死刑

　奈良時代に仏教が日本に伝えられると、死刑に対しても、恩赦による減刑が盛んに行われた。

　続日本紀の記述によると、奈良時代、とくに聖武天皇の時代が最も恩赦が盛んで、死刑に対する恩赦も盛んに行われている。いくつかの例を示しておこう。

　聖武天皇即位の年、神亀元（724）年の10月16日に、「死罪以下の罪人を許した」とあり、翌年の12月21日に、次のような記載がある。

　「死んだ者は生き返ることができない。処刑された者はもう一度息を吹き返すことがない。これは古典にも重要なこととされたことである。刑の執行に恵みを垂れることがなくてよかろうか。今、行部省の奏上した在京および天下の諸国の現に獄につながれている囚徒のうち、死罪の者は流罪に、流罪の者は徒罪に減刑せよ。徒罪以下の者については、行部省の奏上のようにせよ。」

　また、天平6（734）年7月12日には、次のような記載がある。

　「朕が人民をいつくしみそだてることになってから何年かたった。しかし教化はまだ十分でなく、牢獄は空になっていない。夜通し寝ることも忘れて、このことについて憂えなやんでいる。この頃天変がしきりに起こり、地はしばしば振動する。まことに朕の教導が明らかでないために、人民が多く罪に落ちている。その責任は朕一人にあって、多くの民に関わるものではない。よろしく寛大に罪を許して長寿を全うさせ、きずや汚れを洗い流し、自ら更生することを求め、天下に大赦を行う。ただし八虐や故意の殺人、謀殺の実行犯、別勅による長期の拘禁者、強盗で人を傷つけた者、官人・史生の違法の収賄、管轄する所から盗んだ者、偽って人を死んだことにしたり、良人をさらって奴婢としたり、強盗・窃盗など、通常の赦で許されないものはこの対象に入れない。」

翌天平7（735）年5月23日にも、同様の詔がみられる。

「朕は徳の少ない身でありながら万民の上に君臨しているが、自身は政治の要諦に暗く、まだ人民に安らかな暮らしをさせることができない。この頃災害や異変がしきりに起こって、朕の不徳を咎められる徴候が度々あらわれている。戦々恐々として責任は自分にあることを感ずる。そこで死刑囚の罪をゆるめ、困窮の人民をあわれみ温い恵みを施し、天下に大赦を行おう。天平7年5月22日の夜明けより以前の死刑囚以下、皆悉く赦免する。」

仏教の影響が強くあることは明らかである。しかし、犯罪が多発するのは、自分の行う政治が悪いせいだという自省が、当時の統治者にはあったということが重要である。現在の政治家に、この謙虚さがほしい。その謙虚さの表れが、恩赦だと思うならば、死刑に対しても、恩赦があってもよいのではないだろうか。

死刑と恩赦

大逆事件については、死刑の言渡しを受けた人が恩赦によって無期刑などに減軽されている。恩赦には、大赦、特赦、減刑、刑の執行免除、復権がある。大逆事件では、このうち、減刑が適用された。

近年の恩赦は、昭和天皇逝去（1989年）、天皇即位の礼（1990年）、皇太子結婚（1993年）にあたってのものがあったが、死刑確定者に対する恩赦はない。2017年の犯罪白書によると、2017年には、刑の執行の免除が5人、復権が24人と恩赦が実施されている。

「恩赦の制度は、後世幾多の弊害を生じ、刑政を弛廃せしめたが、この制度ができた最初の動機は、人間の行う裁判は、どんなに努力をしてみても、絶対的な正確性を期し得ないから、何かの機会にすべての罪囚を一掃して、無辜の罪に泣く者を無くしてしまおうというにあったようである。」
滝川政次郎「恩赦制の存廃を論ず」『日本行刑史［第3版］』（青蛙房、1972年）368頁

死刑の執行のない346年間

平安時代（794〜1185年）には、前代の奈良時代からの緩刑傾向は一層進み、810年（弘仁元年）から1156年（保元元年）までの346年間は、死刑の判決が

あっても、天皇の勅令によって1等を減じて遠流にするという慣行が生じた。この間、日本では死刑のない時代があった。

　死刑の執行が復活したのは、保元・平治の乱という日本全土にわたる骨肉相食む争いの最中で、源氏方の大将源為義を勝利した平家方が処刑したことによる。このことを記した『保元物語』の作者の言「誠に国に死罪を行えば、海内に謀叛者絶えずとこそ申すに、多くの人を誅せられるるこそ浅ましけれ。」を引用した団藤重光博士は、「死刑の与える社会心理的効果は、人々の間に逆効果を及ぼして、かえって秩序維持に反する結果にもなりかねないのです。」と述べている[1]。

武家時代の死刑
鎌倉・室町・戦国時代
　鎌倉幕府が制定した御成敗式目には死刑は絞と斬の2種であったが、実際には、絞は行われず、もっぱら斬刑のみが行われていた。

　足利幕府は鎌倉幕府の後継を任じていたので、御成敗式目を一応踏襲していた。しかし、その末になり、戦国時代には、斬刑のほかに、磔、逆磔、鋸引、牛裂、火刑、釜煮などの残酷な刑が行われるようになった。強盗の頭目石川五右衛門が釜煮になったというのは、史実である。

寺法による死刑：石子詰の刑
　戦国時代から江戸初期には、幕府の法ではなく、寺の法によって裁かれるということがあった。

　その一つに奈良の春日大社の鹿を殺した罪に対する石子詰の刑というのがあった。落語の鹿政談の源流である。もとは講談話として作られ、それが落語になった。

　話は、奈良の町で豆腐屋を開く人が朝早くに仕込みをしていると、玄関に出してあったおからの桶に首を突っ込んでむしゃむしゃと中のおからを食べている獣がいた。豆腐屋はこれを犬だと思い、追い払うつもりで近くにあった槙割りを投げると、運悪くそれがその動物にあたり、コロッと死んでしまった。近くによって見てみると、それは犬ではなく鹿であった。

　当時、興福寺の寺法によると、「鹿を殺害した者は、過ちであっても死罪。

1）団藤重光『死刑廃止論［第1版］』（有斐閣、1991年）133頁。

親類縁者も同罪。」ということになっていた。大変なことをしたというので、オロオロしていると、町役人がやってきて、寺役人のところに連れて行かれ、寺役人は、鹿殺しの罪ということで、奈良町奉行に訴えた。

奉行所では、時の奉行（落語では、根岸肥前守とか、松野河内守とか、はては大岡越前守の名前が出されるが、いずれも、奈良町奉行にはなっていない）が登場して、お裁きが始まる。奉行は、日ごろから鹿殺しに対して死罪とする寺法を苦々しく思っていたので、豆腐屋を何とか助けようとする……というような話である。

『興福寺略年代記』には、天文20（1551）年10月2日、10歳くらいの女の子が石を投げて鹿を殺したことで引き回しの上、斬首となったという記録がある。親類縁者も同類として斬首となったという。

三作の伝説

興福寺の小坊主「三作」が他の小坊主とともに習字の手習いをしていたところ、鹿がやってきて三作の書いた紙を食べてしまった。腹を立てた三作が文鎮で鹿の頭を殴ったところ、鹿が死んだ。

三作は「石子詰」の刑に処せられたという。

奈良の菩提寺に「三作の墓」があり、そこに、次のような立札が立っている。

日本における死刑の状況と本書の意義 —— 9

石子詰の刑とは

　穴を掘って罪人を生きたままそこに入れ、上から石を入れて生き埋めにした。元々は山伏などに対する罰として行われた。

　各地でリンチとして行われた。

　江戸時代の寛文10（1670）年までは、鹿の殺害等についての警察権は興福寺にあった。1670年に至って、奈良町奉行が処断するようになり、寺法時代は終わる。

江戸時代

　江戸時代初期は、戦国時代同様の残酷な死刑があった。徳川幕府が制定した公事方御定書（いわゆる御定書百カ条）には、正刑として、下手人、死罪、火罪、獄門、磔、鋸引の6種が規定され、そのほかに、士族に対しては、軽い刑（閏刑）として、切腹と斬刑があるとされた。

　下手人というのは、首をはねて行う死刑の一種である。首をはねて殺すのは、死罪と同じであるが、下手人はそのままにしておくのに対して、死罪は遺体を将軍の刀の様（ためし）斬りに使用する刑で、斬首より重いとされた。獄門は処刑された首を晒す付加刑で、梟示とも称された。

　磔は、十字架の上に罪人を張り付けておいて、左右から槍で突き殺す。鋸引は、戦国時代と違って、竹鋸でひき殺すのではなく、磔の前に首を鋸で引いた上で、磔にかけた。

　火罪は、火焙りの刑で、柱に縛り付けて焼き殺す刑で、放火犯に限定して科せられた。江戸時代の火焙りの刑として有名なのは、八百屋お七である。「御定書」で最も重い罪は、「逆罪」であった。主人や親に反抗して殺傷したという「主殺し」「親殺し」という罪である。「二日晒一日引廻鋸引の上磔」という刑となった。

　江戸時代の刑は残酷であったといわれるが、抜け道もあった。

　江戸の川柳に「どうしてくりょう3分2朱」というものがある。10両以上の物を盗むと死罪というのが、「御定書」の規定である。10両以上の盗みがあったかどうかは、被害者の申告による。多くの被害者は、被害額を10両以上とせず、「9両3分2朱」とした。そこから、上のような川柳が生まれた。

明治以降の死刑

　1869（明治2）年正月、磔と火焙りの刑が廃止された。

1870（明治3）年12月、新律綱領発付によって、死刑は絞刑になった。絞刑は絞柱に縛りつけてうなじに縄をかけ、その先におもりをつけてつるす方式であった。しかし、この方式では蘇生することがあったため、現在の絞首刑台が導入され、太政官布告によって執行方法は「踏み板式開落方式」となった。

　獄門、晒首が廃止されたのは、1878（明治11）年5月のことである。司法卿（現在の法務大臣）時代この刑が残酷であるとして廃止を主張していた江藤新平は、萩の乱に敗れて、それより以前、明治7年4月に晒首になっている。

　なお、江戸期の取調べは、自白しない場合には、拷問にかけるというのが通常であった。明治に入っても拷問は行われていたが、法律顧問として明治政府に雇われたフランスのボアソナードがあるとき、拷問による取調べを見て、その残酷さに驚き、拷問の廃止を進言し、それによって公式には拷問が廃止された。

　しかし、現実は、拷問による取調べは、第二次世界大戦終了後まで公然として行われていた。とくに、治安維持法違反などの思想犯に対しては、激しい拷問が行われ、それによって死亡するということもしばしば生じていた。作家の小林多喜二が警察における拷問の末に殺された事件は有名である。

　戦後、日本国憲法第36条で、「拷問その他残虐な刑罰は、絶対にこれを禁止する」とされた。しかし、実際には、拷問によって自白を強要する捜査実務は改まらずに続いていた。

　最近は、拷問禁止条約の制定などの国際的な動きの中で、さすがに戦前のような、あからさまな物理的拷問はみられなくなったが、それでも、暴力的な言動を示して取調べをする例は、依然として報告されている。取調べのあり方が変更されない限り、風習化した強硬な自白の強要はなくならないのかもしれない。

日本における死刑の現状
秘密裡の執行

　日本の死刑執行は秘密裡に行われる。かつては、執行日は、執行の数日前に執行される死刑受刑者に知らされていたが、近年は、執行される死刑受刑者自身にも、当日の朝にしか知らされない。

　あらかじめ知らせると、受刑者が動揺して暴れるなどするというのが、知

らせない理由のようであるが、そうした受刑者もいるだろうが、むしろ、家族との最後の面会の機会が持てるなど、執行までの時間がある方が人間的な対応が可能である。少なくとも、受刑者の人間性回復の時間は必要である。この期間を与えず執行するというのは、死刑の感銘力を問題にする当局の姿勢とも矛盾する。

　しばらく前までは、死刑の執行があったか否かも秘密であった。これも最近は執行の事実は公表するようになったが、あくまでも執行後である。あらかじめいつ執行するかを関係者や報道機関が問い合わせても、一切回答がない。

　執行する場所についても、最近、国会議員や報道機関に死刑場を公開したことがあるが、それは民主党政権下での一度限りである。その後の公開はない。

死刑に関する裁判と判例

　最高裁判所は、1948（昭和23）年3月12日の大法廷判決（刑集2巻3号191頁）で、死刑は残虐な刑罰にあたらないとした。この判決は、理由の冒頭に、「生命は尊貴である。一人の生命は、全地球よりも重い。」と生命尊重の精神を掲げた上で、「死刑は、まさにあらゆる刑罰のうちで最も冷厳な刑罰であり、またまことにやむを得ざるに出ずる窮極の刑罰である。それは言うまでもなく、尊厳な人間存在の根元である生命そのものを永遠に奪い去るものだからである。」と死刑の究極性を指摘した。その上で、「しかし死刑は、冒頭にも述べたようにまさに窮極の刑罰であり、また冷厳な刑罰ではあるが、刑罰としての死刑そのものが、一般に直ちに同条にいわゆる残虐な刑罰に該当するとは考えられない」とした。

　現在まで、死刑が残虐な刑罰にあたると主張して、死刑制度の違憲性が争われた事件はいくつかあるが、最高裁判所は、いずれも上記の大法廷判決を引用して、違憲主張を排斥している。

死刑の執行方法の是非

　1948年の最高裁判所の判決は、死刑そのものが憲法にいう残虐な刑罰にはあたらないとしたが、その執行方法のいかんでは、死刑が残虐な刑罰にあたる場合もあるとしている。

　「その執行の方法等がその時代と環境とにおいて人道上の見地から一般に

残虐性を有するものと認められる場合には、勿論これを残虐な刑罰といわねばならぬから、将来若し死刑について火あぶり、はりつけ、さらし首、釜ゆでの刑のごとき残虐な執行方法を定める法律が制定されたとするならば、その法律こそは、まさに憲法第三十六条に違反するものというべきである。」

このことから、実務上、議論は、死刑自体の違憲性から死刑執行方法の違憲性へと移ってきた。

日本の死刑は、絞首刑である。米国では、19世紀末に絞首刑の残虐性が問題となり、電気椅子がより残虐でない方法として開発された。日本では、絞首刑の残虐性については、1955（昭和30）年4月6日の最高裁判所大法廷判決（刑集9巻4号663頁）は、「現在各国において採用している死刑執行方法は、絞殺、斬殺、銃殺、電気殺、瓦斯殺等であるが、これらの比較考量において一長一短の批判があるけれども、現在わが国の採用している絞首方法が他の方法に比して特に人道上残虐であるとする理由は認められない。従つて絞首刑は憲法三六条に違反するとの論旨は理由がない。」とした。

しかし、この判例では、絞首方法が残虐でないという論拠は、とくに示されなかった。

下級審判例であるが、2011（平成23）年10月31日大阪地裁の判例の事案では、絞首刑の残虐性が真正面から争点とされた。弁護人は、「絞首刑は、受刑者に不必要な害悪を与え、頭部を離断させるおそれもある。その実態は、執行に立ち会った者が、これほどむごたらしいものはないと述懐するほどのものである。世界的に見ても、今日、絞首刑を維持している国は限られている。これらの点からすると、絞首刑が残酷ではないとした判例（最大判昭30・4・6刑集9巻4号663頁）は、時代と環境の変化の下で、もはやその前提を失ったというべきである。絞首刑は憲法36条に反する残酷な刑罰にあたる。また、頭部離断に至った場合には、断頭刑となり、法の定めない刑が執行されたことになって、憲法31条にも反する。」と主張した。これに対して、大阪地裁は、「裁判員の意見も聴き、絞首刑は憲法に違反するものではないとの結論に至った。」とした上で、次のような理由を述べた。

ア 「絞首刑は、意識喪失に至るまで、最低でも8秒間、受刑者が苦痛を感じ続ける可能性がある。しかも、頭部離断を伴うこともあり、絞首刑には、受刑者が死亡するまでの経過を完全には予測できないといった問題点がある。」

イ　「しかし、死刑は、もともと受刑者の意に反して、その生命を奪うことによって罪を償わせる制度である。受刑者に精神的・肉体的苦痛を与え、ある程度のむごたらしさを伴うことは避けがたい。憲法も、死刑制度の存置を許容する以上、これらを不可避のやむを得ないものと考えていることは明らかである。そうすると、死刑の執行方法が、憲法36条で禁止する『残酷な刑罰』に当たるのは、考え得る執行方法の中でも、それが特にむごたらしい場合ということになる。殊更に受刑者に無用な苦痛を与え、その名誉を害し、辱めるような執行方法が許されないことは当然としても、医療のように対象者の精神的・肉体的苦痛を極限まで和らげ、それを必要最小限のものにとどめることまでは要求されないことは明らかである。自殺する場合に比べて、安楽に死を迎えられるということになれば、弊害も考えられる。特にむごたらしいか否かといった評価は、歴史や宗教的背景、価値観の相違などによって、国や民族によっても異なり得るし、人によっても異なり得るものである。死刑の執行方法が残酷と評価されるのは、それが非人間的・非人道的で、通常の人間的感情を有する者に衝撃を与える場合に限られるというべきである。そのようなものでない限り、どのような方法を選択するかは立法裁量の問題といえよう。」

　ウ　「絞首刑が死刑の執行方法の中で最善のものといえるかは議論のあるところであろう。しかし、死刑に処せられた者は、それに値する罪を犯した者である。執行に伴う多少の精神的・肉体的苦痛は当然甘受すべきである。また、他の執行方法を採用したとしても、予想し得ない事態は生じうるものである。確かに、絞首刑には、前近代的なところがあり、死亡するまでの経過において予想不可能な点がある。しかし、だからといって、既にみたところからすれば、残酷な刑罰に当たるとはいえず、憲法36条に反するものではない。」

　「頭部離断は、例外的に事故として生じるものであると認められ、しかも、多くの場合、頭部内部組織の離断にとどまる。そうすると、たとえこれらの事態が生じたとしても、多くの場合、断頭とまではいえないし、極めてまれな例外的な場合を一般化し、絞首ではなく断頭であるとするのは相当ではない。したがって、憲法31条に反するものではない。」

　この事件の上告審も、「死刑の執行方法に関して憲法31条、36条違反をいう点は、死刑制度がその執行方法を含め憲法のこれらの規定に違反しないこ

とは当裁判所の判例（最高裁昭和22年(れ)第119号同23年3月12日大法廷判決・刑集2巻3号191頁、最高裁昭和26年(れ)第2518号同30年4月6日大法廷判決・刑集9巻4号663頁、最高裁昭和32年(あ)第2247号同36年7月19日大法廷判決・刑集15巻7号1106頁）とするところであるから、理由がなく」として、あっさりと憲法違反の主張を排斥した。

日本の死刑を取り巻く状況：世界の状況と日本　孤立化する日本

　アムネスティ・インターナショナルの報告によると、世界的には、死刑を廃止した国が増えており、死刑を存置している国は減少している。死刑執行数も、統計の不明な中国を除くと、減少している。そうした趨勢にある中で、日本は孤立化を深めている[2]。

　イギリスなど、ヨーロッパ諸国では、死刑が言い渡された後、冤罪が判明したという事態を契機として、死刑廃止の機運が高まり、死刑廃止が決定されている。

　ハワイ大学のデビット・ジョンソン教授は、日本でも、死刑が確定した4事件について再審無罪となったときが死刑廃止のチャンスだったと指摘する。しかし、そのチャンスは生かされなかった。

　研究者や実務家の中には、死刑を見直そうという声は高まった。議会においても、死刑廃止議員連盟が党派を超えて結成された。しかし、世論調査においては、7、8割以上の国民が死刑存置であるという結果が示され続けている。政府は、この世論調査の結果を楯にして、死刑存置の方針を変更していない。

　死刑を廃止したフランスやイギリスでも、死刑廃止を決定した時の世論調査は、死刑存置が7割という数値を示していた。それでも、政府は死刑を廃止し、以後、死刑復活の動きはない。

　フランスが死刑廃止を決定した当時の法務大臣ロベール・バダンテールは、死刑の存廃は世論によるのではなく、政治的決断の問題であると述べている。

再審請求中の死刑執行

　かつての日本では、再審請求中の事件について、死刑を執行するということがなかった。しかし、最近は、再審請求中の事件についても死刑が執行さ

---

[2] デイビッド・T・ジョンソン、田鎖麻衣子『孤立する日本の死刑』（現代人文社、2012年）。

れている。確かに、再審開始決定が出た場合には、死刑の執行を停止することができるが、再審請求には、死刑の執行をとめる法的効果はない。

　しかし、再審が請求され、その請求が認められると、場合によっては死刑が覆り、無罪となる可能性もある。誤判の可能性という点では、再審開始決定がより具体的であるが、再審請求も、その方向が示されたということで、誤った決定によって死刑が執行されることを避ける必要のある契機である。再審請求中の死刑執行が多くなっているということは、憂うべき事態というべきであろう。

死刑と裁判員裁判

　死刑や無期刑が科される重大事件については、一般市民から選ばれた人が裁判官と一緒に審理に立ち会い、事実認定をし、刑の量定をする裁判員制度が、2009（平成21）年5月21日から始まった。米国の陪審制度では、陪審員は基本的には事実認定のみを行うことになっているが、日本の裁判員は、量刑についても判断しなければならない。死刑事件については、死刑にするかどうかの判断も行わなければならない。

　裁判員制度の発足前から、市民から死刑判断を行うことについて疑問や不安の声が出されていた。死刑事件に関わらなければならないならば、裁判員制度には反対だという意見も多くあった。

　現在、裁判員候補となった人が裁判員を辞退する数は年々増加している。その一つの要因は、死刑事件に関与しなければならないことにあるようである。

　『死刑廃止論』の著者・団藤重光博士は、裁判員制度を発足させるならば、死刑を廃止すべきだと主張した。筆者もこれに賛成である。

　しかし、現実には、死刑が残されたまま、裁判員制度が施行された。

死刑廃止への道

　前述したとおり、死刑再審4事件後も、死刑判決が出され、執行が行われている。死刑廃止への国際世論の圧力は、年々強くなっている状況である。

　日本国内においても、正義の観点から死刑存置を主張していた故植松正博士は、その絶筆ともいうべき随筆の中で、「私は死刑の存廃問題を問われると、正義感から、存置支持の意見を言明しているが、国際的運命としては、遠からず日本でも廃止となることを自覚しているので、今後は存置論を言ってみ

ても仕様がないとも思っているので、ここにそのことを言明しておくことにする。」と述べている[3]。

　筆者が博士の追悼文においてこのことに言及したところ[4]、団藤博士は、『死刑廃止論［第6版］』において、上記文章を引用した上で、「私は直接聞いたことはなかったが、私に対する友情にみちた遺言的な激励として受け止めたいと思う」と記された[5]。

　団藤博士は、死刑廃止論の中核に誤判問題を据えている。これに対しては、誤判は死刑のみならず、その他の刑罰においても同様に問題であるとの批判がされている。しかし、死刑はやはり他の刑罰とは量的にではなく、質的に異なっている。死刑の質的な違いについては、裁判員裁判における量刑評議の際に注意すべきこととしても言及されている[6]。

取り返しのつかない刑罰
　死刑が執行された場合には、たとえ再審によって無罪となっても、もはや失われた命は取り返しがつかない。それだけに、死刑事件については、絶対に誤判があってはならない。
　しかし、日本では、死刑が執行された事件で、誤判の可能性が指摘されている事件がいくつかある。
　その代表例は、すでに触れた大逆事件である。大逆事件については、戦後一度、再審請求が行われたが、棄却されている[7]。その後、再審請求をしようという動きもあるが、法律に定められた請求人がもはやみつからない。しかし、大逆事件の当時の判決内容を吟味すると、天皇を殺そうとしたという大逆罪の要件に当てはまる行為があったか、大きな疑問が湧いてくる。しかし、請求人が出てこない限り、どのような疑問があっても、もはや覆しえない。
　さらに、戦後の事件でも、いわゆる菊池事件というのがある。この事件は、

---

3) 植松正「見たこと聞いたこと」土地家屋調査士437号（1993年）19頁。
4) 村井敏邦「追悼・植松正先生」刑法雑誌39巻1号（1999年）194頁。
5) 団藤重光「第5版のはしがき［追記］」『死刑廃止論［第6版］』（有斐閣、2000年）36頁。
6) 「死刑の特殊性は、懲役刑の刑期のように数量的な変化がない、いわば質的な問題であるというところにある。」司法研修所編『裁判員裁判における量刑評議の在り方について』（法曹会、2012年）106頁。
7) 東京高裁1965（昭和40）年12月1日決定（最判21巻6号777頁、下刑集7巻12号2152頁、高刑集18巻7号836頁）。

ハンセン病というレッテルを貼られた人が隔離施設から逃げて、殺人を犯したということで、病院内に設けられた特別法廷で、公開もされずに大急ぎで審理が行われ、死刑が確定し、日をおかずに執行されたというものである。

　この事件では、被告人は終始無罪を主張し、確定後も再審請求を準備していたが、あっという間の執行であった。実体的に冤罪の可能性もあるが、なんといっても、ハンセン病への偏見から踏まれるべき手続が踏まれることがなかったという点が、最大の問題である。公開裁判の原則に違反し、デュープロセスに違反した裁判というべきである。しかも、この事件についても、請求人がみつからず、再審請求の道も絶たれている。

　日本の死刑実務は、このようにきわめて無残な結果をも生じさせている。

終身刑の導入について

　終身刑を導入することによって、死刑の言渡しを減少させることができるのではないかという意見がある。先に引用した2014年の世論調査においては、死刑を廃止すべきであるか存置すべきであるかという問いに加えて、終身刑を導入した場合にはどうかを聞く質問も加えられた。その結果、終身刑を導入した場合には、死刑を廃止した方がいいという意見が37.7％となり、死刑を存置した方がいいという意見が51.5％に減少している。これも、終身刑導入論の根拠の一つとなっている。

　終身刑導入論者は、死刑と無期刑との間に大きな隔たりがあるため、残虐な事件を前にして、裁判官はやむなく死刑を選ぶ傾向があるといい、死刑と無期刑との間に仮釈放のない終身刑があれば、死刑を回避して終身刑を選ぶのではないかという見通しを示す。

　しかし、この見通しは、まったく不確かである。針がどちらに振れるかは、まったくわからない。むしろ、これまでは無期刑を選んでいた事件について終身刑を適用することによって、より重罰化の方向に針が揺れるかもしれない。このような不確かな見通しの上で、終身刑を導入することに賛成することはできない。

スーパーデュープロセスの導入

　日本では死刑を言い渡すについて特別な手続はない。ある意味で、容易に死刑を選択することができる。これに対して、米国では、死刑事件については、大変厳格な手続が用意されている。

通常のデュープロセスを超えて、特別な、スーパーデュープロセスという手続を踏まなければ、死刑を選択することができない。しかも、この手続には、経費が大変にかかるようになっている。そのため、死刑を残している州でも、財政的な面からも、死刑を残すことにデメリットを感じて、死刑を廃止する州が出てきている。

　死刑を直ちに廃止できないならば、このようなスーパーデュープロセスを導入することによって、死刑を選択することに慎重になり、死刑の言渡しが減少する可能性がある。

プロローグ

国民の名の下に
──最新の状況

　東京、2017年12月16日。穏やかに晴れ上がった冬の日に日比谷図書文化館で「過去の克服」をテーマとする討論会が開かれた。私は近現代史を専門とされる東京大学の石田勇治教授と議論した。テーマは、ドイツと日本は第二次世界大戦後、いかにしてそれぞれの罪深き歴史と取り組んできたかというものだった。過去の抑圧、相対化、恥辱視とは？　今でもそれは政治と司法と社会のテーマであるのだろうか？　そもそもそれは公的な議論の中で何らかの役割を演じるのだろうか？　もしそうだとしたらそれはどんな役割か？　この土曜日の午前、議論の中心となったのは「過去の現前」というべき問題だった。

　その翌日も私はERCJ（NPO法人刑事司法及び少年司法に関する教育・学術研究推進センター）の創立5周年の講演会に招待講師として招かれた。法曹人、刑事法学者、保護司などの専門家集団と市民からなる聴衆を前にして、私は「記憶する義務」について語り、わがドイツにおけるナチスの過去との苦難に満ちた、ときに痛みを伴った取組みを報告した。それは私の父や祖父の世代が、命令の受け手、自発的な官僚、あるいはイデオロギーに染まった確信犯として、世界に恐怖と野蛮をもたらした、歴史上のきわめて暗い一齣(ひとこま)だった。さらに私は、いわゆる「第三帝国」の没落の後で、ドイツの人々が機能不全や罪、共同の罪といった負の遺産とどう向き合ってきたかを話した。

　罪は個々人だけでなく世代全体にも関係する。罪は個々の行為だけでなく歴史の局面全体にも関わるものなのだ。社会の罪と個人の罪。それらはどこで互いに絡み合い、補い合うのだろうか？　どこで組み合わされて冷酷さと野蛮の集合体となるのか？

　加害者たちのほとんどはすでに死に、被害を受けた人々と証人たちも亡くなった。個人的な記憶がますますまれなものとなりつつある現在に眼を向けるならば、「いかにしてそれが起き得たのか」を知ることが必要であり、記憶する「意欲」だけでなく、記憶する「義務」が求められる。「いかにして

それが可能となったのか」という問いに関して時効があってはならない。あなた方の国、日本でも。そして私の国、ドイツでも。これが私の講演の眼目だった。

　参加者からは賛同の拍手が送られた。講演後、活発な議論が行われた。対処が遅れたのはなぜか？　誰にその責任があるのか？　今何がなされるべきか？　学校や大学といった教育機関はどのような役割を果たし得るのか？　要するに記憶する「義務」というとき、政治と学問とメディアはいかなる義務を持つのか？

　過去の克服、死と恐怖と野蛮、人間性の喪失についての論議。それを現在との関連づけなしに済ませることができようか？

　私たちがこの日曜日の午後、人道的な規範の必要性と意義、人権と人間の尊厳を守る行動について議論していた一方、数キロ先では2件の死刑執行の最後の準備が粛々となされていた。

　その48時間後に発表されたのは、国際的な批判にもかかわらず日本政府〔法務大臣〕が2名の死刑囚に対する執行を承認し、殺人犯の関光彦と松井喜代司が絞首刑に処せられたということだった。関は4人殺害の廉で1992年に死刑判決を受けた。彼は犯行時点で19歳、日本の法では未成年だった。メディアの調査によると、未成年での犯行に対して死刑が言い渡された者への死刑執行は20年ぶりだという。

　これを私は夜、ネットで知った。日本での反響は奇妙に少なかった。日本メディアの報道は短く、素っ気なかった。批判的な論調どころかコメントさえなかったのだ。政治家は沈黙し、裁判官からの抗議の声もほとんど聞き取れなかった。日本の刑事法学者たちからも同様である。死刑執行を批判したのは若干の人権活動家たちだけだった。処刑に対する日本の姿勢と勾留条件に何年も前から異議を唱えている人権団体アムネスティ・インターナショナルも同様で、責任ある立場の人々に批判的な声が届くことはきわめて少なかった。2016年10月初めに日本弁護士連合会は初めて明確に死刑反対の姿勢を打ち出した。終身刑を導入し、それによって死刑を2020年までに撤廃することを政府に要求したのだ。日弁連は、日本が世界で最も殺人事件発生率が低く、それゆえ死刑制度を存置する必要がないことを指摘した。さらなるもう一つの根拠として誤審のリスクも挙げられた。

　大きな世論の反響はなかった。日本国民の多数が死刑に賛成なのだ。そし

て政府の姿勢はどうかといえば、右翼保守系の安倍晋三氏が2012年12月に首相に就任して以来、今回を含めてすでに21名が処刑されている（2018年1月現在）。何といっても世界第3位の経済大国である日本は、なおも死刑制度を維持する数少ない先進国の一つであり続けているのだ。

　死刑囚は何十年も処刑を待つことがある。とくに残酷だとして人権活動家や外国政府が批判するのは、日本では死の候補者に絞首刑の執行日が通知されない点である。そしてとうとう法務大臣の死刑執行命令が出されると、たいていの死刑囚はもうわずかな時間しか生きることができない。つまり死刑囚は、明日が自分の最後の日になるかもしれないという絶えざる不安の中で生きねばならないのだ。変化の兆しはみえない。今のところ、政治サイドからはこれまでの処刑のありようを少しでも変えようとする明確なシグナルは発せられていない。日本に対して死刑廃止を求める国際的な圧力はますます大きくなっている。というのも、2020年に日本はオリンピック開催国となるのだが、この時代遅れの刑罰への固執はそれにそぐわないからである。

　しかし実のところ、日本だけでなく地球上の多くの国で死刑が執行されており、しかもそれは決して独裁政権の国に限った話ではない。民主主義の長い伝統のある米国ですら、いくつかの州で処刑が行われている。犯罪人の中には死刑こそがふさわしい者もいると考える米国民は多く、ドナルド・トランプ大統領も死刑の熱烈な支持者だ。犯罪者、違反者、テロリスト、国家の敵は、いずれも個人の姿をとって出現した悪そのものであるとされ、彼らが裁かれ、処刑されたと知ることで、復讐心と贖罪要求を募らせた原始的なメンタリティの持ち主は充足する。

　だが死刑囚がどのような形で死ぬかということとはまったく無関係に、処刑はつねに恐ろしいものである。それにもかかわらず、21世紀になっても、人々は吊るされ、撃ち殺され、斬首され、死の注射を打たれている。ただし死刑制度を廃止する国の数は毎年確実に増えている。今では104の国々が死刑を撤廃した（2017年4月現在）。七つの国は戦争犯罪や軍法違反といった特殊な犯罪に関してのみ死刑を定めている。30の国々では法律には死刑がまだ残っているが、事実上死刑を執り行っていない。つまり世界中の3分の2を超える国家が法による死刑を止めているのである。

　他方、ぞっとするような衝撃的な事実もある。たとえばアムネスティは、子供たちを処刑しているとしてイランを非難している。イランでは2005年か

ら2015年にかけて、18歳未満の者に対する死刑判決、合計73件が執行されたという。アムネスティはバッシャール・アル＝アサド大統領のシリア政権に対しても、人道に反する深刻な犯罪行為を非難している。１年間の調査ののちに発表された報告書によれば、サイドナヤ軍事刑務所で多くの囚人が「絞首刑による違法な処刑」で殺害された。そこでは2011年から2015年末までに最高１万3,000人が処刑されたという。信じがたい数、信じがたい犯罪である。犠牲者の大半は、アサド政権から反対派とみなされたふつうの「市民たち」であるらしい。国連もシリア政府に対して「民間人の大量殺戮」を非難しているが、これは国連の人権保護活動の中で最も重い非難の一つである。

　野蛮なエスカレート、恐るべき残虐さ。それらが示すのは、死刑に対する世界的な闘いがなお必要であるということである。ますます多くの国々が法的手段としての死刑を放棄しつつあるという喜ばしい展開がある一方で、中国やパキスタン、サウジアラビアといった国々は死刑という攻撃手段の「武装放棄」をするどころか、かえってその適用を厳格化しようとしている暗い現実もある。

　確認しておかなくてはならないが、全世界的な死刑廃止は決して楽観視できない。確かに人道的な規準や普遍的価値についてのグローバルな法的合意はなされており、それが世界人権宣言の中に表明されてはいるが、これは国際条約ではない。この宣言は拘束的な義務というよりむしろ信条吐露であって、法的平和および法秩序を守るためと称する国家による殺人に関しては、無力なのである。

　わずかな期間に立て続けに飛び込んできた３件のニュース。情報と報道の洪水の中でたいてい見逃され、聞き逃され、読み逃されてしまう以下３件のニュースが示すのは、死刑が有意義であるという信仰が今なお各地に生き続けているということである。

2017年12月18日：
　イギリスの日刊紙ザ・ガーディアンの報道によると、この日、中国広東省陸豊（ルーフォン）市の競技場で公開裁判が開かれ、多くの観衆が見守る中、裁判所は10名の被告人たちに死刑判決を言い渡した。彼らはそのまま刑場に連行された。

　被告人らの罪状は７名が薬物犯罪、残りは殺人と強盗だった。この裁判の

動画には、被告人たちがけたたましいサイレン音を立てる警察の護送トラックの荷台に乗せられ、競技場に入ってくる様子が映っている。その後彼らは1人ずつ、4人の警官に周りを固められて「お立ち台」に立たされ、そこで自分たちへの判決を告げられた。観衆の中には生徒らの姿もあった。また何人かの観衆はスマートフォンで一部始終を録画していた。

　アムネスティの発表によると、中国で処刑される者の数は世界の他の国々の合計数を上回っている。毎年中国では1,000人を超える人々が処刑されているという。このデータは推定数に過ぎない。というのも、この国は死刑に関する情報を公開していないからである。

2018年1月4日：
　イスラエル議会は、2018年の年頭に「テロリスト」への死刑導入のための法案の第一読会を行い、わずかな賛成多数という結果になった。これはドイツのメルクーア紙の報道である。
　法案議決となるまでクネセト（議会）はあと3回の読会で賛成多数を得なくてはならない。ベンヤミン・ネタニヤフ首相はこの法案に賛成票を投ずるよう議員たちに要請した。水曜日に52名の議員が国防相アヴィグドール・リーベルマンによって提出されたこの法案に賛成した。イスラエルは、通常犯罪については「平時」での死刑を1954年に廃止している。戦時のジェノサイドおよびイスラエル国民に対する犯罪の場合にのみ、死刑が認められている。イスラエルで最後に死刑が執行されたのは、1992年のアドルフ・アイヒマンのときだった。ヒトラー・ドイツでのユダヤ人数百万人殺害の共同の罪に問われた彼は、絞首刑に処せられた。

2017年12月21日：
　この日、国際メディアのインターネットサイトで、日本での2人の死刑囚に対する処刑が報じられ、刑場の様子も紹介された。飾り気のない部屋、床には赤色の四角いマークが二つ、油圧式の落とし板の位置を示している。天井には綱を吊るすフックが見える。落とし板が開くと死刑囚の身体が落ちて首吊り状態となる。絞首による死。部屋の奥にはガラス壁があり、この壁の後方には処刑を見届ける刑務官たちの椅子が並んでいる。
　ガラス壁の両脇の青いカーテンがこの刑場に奇異な景観を与えている。東京のど真ん中で、中世の刑罰が最新テクノロジーを用いて執行されているのだ。

処刑は、ここの他に日本の6カ所の拘置所で行われる。死刑執行は3名の通常の刑務官が務める。2012年12月以来、日本では21名が処刑された。123名の死刑囚が独房で刑の執行を待っている（2018年1月現在）。

確かに中国とイスラエルと日本には、社会的、文化的、政治的のどの面においても比較可能な状況は存在しない。一党独裁は中国だけで、イスラエルと日本には自由選挙があり、政党間の競争があり、野党と自由選挙の議会と正当な政府があり、そしてとりわけ成熟した市民が存在する。

アムネスティ・リポート

しかし各国には共通点もある。それは死刑に有効な犯罪抑止効果があるとし、応報により世界がより公正なもの、よりよきものになるという考え方である。

これは人道的な規範や普遍的な人権に対する大罪ともいうべき、致命的な謬見である。さらに危惧されるのは、どれほど死刑についての統計をとっても、あいかわらず非人道性が根強く残るという結果に終わるということである。

その証拠が必要ならば、プレス会議を覗いてみるとよい。毎年行われ、明らかに世界で最も悲しいプレス会議の一つ、人権団体アムネスティ・インターナショナルが死刑判決と処刑に関するリポートを公表するプレス会議だ。それはまさに恐るべきリポートである。

最新のリポートは2016年に関するもので、2017年4月の火曜日の午前に、今回はベルリンの会場で公表された。そのリポートは微かな希望を抱かせる書き出しである。公式に執行された死刑数が前年比較で大幅に減少したのだ。2015年に1,634件だった処刑が2016年は1,031件となったのだ。しかし読み進めると、統計のみせかけの輝かしさはすぐに曇ってしまう。記録された処刑数は減ったものの、死刑判決の数は1,998件から3,317件へと激増しているのだ。本書の最終章では再びこの問題を詳細に扱うことになる。

矛盾する数、絶望的な展開。現状が突きつけるのは、世界的な考え方は一つにまとめることができるものではなく、「非同時性の同時性」とでもいうべき事態が支配しており、われわれの取り組む問題が、複数の同時進行的な現実の下、光と影を併せ持つ憂鬱な状況下にあるという点である。

本書について

本書では歴史上の、そして最新のさまざまな事象が扱われるが、これは学

術的な研究でも歴史的に厳密な論考でもない。著者は、自身が死刑反対の立場に立つことを隠すつもりはない。死刑は野蛮であり時代錯誤であり、何よりも効果がない。死刑賛成論者が挙げる多くの論拠の中でも、犯罪抑止効果とそれによる社会の保護は最上位を占めている。しかしこれらの論拠は再三疑問視されている。実際に中心となっている動機は「応報」であり、「一定の犯罪については死のみが償いとなり得るのであって、それより軽い刑罰では不十分だという感情、そしてきわめて重大な罪を犯した者は極端な罰、すなわち死をもって償わねばならないとする確信がある」。これはリチャード・J・エヴァンズの言葉である。民衆文化あるいは国民世論においてはこうした考え方がいつの時代も主流を占めていた。

　本書は死刑のさまざまな側面を描写し明確化する。ローマ時代のカルニフェクス（死刑執行人）から米国の独房での薬物注射による処刑まで。迷信、神への畏怖、国家権力、技術信仰、人道性の思想——死刑の歴史はつねに改革の歴史でもあった。かつては公開の場での聖なる演出、つまり死へと赴く者の魂と神との間の和解が行われたが、今日の処刑は集団的な復讐と自己浄化の儀式となっており、この儀式はせいぜいメディアを介して伝達されるに過ぎない。

　明らかなことは、21世紀の技術が殺害をより効率的で衛生的なものにした点である。簡素で機能的な刑場——そこで官僚主義的に計画されて死刑は執行される。落とし板を開けたり、致死量の薬物を血管内に送り込んだりするスイッチを作動させる者たちの手は汚れることがない。聖書のスローガン「目には目を、歯には歯を」は、原始的な部族文化の頃のように苦しみと悪臭と阿鼻叫喚に包まれることなく、遠隔操作技術を通して匿名、無菌、無音の状態で実行されるのだ。「問題はもはや死刑そのものではなく、それを可能な限り『人道的』にデザインすることのようにみえる」。米国の著述家バーバラ・ローズ〔1938年生まれの美術史家〕はそう書いている。

　以下の頁では、死刑をそのつど「時代に合致し」、「モダン」で、「人道的」なやり方で執行するための試行錯誤を紹介する。その際米国の法システムと処刑の実践がしばしば考察の対象となっているのは、（いくつかの州だが）米国が日本と並んで、今なお死刑制度を存置する数少ない民主主義国家であるためでもある。両国にみてとれるのは、死刑が刑法のツールであるだけでなく、つねに社会秩序とその世界像でもあるということである。もっとはっ

きりいえば、国民の多数が国家による殺人システムを暗黙裡に了解している点である。この点は米国にも日本にも当てはまる。

　本書が望むのは解明の光を当てることである。それが私の最低限の目標なのだ。

　2018年６月、フランクフルトにて

ヘルムート・オルトナー

序

1 国家が人を殺すとき
──長らく待たされたトロイ・デイビス

　トロイ・デイビスの腕の静脈に薬物が注射される直前に、この42歳のアフリカ系米国人は処刑室の寝台に拘束具で固定された。しかも身体だけでなく頭部まで。その視線が部屋の中をさまよう。彼は最後にもう一度、自分の無実を訴えようとして、警察官のマーク・アレン・マクフェイルを射殺したのは自分ではないと言った。「わかって欲しい、あなたたちの息子、あなたたちの父、あなたたちの兄弟を殺したのは私ではない。私は無実だ。銃を持っていなかったのだから」。数秒後に睡眠薬が、次いで致死量の薬物が効果を発揮する。2011年9月21日23時08分、デイビスは米国ジョージア州のジャクソン刑務所で死んだ。20年もの間、彼は独房で自分の処刑を待ち続けた。いや、待ち続け「ねばならなかった」。

　彼の死刑執行は、疑わしい処刑の少なくない米国司法史の中でも、最も論議を呼んだものの一つだった。すでに1991年に、ある陪審裁判所が白人警官殺害の容疑で彼に死刑を宣告していた。目撃者の証言のみがその根拠だった。犯行に使われた武器やDNAの痕跡、具体的な証拠は何一つ発見されなかった。死刑執行の期日が3回決定されたが、3回とも弁護人たちの努力が実って延期された。結局、重要な証人9名中7名が証言を撤回し、警察の圧力があったために被告人に不利な証言をしたと言明したのだ。8人目の証人は精神を病んでおり、最後に残った9人目の証人はその警察官殺しの第二容疑者だった。

　それにもかかわらず裁判官のウイリアム・ムーアは2010年8月に、この死刑判決を追認した。彼は「この事件は完全に立証されたわけではないが、ほとんどの陪審員は警察官マクフェイル殺しの容疑で、デイビス氏に改めて有罪判決を下すだろう。被告人の無実が明確に証明されない限り、連邦裁判所としては陪審員の判断を無視するわけにはいかない」と述べた。

　長年にわたり人権団体アムネスティ・インターナショナルは、デイビスの

恩赦を求める取組みを続けてきた。迫りくる処刑に反対する嘆願書には、世界全体でほぼ100万の人々が署名した。EU の議員たち、元米大統領ジミー・カーター、教皇ベネディクト16世までが、米当局に寛大な措置を求めた。しかしそうした努力も実を結ばなかった。トロイ・デイビスは彼以前の多くの死刑囚と同様に、法の名の下、薬物によって命を奪われた。この処刑の後も米国人の多くは、これによってまた正義が行われたと考えた。何といっても「合法的な注射（薬物注射による死を意味する専門用語）」は、あらゆる処刑方法の中で最も人道的で現代的なものと考えられているのだ。ここでいう「現代的」とは、すなわち「人道的」であるということである。循環論法になるが、「人道的」とみなされるもの、つまりある社会の倫理的・文化的規準に合致するものは、好んで「現代的」と呼ばれる。

　米国では今日まで、薬物注射による死は現代的な処刑方法と考えられている。それが人道的で「清潔な」処刑方法とされているからであり、新たな道を拓く進歩的で人道的な行為とされているからなのだ。米国がヨーロッパの製薬会社製の薬物注射用カクテルの在庫補充をもはや受けられなくなってから、厄介な問題が起き、それに関連して盛んに議論も行われているというのに。薬物注射による処刑でスキャンダラスな出来事が続いたことも背景となって、米国ではまた、死刑の合法性と有効性をめぐって激しい議論が巻き起こっていた。人道的で痛みがない方法とされた処刑手続の全体が、かつてなかったほど疑問視されていたのだ。

　それゆえ2016年11月に大統領選と並行して、カリフォルニア、ネブラスカ、オクラホマの3州で同時に死刑制度の是非を問う住民投票が行われたとき、死刑に反対する人々の希望は大きかった。しかもその数週間前に信頼あるピュー研究所〔リサーチ機関〕が、死刑賛成者は少数派であるとする調査結果を公表したばかりだった。それによると死刑に賛成したのは、アンケート対象者の49パーセントにとどまった。1年前の調査では賛成者は56パーセントだった。1994年には米国人の8割が死刑を支持していたことを考えると、流れは明らかに死刑反対に傾きつつあったのだ。

　しかしその3州では、残念ながらすべて死刑賛成の結果となった。カリフォルニア州では死刑が存置され、すでに2015年に死刑が廃止されていたネブラスカ州では再導入が決まった。オクラホマ州の住民は、死刑を州憲法に明文化することにまで賛成した。これまでに全米8州で死刑廃止を勝ち取って

いた死刑反対論者たちにとっては、なんとも苦々しい敗退であった。

　とりわけカリフォルニア州では注射薬物をめぐる議論が続いていたため、2006年以来1人も処刑されていなかったので、この投票結果は大きな後退を意味した。同州では賛成52.7パーセントという僅差の過半数で死刑の存置が決まった。同じく2016年11月に行われたもう一つの投票でも、死刑を仮釈放なしの終身刑で置き換えることを狙いとする発議が反対多数により否決された。

　カリフォルニア州の各拘置所では死刑囚合計741名（2017年初め現在）が、処刑を待っている。米国全体では2016年7月の時点で2,905名である。カリフォルニア州に次いで多いのはフロリダ州（396名）とテキサス州（254名）だ。南部のテキサス州は数年来、死刑執行数で全米のトップを走っている。2000年から2015年まで同州知事を務めた共和党のリック・ペリーは、いかにも誇らしげである。NBCの司会者ブライアン・ウイリアムスは2011年の共和党テレビ討論会の際に、「テキサスは独房で死刑を待つ者を234人も処刑しました」と述べた。彼によるとペリー知事は「現代の他のどの州知事よりも」多くの人々を処刑させたという。そのときもペリーは誇らしげに顔を輝かせていた。やはり共和党員で彼の後任知事であるグレッグ・アボットも、この不名誉な首位の座を防衛しようと固く心に決めているようにみえる。テキサスの裁判官たちも妥協を知らない強硬派で知られている。1982年以来、そこでは538名が処刑された（2016年12月現在）。悲しく恥ずべき最高記録である。

　考え方の転換は期待できなかった。2017年3月7日、現地時間23時06分に、44歳のローランド・ルイズがテキサス州ハンツビル刑務所で薬物注射により処刑された。彼は独房で四半世紀もの間、死を待っていた。さらなる処刑の日程も組まれている。世論からの抗議は当てにできない。同州では実直な市民たちが、大っぴらに嬉々として死刑賛成を唱えているからだ。そこで政治家として選挙に勝ちたい者は、根っからの死刑賛成論者としての見解を打ち出さなくてはならない。さもなければこの南部州で当選するチャンスはない。投票者たちは法的平和が守られることを望んでいる。当然ながら、テキサス州の司法が定めるとおりに「文明化された」「人道的な」処刑方法、すなわち薬物注射によって。

　処刑器具の新規開発や改良が問題になるたびに、改革派とされる人々は、

処刑は「人道的に」行われるべきだと口を揃えて主張する。死刑の「人道化」が最初に考えられたのは今からかなり前のことだった。すでに1789年12月に医師ジョゼフ＝イニャス・ギヨタンがフランスの国民議会に「処刑問題の改革案」を提出していた。その後フランスでは、横たわる受刑者の首を落下する刃で切断する方法、すなわちギロチンによる処刑法が採択された。「死を前にしての平等の原理」と信頼できる殺害〔当時は斬首執行人の技量に大きな差があり富者のみが優秀な斬首人を雇用できた〕が、この死刑「人道化」の結果であった。現代の処刑方法はこれをさらに改良したものである。

死刑をめぐる現在の議論では、ほとんどつねに死刑の廃絶が中心となるが、18世紀の終盤以降、改革者たちは「より人道的な」処刑方法の開発に心血を注いだ。死刑の必要性に関して疑義が向けられることはほとんどなかったが、ともあれ、それまでの残酷な処刑儀式は、もはや社会の文化的水準に合致しなくなっていた。

古代の処罰から薬物注射へ。国家による殺害の歴史は、両義的ではあるが、つねに社会改革の歴史でもあった。そこでは、表面的なものでしかなかったものの、人間の品位の尊重が重視され、これが犯罪者にも認められたのだ。とりわけ処刑を死刑囚と社会の双方にとって、より容認し得るものとする試みが追い求められた。それを文明化された司法行為の終着点としたいのだ。それがすべての関係者、すなわち判決を求めた原告、判決を下した裁判官、判決を執行する刑吏、処刑の場に臨席しなくてはならない立会人、そして犯罪被害者および死刑囚の親族たちすべてにとってのゴールなのだ。国家において決定権を持つ者たちが特別な関心を向けるのは、処刑が世論においてどのように受け止められるかという点である。

本書で扱うのは国家による殺人である。死刑執行はあらゆる時代、ほとんどすべての人間社会で行われてきた。死刑のために作り出された儀式と処刑器具は多種多様であるが、その一方で共通点も確認できる。たとえば国家による殺人を避けがたい必然とみせかけるための正当化がつねに必要であったという点である。これがなければ、神の報復によるものであれ、社会秩序の崩壊を通してであれ、社会に大きな災厄が降りかかることが危惧されたからである。法律の条文と判決のレトリックは、処刑方法やその演出の変化に応じて、ときとともに変遷してきた。変わらないのは、自分たちは民族の名の下に、「公正なこと」をしているのだという信念である。

本書が提起するもう一つの中心的な問題は、社会が死刑判決の執行人をどのように受け止め、位置づけているか、裁判官と執行人が自分の罪障感とどのように折り合いをつけているのかという点である。個人的な罪障感を減らす方策は、一連のプロセスをある程度まで脱個人化すること、つまり処刑を社会全体で行うようにすることである。これは最も古い死刑の一つである石打ちの刑において、すでに認められる考え方である。この死刑は旧約聖書に記載されているだけでなく、イスラム法シャリーアを国法とする国々では今なお実践されている。しかし執行人の二重の特性が認められるのは、古代からの刑罰に限らない。この二重性において処刑人は、特殊個人的な役割を果たす一方で、国家による射殺命令を実行する匿名の射撃手として、または囚人に避けがたい死をもたらす致死性の注射（薬物注射）の準備を行う処刑チームの一員として行動する。

　さらに本書では、国家による殺害には巨額のコストがかかる点も指摘する。このコストはそもそも正当化し得るのか？　カリフォルニア州だけで年間1億ドルを超える金額が、死刑のコストとして調達されねばならない。米国の学者アーサー・アラーコンとポーラ・ミッチェルの調査によれば、同州では1978年の死刑再導入以来、ほぼ40億ドルが死刑に使われたという。2人の学者は、この期間に処刑されたのは13名なので、処刑1件あたり3億ドル強の計算になるとしている。コストがかさむ要因は、死刑の宣告から執行までの待機期間の長さにもある。カリフォルニア州では控訴手続などにより、平均して25年にもなるのだ。

　前述の住民投票では、51.1パーセントという僅差の過半数で、死刑執行の迅速化も採択された。それでコスト削減につなげようというのだ。これについてもミッチェルは簡単な計算をしている。たとえカリフォルニア州で毎年30件の死刑が執行され、新たに死刑を宣告される者が20人に過ぎなくとも、2040年にはあいかわらず4,755名もの囚人が同州の刑務所の死刑房にいることになる。それは受刑者の多くにとって、長年、場合によっては何十年も死刑房で執行日を待つことを意味する。たいていは恩赦の見込みもなく。

　本書の終章では死刑の演出について言及する。公開処刑であれ、メディアによる報道経由であれ、死刑はつねに、そして今もなお、人々の精神への威嚇とか心理社会的な浄化に貢献する。死刑は、そこに自らの不安や社会的な共同責任が映し出される投影面、つまり浄化し教育するスクリーンとして機能する。かつては公開処刑、つまり殺された者とその身体各部を身の毛もよ

だつ晒しものとすることが必要とされたが、その後公開処刑は廃止される方向に進んだ。今日、処罰を実行する国家の側の告知者たちは現代メディアの有効性に期待を寄せている。ジャーナリストは報道し、リポーターはインタビューし、テレビは画像を提供する。米国で刑務所の門前のお祭り騒ぎを経験したことのある人は、あらかじめ告知された死というメディア映えのするドラマトゥルギー（作劇法）をよく知っている。処刑は人々を魅了するのだ。昔も今も。

　人類の４分の３は、国民を殺害する権利を保有する国家に暮らしている。この権利の行使を正当化するために、復讐心、応報感情といった古典的で低次の動機が使われたり、犯罪抑止効果が挙げられたりする。もっともこの犯罪抑止効果なるものはまだいかなる経験的な検証にも耐え得ていない根拠である。死刑に関しては多くの統計があり、それらは人権団体やメディア報道からの情報、数少ない公式発表の数値に基づくものである。アムネスティは毎年、全世界の処刑数を公表している。ただし、いかんせん不完全な数値である。というのも、それは知り得た事例のみを合計したものだからである。実際の数は明らかにもっと多い。本書の「希望のとき？——死刑制度をめぐる世界の現状」（209頁〜）で掲げたように、処刑数の推移は驚くべきものだ。ここ数年で最も多くの死刑が執行されたのは、中国である。その後にイラン、サウジアラビア、イラク、パキスタン、さらには米国と続く。

　とくに米国における処刑の現状には、われわれヨーロッパの法文化からすると、忸怩たる思いを禁じ得ない。憲法が国民に人権を保証する国、健全なる民主主義国家として世界のお手本を自認する国、米国。当たり前のように自らの倫理的価値を誇示し、自分たちは神から大いに愛されていると確信する国。そんな米国が、唯一の西洋民主主義国家として、なおも死刑を存置させているのだから。

　たとえば2016年の年末、8名の最高裁判事が目前に迫った複数の処刑の合法性を判断することになった。囚人の１人にモンタナ州刑務所の45歳のロナルド・スミスがいて、彼は憲法裁判所に最後の異議申立てをしていた。しかし採決の結果は４対４でこの異議は棄却されてしまった。スミスはその日の夜に殺された。立会人たちによれば、彼は35分もの死の痙攣に苦しんだという。

　人生最後の30分に正確に何が起きたのかは、スミス自身にしか語れない。

注射された薬物が彼の全身に回り始め、彼を眠り込ませるはずの麻酔剤がどうやら効かなかったとわかったとき、彼が何を考え、何を感じたのか、説明できるのは彼だけである。ひょっとしたら燃えるような凄まじい苦しみに悶絶していたのかもしれない。あるいは意識ははっきりしていたかもしれない。ロナルド・スミスの死、それは国民の名の下にもたらされた残酷な死だった。

トロイ・デイビスで終わりではなかったのだ。

わずか6年後の2017年4月、アーカンソー州で米国の処刑史に新たな疑わしい頁が加えられた。そこで行われたのは、処刑に必要な薬物の消費期限が切れることへの不安から、司法が一連の死刑執行を決定し、それに対して全世界から抗議が殺到したということである。

それは恐怖のドラマトゥルギーであり、非人間性のクロニクル（年代記）である。

2 アーカンソー州の薬物カクテル注射
——または、なぜ米国ではその薬物が不足するのか

　米国アーカンソー州では12年前から（ずっと）処刑は行われていなかった。しかし2017年4月、数日内に立て続けに8名の死刑囚に薬物注射による死刑が執行されようとしていた。計画された大量処刑の理由は司法上のものでも政治的なものでもない。問題薬物ミダゾラムの消費期限が月末に切れてしまうからという、純粋に実務的なものだったのだ。当局は新規入荷がなくなることを危惧した。だから急ぐ必要があったのだ。最初の処刑はイースターマンデー〔復活祭の翌日の月曜日〕の2017年4月17日、現地時間19時に設定された。殺人で25年以上も死刑房に入れられていたブルース・ワードが最初に殺されることになっていた。60歳の彼は妄想型統合失調症に罹っていた。しかし処刑予定日の3日前にアーカンソー州最高裁判所は彼に執行の延期を認めた。彼の弁護人たちが、ワードの処刑が憲法違反であることを証明するための時間を求めたのだ。その少し後に、ある地区裁判官が他の6事例でも薬物ベクロニウムの使用を暫定的に禁じた。この薬物は処刑用の混合薬物の一つである。8人目の死刑囚はすでにあらかじめ処刑リストから外されていた。
　訴えたのはこの筋肉弛緩剤を州に販売した医薬品卸の大手マッケソン社だった。同社は騙されたと主張した。州は同社に、この薬品は処刑にではなく医療目的で使用するつもりであると申告したというのだ。ドイツ・ヘッセン州のフレゼニウス社の米国支店フレゼニウス・カービ社も米国の製薬会社ウェスト・ワード社とともに、処刑を止めさせようとした。いずれもその医薬品のうちの2種が殺害用の薬物として使用されてしまうことに抵抗して、法廷闘争を繰り広げたのだ。
　米国でのほとんどの処刑で、3種混合薬物が注射されている。ミダゾラムと臭化ベクロニウム、それに塩化カリウムである。これらの混合薬物は不可避的に心停止をもたらすが、ときに何分間もの拷問のような苦痛を伴う。とくに手術の際にも麻酔剤として用いられるミダゾラムに関しては、すでに何

年も前から問題が山積していた。多くの死刑囚が苦しみながら死んだのだ。

2014年4月、オクラホマ州でのクレイトン・ロケットの事例は驚愕をもたらした。殺人で死刑を宣告されていた彼の死との闘いは、ミダゾラムの注射後、47分も続いた。彼は苦しみに身悶えし、最後は心臓発作で死亡した。

これを受け、アーカンソー州で複数の処刑が計画されていたことも背景となって、疑わしい薬物カクテルをめぐる議論が新たに巻き起こった。製薬会社、さらには弁護士や人権団体が、異議を申し立てたのだ。これによりワードの処刑が延期になっただけでなく、予定されていたすべての処刑期日が白紙となり、激しい公的な議論が始まった。

しかしさらなる異議申立ても続いた。たとえばワードの他に5人の罪人が精神障害者であることの確認を求める申立てでは、彼らの処刑は米国憲法裁判所の原則判決に反すると主張された。アーカンソー州の処刑チームにはミダゾラムの使用経験がなかったという事実も指摘された。弁護人たちは、数多くの疑問がある薬物が依頼人たちにとって「苦しみと痛みの耐えがたいリスク」になる可能性を危惧した。そして最高裁は彼らの処刑延期申請を受け入れたが、わずか数日の延期だった。合衆国の控訴裁判所がこの訴えを退け、死刑執行の停止をひっくり返したのだ。ともあれ最初の2件の処刑は延期された。アーカンソー州の検事総長レズリー・ラトリッジは落胆を隠さなかった。「遺族はすでにあまりにも長い間、正義が行われるのを待っています。私は引き続きこの問題を私の最優先課題とします」。そう彼女はツイッターに書いた。

エーサ・ハチンソン知事も同じ考えだ。共和党の強硬派の彼は、激しい抗議が寄せられたにもかかわらず処刑を支持した。1976年に米国に死刑が再導入されて以来、これまで1カ月に8名の死刑囚を処刑させたのはテキサス州だけだった。アーカンソー州は40年も破られなかったこの記録を自分たちは打ち破ることができると証明したいようだ。「犠牲者の家族は愛する家族のために正義が行われることを長い間、待ち続けてきた」。知事は自らの強硬姿勢をそのように正当化した。

さらに処刑の数が多すぎて、所定の立会人がなかなか揃わない事態になった。法によれば、報道代表1名、被害者および死刑囚の親族各1名の他に、複数の自発的な立会人の中に事件と無関係の人々も含めなくてはならない。1人の人間が死んでゆく様子を見届けたいと考える応募者はどちらかといえ

ば少ない。アーカンソー州では立会人には、21歳以上で、同州に住み、前科がないという条件がある。さらになぜ処刑に立ち会いたいかについて簡単に説明しなくてはならない。立会いを拒否されるのは「ラディカルな死刑賛成論者だけ」で、それ以外であれば誰も否定的な通知を受け取ることはないようだ。さらにアーカンソー州では同一の立会人が複数の処刑に参加することができる。

　それでも刑死を見届けたい自発的な立会人は48名も集まらなかった。司法執行担当局の女性局長は困り果てて、地元のロータリークラブに泣きついた。「あなたたちはまだ前科なんてないわよね」。アーカンソー・オンラインに同局長の言葉が引用されている。結局、必要な数の立会人が集められた。彼らはいずれも見届けたいと思う人々だった。法の名の下、死刑囚が死出の旅に就く様子を。

　その一方で、計画された一連の死刑に抗議する人々の数は増えていった。数百人がアーカンソー州の州都リトルロックの路上デモに繰り出した。その中には俳優ジョニー・デップの姿もあった。彼は元囚人のダミアン・エコールズに伴われていた。エコールズはやはりアーカンソー州で1994年、少年3名殺害の廉で2人の友人とともに有罪判決を受け、多年の禁錮の後、2011年に容疑を覆す証拠が出て釈放された人物である。アーカンソー州出身のベストセラー作家ジョン・グリシャムも、USAトゥデイ紙のための寄稿文の中で、自分の故郷での「狂気の処刑」を舌鋒鋭く批判し、処刑の理由が馬鹿げていると主張している。

　しかし2017年4月20日に事態が動く。何週間も「綱引き」が続いた後で、殺人犯の死刑囚レデル・リー（51歳）が23時44分、グレイディ刑務所で死刑執行待機人リストの第1位として、死の注射を打たれたのだ。強硬な措置を約束していたアーカンソー州の州知事が、その約束を果たしたのだ。世界中からの大量の抗議にもかかわらず、わずか数日後にさらに2名の死刑囚が、同日処刑された。米国で1日に2件の死刑が執行されたのは2000年以来のことだった。ジャック・ジョーンズとマーセル・ウィリアムズの2人はいずれも薬物注射によって死んだ。

　このときも殺された2人の弁護人たちは、死刑執行の阻止、もしくは少なくとも延期を求めて最後まで闘った。52歳のジョーンズは、1996年にレイプ殺人で死刑を宣告されていた。処刑に先立って最高裁判所は執行延期を求める申請を却下していた。その約3時間後に46歳のウィリアムズも処刑された。

彼は1994年にやはりレイプ殺人で死刑判決を受けていた。立会人を務めたAP通信のある記者によると、ウィリアムズの処刑は17分かかったという。最後に死刑囚は荒い呼吸をし始め、顔を引きつらせ、意識を失ったという。
　ウィリアムズの弁護人たちもその前に処刑をやめさせようと試みていた。依頼人が肥満体（約181キログラム）で健康状態が悪かったため、薬物注射による処刑の際に多大な苦痛を受ける恐れがあったのだ。ジョーンズの殺害後、弁護団はある連邦裁判所判事に対して、ジョーンズが処刑されたときに空気を求めて苦しげに口をパクパクさせていたことを指摘した。すでにそれ以前から死刑囚の弁護人らは、アーカンソー州で薬物注射に使用されている薬物の効果が弱いため、苦しみに満ちた死をもたらす可能性がある点を論拠として挙げていた。
　その判事はひとまずウィリアムズの処刑を停止したが、わずか1時間後に自らの決定を覆した。アーカンソー州の司法長官が、ウィリアムズの弁護団からの非難は不当であると判断したからだ。これにより、他に計画されていた処刑にとっても障害はなくなった。
　新たに世界的な抗議が巻き起こったが、数日後には38歳のケネス・ヴァーナーに対して第4の処刑が執り行われた。彼は1999年に脱獄しようとして看守を1人殺害していた。立会人によるとヴァーナーは20回以上痙攣して身体を激しく前後に動かし続け、その挙句に死んだという。彼の弁護人は「ゾッとするような処刑だった」と述べている。4件の処刑。例のない連続処刑だ。死刑が1976年に米国に再導入されて以来、ただテキサス州だけが、1カ月に8名の死刑囚を処刑したことがある。それから40年経ってアーカンソー州は、自分たちにこのいかがわしい記録を破る力があることをみせつけようとしたかのようにみえる。
　しかもその理由たるや、「死刑執行が危ぶまれる」というものだった。理由は、ある薬物の使用期限が迫っており、その後は薬物の調達がかなり難しくなるというのだ。

　アーカンソー州だけではない。死刑がなおも合法である米国31州はどこも、在庫補充の問題を抱えているのだ。人権保護団体リプリーブ（Reprieve、「死刑執行の延期・中止」の意）によると、保健当局から致死成分として認可された薬物の製造メーカーがその販売を停止するケースが、ますます増えてきている。多くのメーカーは司法による薬殺刑に自社製の薬物が使用されるこ

とを望まないのだ。この理由から20社を超える米国およびヨーロッパの製薬大手が、処刑に必要な薬物の納入を拒んでいる。EUはすでに2011年に輸出禁止令を発動させている。

販売停止の結果、米国司法は死刑の執行にトラブルを抱え込んだ。いくつかの刑務所は、未検証の薬物カクテル注射を使い始めており、中には死刑囚に恐ろしい作用を及ぼしかねない薬物も少なくない。こうした供給不足を理由として、いくつかの州は昔なじみの処刑法に回帰することを議論している。つまり電気椅子、ガス室、そして銃殺である。他の州では薬物カクテル用の代替薬物を探している。ただしどこからそれを調達するのかは決まっていない。

とりわけ珍奇な考えを思いついたのが、2017年3月のアリゾナ州だった。そこでは、将来、処刑期日までに有効な薬物の手配を死刑囚の弁護人たちに行わせるというのだ。この提案は、人権派弁護士らにより、法治国家としての根拠や倫理上の理由から、「狂気の沙汰」として退けられた。しかしアリゾナ州の司法当局はその馬鹿げたアイデアを大真面目に提示したようだ。2017年春に発表された「処刑実施のための手順書」の中には、「死刑囚の弁護人またはその代理を務める人物は、刑務所管理部に麻酔剤ペントバルビタールまたは睡眠薬チオペンタールを納入することができる」と明記されていた。薬剤に課された唯一の条件は、「認証を受け、免許を持つ薬剤師、製造者、またはその他の納入者から入手したもの」でなくてはならないということであった。死をもたらす薬物カクテルの不透明な新市場の誕生である。オハイオ、フロリダ、オクラホマといった州では、これにより、これまでまったく検査もされていない薬物カクテルが死刑を待つ人々に手渡されることになった。

ミシシッピー州では処刑の際の確実な方法として、2017年春から窒素ガスが承認された。ワシントンポスト紙によれば、これは米国内の他のどの州や地方でも、これまで使われたことのなかった方法である。しかし当局は、このガスを死刑囚にガスマスク経由で吸わせるのか、ガス室の中で吸わせるのか、まだ決めていない。

2017年12月にフロリダ州では、鎮痛薬のフェンタニル〔作用の強烈な合成オピオイド〕が論議された。これはヘロインより50倍強い薬物で、多くの重病患者の苦痛を取り除いているが、同時に闇市場で5ドル足らずで取引されており、多くの米国市民を依存症に追いやっている薬でもある。

医師たちや死刑に反対する人々は、両州の計画に警戒感を強めている。ワシントンポスト紙によれば、医師たちはフェンタニルがこのまま未検査の状態で処刑に使用された場合、予期せぬ結果をもたらすのではないかと警鐘を鳴らす。彼らが危惧するのは、死刑囚にとって処刑が失敗したり、苦しみに満ちたものとなったりする可能性があるという点である。それゆえ彼らは、他の未検査薬物の使用と同様に、これら両州の計画をも、人体実験だとして非難している。

第1部

儀 式
――太古の罰

第1部 儀　式──太古の罰

第1章　殺害のカタログ
　　　──権力と名誉と死

磔　刑

　過去に遡ろう。かなり大昔、最初の改革がなされた頃に。西暦320年に処刑儀式としての磔刑を廃止したのは、大帝と呼ばれたローマのコンスタンチヌス帝だった。彼はそれまで抑圧されてきたキリスト教に改宗したばかりで、敬虔な畏怖心から、教祖の磔(はりつけ)によって神聖なものとなったこの処刑方法が卑しい犯罪人たちの処刑に使われることで、汚されてしまうと考えたのだ。磔刑についての信頼し得る記述はほとんどない。残っているのは矛盾だらけのものである。知られているのは、磔刑が地中海エリア全域に共通する、頻繁に行われた処刑方法であったこと、そしてそれが非ローマ人の反逆者、奴隷、追い剥ぎ、名誉を失った剣闘士のための刑罰だったということである。後になってからローマ市民も十字架に吊るされた。この処刑の恥ずべき性格は、その特殊事情に由来する。つまり処刑された者は死後も十字架から下ろしてはならなかったのだ。埋葬は許されなかった。死骸は朽ちてひとりでに崩れ落ちるか、鳥たちの餌食になるまで、ずっと十字架にぶら下げられたままだった。途中で友人や近親者が十字架から下ろして埋葬しないよう、たえず監視されていた。

　現在のサンロレンツォ門に近いローマ時代の刑場には、バラバラの骨と骸骨が散乱し、一帯は猛烈な悪臭が立ち込めていた。恐るべき場所だが、そこで処刑されたのは最底辺の犯罪者たちであり、まともなローマ市民なら誰もそのような場所に近づこうとはしなかった。

　その他の死罪では、儀式面での異同はあるが、共通の執行方法が樹立された一方で、磔刑はそれぞれの執行人の恣意にゆだねられ続けた。何を行い、軽犯罪者はどう扱うか、十字架の形状はどのようにするか、それらについて正確な規定はほとんどなかったのだ。その理由は、磔刑が奴隷への処罰であり、裁判権をもつのが奴隷の主人であったという点にあるのかもしれない。

主人は好きなように奴隷を扱うこと、たとえば鞭で打ちすえたり、磔刑に処したりすることができ、それについて誰にも釈明する必要はなかった。クラウディウス皇帝の治下になってようやく、奴隷たちは主人のあまりにも野放図な専制からある程度は守られるようになったようである。主人が十分な根拠を挙げられない場合には、奴隷殺害に対して皇帝が罰を与えさせたのだ。
　そもそもの磔刑はローマ市の「カルニフェクス（死刑執行人）」とその下僕によって行われた。彼らによって犯罪者は柳の枝で十字架に縛りつけられたり、釘で打ちつけられたりしたのだが、いずれにしてもその罪人はきわめて無防備な姿勢となり、風雨その他の気象だけでなく、かなり小さな小動物にさえ抵抗するすべがなかった。服を脱がせることも義務づけられていたため、それらから保護してくれるものがなかったのだ。あらゆるものを剥ぎ取られ、全裸の寄る辺なき存在となった罪人は、生贄として神に捧げられた。
　磔刑はすでにローマ時代以前から人身御供だった。おそらく自然神、たとえば強大な太陽神、風神への捧げ物だったのだ。その悪行を通じて神々の怒りを買い、その弊を社会全体にまで波及させた者は、社会から排斥されねばならなかった。すでにアッシリア人とバビロニア人は磔刑を知っており、ペルシャ人、ギリシャ人、カルタゴ人も同様だった。巨岩や杭に縛りつけたり、木に吊るしたりと磔刑のプロトタイプはさまざまだったが、罪人を自然界の超越的な諸力に捧げるという処罰の目的は、すべてに共通していた。さらにもう一つ共通点があった。それはあらゆる処刑に厳格なタブーが課せられ、国内に散在する刑場の杭や樹木を汚損することが禁じられていたという点である。すでに初期から特定の処刑場所を選ぶという慣習が形成されていた。つまり風と気象が思いのさま猛威を振るう荒涼とした場所である。ちなみにギリシャ人たちは十字架のことをつねに *stauros* と呼んだが、これはまさに「杭」を意味する。ローマ人は十字架を *arbor infelix*「不幸の木」とした。いずれもその由来をはっきりと示す表現である。
　オリエントでは杭は罪人を突き刺すために使われた。古代の作家たちはこの残忍な処刑法を「十字架に架ける」と呼んだ。この場合、先端の尖った杭が罪人の肛門から体内を刺し貫いたのだ。その後で杭は罪人もろとも立てられて、地面に固定された。その信じがたい苦しみは、この不幸な者が息絶えて自然の諸力から解放されるまで終わらない。しかしなぜ十字架なのだろう？　それはどこからきているのか？　古代エジプトでは十字架は永遠の生を象徴するものだった。西暦79年にベスビオ火山の溶岩で埋まった村ヘルク

ラネウムでは、早い時期に壁画として描かれた十字架がみつかっている。異教のシンボル？　だがそれを宗教的な内実で満たしたのはキリスト教であった。旅立ちと神への近さを象徴する単純明確な徴(しるし)である。こうして最も恐るべき処刑方法の一つである磔刑は、愛と赦しの象徴となったのだ。

絞首刑

　十字架と絞首台は、ある程度同じ根をもつものである。死刑としての絞首刑はすでに古代に広く行われていた。というのも、樹木はどこにでもあったからである。絞首刑は不名誉で恥ずべきこととされ、そのため中世では窃盗犯に最も多く適用された死刑だった。どれほど頻繁にこの刑が言い渡され、執行されたかの例を挙げよう。1471年にアウクスブルク（ドイツ）で絞首台の下の地面が掘り起こされた。まだ32人の泥棒が絞首台に吊るされていた、その真下の地中からなんと250個もの頭蓋骨がみつかったのだ。

　絞首刑には、鎖のこともあったが主に麻縄が使われた。絞首台に２本の梯子が立てかけられ、処刑人が縄の輪を掛け鉤(くぎ)に固定し、それから死刑囚とそれぞれ梯子を上った。上りきると処刑人はその輪を囚人の首に掛けて梯子を降り、相手の梯子を蹴倒す。死の候補者はそのまま宙吊りになる。体重で縄が頸に食い込み、気管と血管が塞がれ、死が訪れる。さらに受刑者が苦しむのは絞首台に引き揚げるやり方だ。地面に立つ受刑者の頸に、長めの縄の輪が掛けられ、その縄が絞首台の向こう側に投げられ、あるいは絞首台の掛け鉤に通される。すると処刑人の下僕たちや馬によって綱が引かれ、その罪人は宙に吊し上げられる。この方法では梯子から突き落とす場合よりも死はゆっくりと訪れることになる。

　斬首された者は埋葬されたのだが、絞首刑に処せられた者は、ひとりでに落下し、腐敗が進んで身体がくずおれるまで、絞首台に吊るされたままでいなくてはならなかった。たとえば縁者が遺体を密かに絞首台から降ろすことは禁じられており、処刑儀式に対する介入とみなされた。というのも、遺体を絞首台に放置することも刑罰の一部だったからである。このことも絞首刑が不名誉で恥ずべき刑罰とされていた理由である。さらなる重罰化もあった。逆さまに吊るしたり、犬といっしょに吊るしたりしたのだ。前者の場合、罪人は足を縛って逆さ吊りにされる。死ぬまでには何時間も、場合によっては何日もかかる。犬といっしょに吊るすのは、恥ずべき添え物によって罪人の悪しき性格を際立たせるためだった。

古代の絞首台は樹木の太枝だった。それにはできれば枯死して葉の落ちた木が選ばれた。当時の宗教的な考えでは、生命のない木からは生命を阻止する力、つまり殺す力が放出されるという。絞首に選ばれた木は「犠牲の木」と呼ばれた。風の神であり生死を司る主である北方の神オーディンがある木で死んだからである〔北欧神話ではそのときオーディンは死を免れ、後に愛馬とともに敵フェンリルに呑み込まれて死ぬ〕。キリストが架けられて死んだ十字架も人工的に作られた木だった。当時の信仰によれば、木や絞首台は吊るされた者の秘密の力を受け取るという。犠牲となった者（キリスト）の聖なる力も罪を犯した者の悪なる力もひとしなみに。絞首台に触れることへの恐怖もそこから説明がつく。つまり絞首台の中に潜む悪しき力に取り憑かれる危険があると考えられたのだ。

　中世初期に人工的な絞首台の設置がカール大帝（西ローマ皇帝）によって命じられた。それはたいてい、２本の垂直の柱とその上に渡された１本の横木から成っていた。後に三本柱の絞首台がふつうとなった。垂直の３本の柱が三角形となるように立てられ、互いに梁でつながれていた。しばしば絞首台には底部に高い石の台座がついていたり、柱自体が石柱だったりすることもあった。また梁の上にもう一つ絞首台を載せたものもみられた。それはより高く吊るすという重い罰のためだった。たとえば盗賊団が処刑される場合、首領が一番高い絞首台に架けられ、手下たちはその下で吊るされた。

　絞首台は重罪裁判権のシンボルだった。絞首台が遠くからみえる小高い場所に、しかもとりわけ堅牢に造られたのは、これによって説明できるかもしれない。こうした可視化は犯罪抑止にも役立った。他には軍用道路や分岐地点にも設置された。地区や丘陵の名前（ガルゲンヴィーゼ「絞首台草原」やガルゲンベルク「絞首台山」）は今でも、そこが絞首台の立てられた場所であったことを示している。

　絞首台の設置は支配者層の案件であった。絞首台に触れると不名誉となるというので、職人たちは必要な作業の実施をしばしば拒絶した。というのも、彼らはそれを理由にツンフトから罰せられたり、除名されたりすることがあったからである。そこで今からみるとかなり奇妙な慣習が生まれた。誰も絞首台の建設に参加したことを理由に他者から叱責されないよう、すべてのギルドとツンフトがこの建設作業に協力しなくてはならなかったのだ。鳴り渡る楽音の下、全員がいっしょに刑場に出かけた。主に仕事をするのは左官屋と大工だが、他の人々、たとえば商人は木材や石を手渡すことで象徴的に手

伝い、裁判官さえ手を貸した。最後に一同は打ち揃って街に戻り、会食をした。建築費にはこの飲食代も上乗せされた。古い請求書をみると、音楽と食事のための補助費がしばしば建設費自体を上回ったこともあった。

　絞首台の末裔として知られているのがガローテ、つまり絞首刑用の鉄環器具である。この処刑具は支柱とそれに固定された座面、拘束具、そしてそこに座った人の首の位置に取りつけられた鉄環状の締め具から成る。罪人は座面に座らせられ、留め具で拘束される。それから鉄環が首に巻かれる。支柱の後ろにはネジ装置があり、処刑人はこれで鉄環を締めていき、罪人はついには絞め殺される。ガローテがとくによく使われたのはスペインとその植民地だが、ポルトガルならびにいくつかの南米諸国とフィリピンでも用いられた。スペインでガローテは19世紀初頭からつい最近、フランコの独裁時代まで、最も頻繁に行われた処刑方法だった。

　絞首刑は今なお多くの国々で実施されている、唯一かつ最後の古代からの処刑方法である。本書ではこれについてこの後も何度か言及する。

斬首刑

　斬首刑が、他の絞首刑、焚刑（火炙りの刑）、溺死刑、生埋め刑などと異なるのは、罪人の殺害が自然の諸力にゆだねられずに、人間の手で作られ、操られる刀剣に任されるという点である。古代の死刑判決は、斬首刑にあたって以下の点を明確に求めていた。有罪判決を受けた者の体は二つに切り離し、二つの身体部分の間を空けて別々にしなくてはならない。これは本当に死に至ったことを明確にするためだった。

　このためによく使われていたのは剣で、16世紀からは両手で使う大太刀が処刑に用いられた。手斧はめったに使われなかった。剣による処刑では、処刑人には非常に高い技量が求められた。彼はただの一振りで、二つの頸椎の間に剣を貫通させ、頭を胴体から切り離さねばならなかった。だが処刑人といえども的を外してしまい、二度目を振り下ろさなければならないこともあった。斬首の失敗はしばしば起こったが、法秩序にはそれも織り込み済みだった。というのは、死刑執行人の不可侵性がしばしば強調され、彼らの不手際を愚弄した者は重刑に処せられたからだ。

　かつての処刑を描いた当時の画像資料は、残されている文章による描写よりも、はるかに明確に実際の処刑を理解させてくれる。たいていそれらの画像においては、死刑囚が地面または特別に設置された台上に跪き、両手は固

定されているか、祈りのために胸の前で組まれている。シャツが大きくはだけられ、うなじが露出している。これはシャツの繊維が振り下ろされる武器の衝撃を弱める可能性があることを考慮してという実践面の理由だけでなく、儀式的な理由からでもある。つまり衣服は人格を変化させる余計なものとされ、人間の本性を覆い隠すことのあるものとみなされていたのだ。多くの画像でかなり奇妙にみえるのは、死刑囚が完全に自由な姿勢をとっている点である。縛られもせず、処刑人の助手たちにしっかり抱えられてもいない。それが罪人の尋常でない意志の力の現れなのか、それともそれまでの拷問の苦しみによって生きる意欲が完全に打ち砕かれてしまったということなのかは、定かではない。斬首が行われた後で生首は、初めのうちはときおりだったが、その後は頻繁に、棒の先端に刺されたり、市門の上に載せられたりして、晒しものにされた。

　市庁舎前の市場広場は、裁判が行われ、鞭打ちや晒し刑などの名誉罰が下された場所だが、もともとはそこで斬首刑が執行された。その頃はそれによる抑止効果という考え方が支配的だったのかもしれない。その後、刑場が郊外に移されても、ときおりこの市場広場で斬首刑が執行された。これが行われたのは、とくに戦時や政敵の処刑の際であった。というのもそこには守ってくれる壁があり、死刑囚の友人知人らによって実力阻止されたりせず、処刑が安全に遂行できたからである。人々の憎しみの対象となった大罪の場合も市場広場で斬首が行われたが、それは湧き上がる民衆の怒りに対してガス抜きをするためだった。

　後の時代になると刑場は市門の前に移設された。しばしば屋外にレンガを積んで高くした四角形または円形の舞台が築かれた。階段が外側または内側に向かって伸びていた。この舞台には板材や石材の床が張られ、石材にはしばしば苔や草が生えていた。これならば、処刑の一部始終が観衆からよく見えたが、観衆から執行を妨害される恐れはなかった。この舞台は十分な広さがあり、死刑囚と処刑人の他に公式の立会人や司祭もそこに立つことができた。このような刑場はラーヴェンシュタイン（カラス岩）と呼ばれた。車輪に載せられた首なしの遺体がカラスたちに啄まれ、喰われたからである。ラーヴェンシュタインではもっぱら斬首刑が行われたが、ときには車輪刑〔四肢の骨を砕き車輪にのせて放置する刑〕も執行された。また、斬首刑専用の刑場がなかった場所では、絞首台の下で斬首も行われた。

車輪刑

　もっぱら男性に対する刑罰であった車輪刑は、初期ゲルマン時代から18世紀までによくみられる処刑だった。これは最も恥ずべき不名誉な刑とされ、殺人や大逆罪（王侯に対する暗殺）にのみ適用された。罪人は手足を伸ばした状態で床に寝かされた。両手両足が杭にしっかり固定され、四肢と身体の下に木材が差し込まれて、床から身体が浮いた形となる。そこに処刑人が重く巨大な車輪を打ちつけて、両手両脚と背骨を砕いてゆく。この打撃の回数はあらかじめ判決文に書かれていた。瀕死状態またはすでに死亡した罪人はその後、横にした車輪の輻（スポーク）に編み込むように載せられる。その際、四肢は輻の上に出たり下に潜ったりする。最後にこの罪人を載せた車輪が太い杭や絞首台の上に固定される。車輪での打撃の際、最初に両脚の骨が砕かれ、次に両腕という順番だと、死はかなり緩慢に訪れ、車輪に載せられてもまだ罪人が生きていることが珍しくない。それゆえ、車輪による最初の一撃を頸部に加えることは慈悲心の発露とされ、同様に罪人が車輪刑の前に絞首、斬首または心臓を一突きされて殺されることも一種の減刑とみなされた。ただし後者は異なる複数の犯罪に対する複数の罰の併合（累積）ということでもあった。

引きずり回しの刑

　処刑のたびに新しい車輪が使用され、その輻の数も9本または10本と決められていた。車輪刑による死刑としばしば結びついていたのが、引きずり回しの刑である。死刑囚は縛られて動物の毛皮か板の上に乗せられ、馬で刑場まで引きずられていった。途中、特定の場所で真っ赤に熱したやっとこで胸、腕、腰をつままれることもあり、それは刑の加重とされていた。

溺死刑

　溺死刑は中世に広く行われた。主として女性犯罪者に適用されたが、男性の場合もあった。通常、罪人の両手両足を縛って橋の上から川面に突き落とした。川が近くにないところでは池や沼が刑場として使われた。水深が不十分な場合は、犯罪者は溺死するまで棒や鋤で押さえつけられた。袋もよく使われ、その中に蛇や犬といった動物も道連れとして入れられた。溺死刑には大型の木桶を使うこともあった。この場合は処刑人が、袋に入れられた罪人の女を死ぬまで上から押さえつけた。

焚　刑

　中世には焚刑も頻繁に行われた。この刑罰の根本思想は、とくにおぞましい罪を犯した罪人を地上から完全に抹消するというものだった。したがってこの刑罰の実施はきわめて多様で、これに関連するすべてのものに固有の意味があった。最も根源的な原始の力の一つである火は、浄化力を有し、あらゆる悪を呑み尽くす。その際に出る煙および悪人の悪意は風によって運び去られた。魔女がたいてい小高い場所で焚かれたのは、そこを風が遮られずに吹き抜けるからだった。焚かれた人体の灰はまだ危険であると考えられていたため、この遺灰も河の流れに撒かれ、運び去ってもらった。こうして悪の殲滅には火と風と水という三つの自然力が関わっていたのだ。

　火による処刑は、犯罪構成要件に応じて異なる形で遂行された。罪人は四肢を縛られて薪の山の上に乗せられるか、または柱に縛りつけられ、その周囲に火が放たれた。梯子に括りつけられ、梯子ごと、燃え盛る薪の山に突っ込まれることもあった。焚刑の前に罪人の首を紐で締めて殺したり、苦しみを早く終わらせるために火薬の詰まった小袋をその首に結んだりもしたが、これは温情の現れであった。歴史を紐解くと、恐ろしい職人仕事にもかかわらず、処刑人が民衆や裁判官よりも人道精神を発揮して、杭に縛りつけられて焚刑に処される前に罪人をこっそり縊り殺したり、心臓をひと突きにして楽に死なせたりしたこともあったという。罪人があらかじめ斬首されたり絞首されたりした後で焚かれた場合、その理由として考えられるのは、それが温情によるものであったか、もしくは死罪に値する複数の罪に対して複数の刑罰が連続して執り行われたかである。

　16世紀後半に魔女裁判が増えたことで、ヨーロッパ全土で薪の山が燃えさがり、焚刑はかなり頻繁に適用される死刑となった。

釜茹での刑

　水やワインや油を熱して釜茹でにする刑罰は、13世紀末以来、ほとんどすべてのラント法および都市法において、偽造者、贋作者に対する刑であると定められていた。またとくに異端者についても煮えたぎる熱湯を用いた死刑が執行された。

生埋め・杭打ち刑

　中世の一般法規には生埋め刑は含まれていない。カロリナ法典〔Constitutio criminalis Carolina、1532年に神聖ローマ帝国皇帝カール5世によって公布された刑法典〕は子殺しの場合にのみこの刑を定めている。それにもかかわらずこの生埋め刑は、主に姦淫を働いた男女に対して適用された。これはどのように執行されたのか？　資料の乏しさゆえにその詳細は定かではないが、おそらく次のようなものだったのだろう。罪人は生きたまま手足を縛られた状態で、絞首台のそばに掘られた穴に入れられ、上から土を被せて埋められる。罪人が這い出てくることを困難にするために、自殺者の埋葬の場合と同様に、顔を下向きに寝かせ、この墓穴の上方には絡まり合うイバラが蓋代わりに乗せられた。罪人が仰向けに横たえられた場合はその口に管が差し込まれた。これは呼吸を可能にするためではなく、口から魂を抜け出させるためであった（魂の穴）。生埋め刑と密接な関わりをもっていたのが杭打ち刑である。罪人を生埋めにした後でその上から罪人の身体を貫いて杭が打ち込まれたのだ。これも死者の蘇りを困難にするという迷信から始まったものだが、他方、そこには死の到来を早める側面もあった。さらに杭打ち刑には強姦犯に対して自らの犯した罪を反芻させるという意味もあった。被害者である女性に最初の3回の杭打ちが許され、あとは処刑人が行った。しかし生埋め刑と杭打ち刑は、さほど頻繁に行われた刑ではなく、近世の始まりとともに刑の慣習からほぼ姿を消した。

幽閉刑

　幽閉は処刑の代用であり、生埋め刑の後期形態とみなすことができる。とくに高い身分の罪人は温情をかけられて死刑の代わりにこの幽閉刑を宣告された。これが行われたのは、罪人の親族に対しては公開処刑の恥辱を免除するためであり、罪人本人には下賤な処刑人との接触を回避させるためである。この刑罰は平民にも科された。ただし幽閉は字義どおり〔「壁の中への閉込め」〕に解釈してはならない。罪人が極小の空間に閉じ込められ、飲食を絶たれ、苦しみ抜いて死ぬというものではなく、むしろ終身刑のようなものだったのだ。幽閉場所は処刑人の居宅の独房ということもあって、その場合に処刑人は罪人に飲食を提供しなくてはならなかった。高位の罪人の場合は罪人自身の屋敷やその親族の邸宅の部屋というケースもあった。その場合は家族が最後まで罪人を扶養しなくてはならなかった。幽閉される場所がどこであれ、当人は終生そこを出ることが許されず、そのためその者は同時代人にとって、もはやこの世に存在しないも同然であった。きわめてまれに裁判所

からの温情で早期に幽閉を解かれることもあったが、その場合もその地方や都市を離れ、二度とそこに戻らないことがつねに義務づけられ、これを守らない場合は死刑となる恐れがあった。

四つ裂き刑

　四つ裂き刑には二つの異なる執行形態があった。生きたまま四つ裂きにされるケースと殺害した後で四つ裂きとするケースだが、もともとの形態はおそらく前者であった。アレマン族は裏切者に対するこの刑罰を斧によって執行した。さらに有名なのは両腕両脚をそれぞれ4頭の馬につなぎ、馬を四方向に引かせる方法で、罪人は文字どおり四つ裂きにされた。これは本来、死へと引き摺ることであった。司教であり歴史家であったトゥールのグレゴリウス（540-594）は、その最も重要な著作 *Historia Francorum*（『フランク史』）の中で、この拷問について記している。彼はそこでブルーネヒルト女王の処刑に触れている。女王は馬に引かれて四つ裂きにされた。この凄惨な死刑は近世においても適用された。たとえば1757年にはパリで、国王暗殺に失敗したロベール・ダミアンの処刑にこれが使われている。

　中世および近世においてこの刑罰は、ほとんどつねに罪人をあらかじめ殺害した上で行われた。まずは斬首、吊るし首、絞首などで、続いて四つ裂き刑が執行されたのだ。したがってこれは処刑の最終段階であり、刑罰の厳格化もしくは死に値する複数の罪が犯された場合の第二刑罰とみなされた。同時代の絵画には、そのようなおぞましいやり方で死をもたらすプロセスが描かれている。四つになった両手両足は抑止効果のために罪人自身の絞首台の上か国道沿いに吊るされた。たとえばフランクフルト・アム・マイン市では、1616年にフェットミルヒ反乱の終結を象徴するものとして、これが行われた。

死刑の累積化と石打ちの刑

　1人の人間が複数の罪を犯し、そのそれぞれが死刑に値するものであった場合には、複数の刑罰の加重、つまり死刑の累積化が判決に盛り込まれる。法律に則って一つひとつの犯罪に特定の死刑が言い渡されたのである。その執行順を決めるのも裁判所の役割であった。しかし人の命は一つなので、最終的に死をもたらすのはそれらの刑罰のうちの一つだけである。犯した犯罪の重大さは刑の執行順の決定に大きな意味を持ったかもしれない。死刑の累積を理解するために組み合わせの例（架空のもの）を紹介しよう。罪人は刑

場へと引き摺られ、途中で赤熱したペンチでつままれ（重罰化）、車輪の刑に処せられ（殺人の罪に対して）、まだ生きたまま車輪の上に載せられた後、その側の絞首台に吊るされ（窃盗罪について）、次いで車輪および絞首台もろとも焼かれ（同性愛行為に対して）、最後に遺灰が河に投棄される。この哀れな罪人が絞首台で息絶えるまでどのような苦しみを味わうかは、まさに想像を絶する。

　最後に人類の黎明期に行われたある処刑方法についても触れておきたい。部族仲間の怒りを招いた犯罪人や無法者を共同体から放逐するために、人々が石を手に取った時代の刑罰、そう、石打ちの刑である。石をぶつけられた共同体の除け者はそのまま崩折れて死ぬ。この古代の罰は今でもイスラム法の社会に残っている。イスラム法は古代イスラム立法の影響を強く受けているものだが、この野蛮な処刑は現在でも、イラン、イエメン、サウジアラビア、パキスタン、スーダンで実践されている。

　1982年7月にイランの評議会はイスラム刑法を採択した。それ以来、死罪とされたのは、殺人、強姦および姦通のような倫理規定違反、さらにはアルコール飲料の反復的消費などであった。イスラム刑法典第119条は「石打ちの刑において使用される石は、一度ないし二度の命中で罪人が死に至るほど大きくあってはならず、また石と呼べないほど小さいものであってもならない」と定めている。

　こうして古代の刑罰が現代にまで生き延びているのである。まれな描写の一つが『石打ちの刑に処せられた女』の中にみられる。これはフランス在住のジャーナリストであるフレイドーネ・サヘビャム（Freidoune Sahebjam）が書いた本で、彼の故国イランで1986年8月15日に9人の子を持つ35歳の母親に対して執行された石打ちの刑を描いている。起訴内容は密通。執行を取り仕切ったのは、それに先立って次のような死刑を宣告した市長だった。「われわれは、被告人ソラヤ・マヌシェフリが本日中にその死に至るまで石をもて打たれるべきであることを全会一致で決定した。すべてはコーランが命じ、法が定めるとおり、秩序に則って実施される。全能なる神はわれわれに自力制裁を命じた。これはわれわれ全員がこの女によって侮辱されており、女の親族も復讐を要求しているからである」。サヘビャムはこの野蛮きわまる出来事を記録している。以下はその抜粋である。

　「市長の合図で2人の男たちがその若い女性の両腕をつかみ、穴のところま

で引きずっていき、その中に入らせた。観察の間にざわめきが広がる。いよいよお目当ての見世物の開幕だ。興奮の面持ちで彼らはこの無防備な女性を見つめる。

　男たちはスコップと鋤を使って、ソラヤが立っている穴を埋め戻し始めた。彼女はもう肩のところまで土に埋まっている。両腕も穴の中だ。罪人の頭は男たちのところから約15メートルの場所にあるが、男たちには地面に広がる黒い髪しか見えない。

　市長エブラヒムが石を一つ拾って父親に手渡す。『最初の石を投げる栄誉はあなたのものです……、さあどうぞ……』

　老人は杖を地面に置いて、その石を受け取る。彼は神に感謝の言葉を述べて、腕を振りかぶると自分の娘めがけて全力で投げつけた。同時に怒鳴り声を上げた。『アラーのお恵みを。さあ石を受けるがいい、この売女め！』。石は当たらなかった。市長がまた石を手渡す。老人は憎悪の叫び声を上げてまた娘に石を投げる。4回投げたが一投も命中しなかった。怒り狂って彼は叫ぶ。『石をもう一つくれ！　あいつの頭を割ってやる、俺の石を頭にめり込ませてやるんだ！』

　市長が彼に、白墨のラインを決して踏み越えないようにと注意した。神の法に反することだからというのだ。今度は夫ゴルバン・アリの投げる番だった。彼はやる気満々に袖をたくし上げ、足元に4個の石を並べた。彼は市長の合図を待っている。エブラヒムが優しく声をかける。『さあやれ、息子よ。腕の振りは神に任せなさい』

　妻に『欺かれた』この夫は腕を振りかぶり、すばやく振り下ろす。石は女の顔の20センチ横に外れた。彼女はピクリとも動かず、目も見開いたままだった。『さあ次だ、ゴルバン・アリ。惜しかったな……。次は当てろよ。ついてるな、このメス犬め』。最前列に陣取った男たちの間から声が上がる。

　ソラヤの夫ゴルバン・アリは二つめの石を手に取る。手の中でその重さを量り、群衆に目を向ける。これから最高のパフォーマンスをみせようとする競技場のアスリートのようだ。改めて腕を振り抜くと石は女性の頭をかすめた。群衆からがっかりしたような、『ああ』というため息が上がった。しかしソラヤが息をつく暇もなく第三の石が投げられて、今度は罪人の右肩に命中した。彼女の口からかすかに声が漏れ、その華奢な上体が揺れた。

　どっと歓声が上がり、男たちは喝采した。ゴルバン・アリは笑みを浮かべ、次の石をつかむと慎重に狙いを定めて投げた。今度は妻の髪の生え際に当たっ

た。ソラヤの頭が後ろに仰け反り、額が割れた。血がほとばしる。群衆の中から快哉の声が湧き起こる。村の住人たちは思わず知らず前方ににじり寄り、白墨のラインを越えてしまった。『やったぞ！　ゴルバン・アリ、でかしたな。命中だ。この淫売にもう一発、喰らわせてやれ！』。今度は女罪人の息子たちが石をつかんで同時に投げた。そのうちの一発が肩まで土に埋まった女に命中した。彼女の口から声が漏れ、頭が後ろにがくんと倒れた。

　次は族長ハッサンの番だ。彼は左手にコーランを持ち、右手で大きな石をつかんだ。しかし投げる前に群衆の方を振り向いて、おもねるような調子でこう言った。『この石を投ずるのは私ではない。神が私の腕をお導きになる。神が私に命ずるのだ。それゆえ私は導師のために、この女が犯した恥ずべき犯罪に報復するのだ』。群衆の間から嵐のような喝采が起きる……。白墨で描かれた円の中心でソラヤは息絶えた。すでに彼女の頭と上体は血塗れの肉塊と化していた。歓喜の叫び声を上げ続ける群衆はその場をいっこうに離れなかった。ソラヤを取り巻く円はますます小さくなる。彼女の頭皮はぱっくりと割れ、目と鼻は潰れ、顎は砕けていた。頭はグロテスクな謝肉祭の仮面のように、残った右肩の上に垂れていた……」

　ソラヤ・マヌシェフリは、いずれも1986年にイランで石打ちの刑に処せられた女2名、男6名、合計8名の有罪人の1人だった。以来イスラム諸国ではさらなる死刑がこの方法で執行されている。

第1部　儀　式──太古の罰

第2章　神の手による殺害
──報復と和解

「罪人を焚刑に処すれば、その者はよりよき者になるとお考えですか？」とサヴォイア公エマヌエーレ・フィリベルトは、イタリアの異端審問官アントニオ・ミケーレ・ギスリエーリに訊ねた。この相手は後の教皇ピウス5世（在位1566～1572年）として、カトリック教会の「敵対者」に対する並ならぬ残虐さと恐るべきポグロム〔集団的な略奪や暴力行為。ここではキリスト教の異端とされたワルドー派に対する1561年の虐殺事件を指す〕で知られることになる人物だ。彼は1712年には改革者として聖人に列せられている。

この問いに対してギスリエーリは、「異端審問所の薪の山（焚刑）は、人類がはるかに多くの犠牲を伴う宗教戦争に突入することを防ぐものだ」と答えた。旧約聖書に依拠した彼の返答「神なき者たちへの同情ほど恐るべきものはない」は、聖なる異端審問所（今の時代ならさしずめ「狂信的な教会監督庁」と呼ぶことができよう）の立場をうまく要約している。つまり中世および近世初期において異端審問所の所員と擁護者たちが聖なる怒りをもって闘った相手は、教会に背く異端思想の持ち主ばかりでなく、魔女、キリスト教への懐疑論者、魔術師たちでもあったのだ。どのようなものであれ、判決の執行はポルトガル語で Autodafé（アウトダフェ、異端者に対する焚刑や焚書。「信仰の書」を語源とする）と呼ばれた。重罪者は薪の山の上に磔にされて焚き祓われた。悪なるものが灰と化すのだ。もちろんその者は肉体的にも焼かれてしまったわけだが。魔女に対する焚刑だけが異端審問の専売特許ではなかった。被告人に自白を強いる拷問もまた同様であった。

神の手による拷問

近世初期には、状況証拠のみの裁判で拷問をちらつかせたり、裁判所の票決と承認の後に「神の手」により拷問を行ったりすることは日常茶飯事だった。神が裁判の現場に直接介入することがあるという確信はかなり広まって

いた。いわゆる魔女検査法なるものが知れ渡っていて、とくに魔女の「立証」に使われた。針による魔女検査では裁判官が針で黒子(ほくろ)を刺して、血が出なければ罪が証明されたとみなされた。最も有名なものは水による魔女検査である。たとえば1583年にはヴェストファーレン地方のレムゴ市で、3人の女性たちが服を脱がされ、両手両脚を身動きのできないほどきつく縛られた状態で、数千人の観衆の見守る中、ロープをつけて水の中に投げ込まれた。彼女たちは材木とは異なりそのまま沈んだので無罪とされた。もし彼女らが罪人だったなら、聖なる水に受け入れられず、すぐに浮いてくるはずだと考えられたのだ。

　被告人が、穏やかな取調べや不利な証言の存在、監禁による心身の疲弊にもかかわらず、自白しようとしない場合は、拷問が行われた。最終的に同人が自白するまで、次第に厳しさを増す拷問が続けられるのがつねだった。これは拷問吏の恣意的なサディズムの表れというより、教会や国家といったあらゆる公的機関から認められていた、真実をみつけ出すための手段だったのだ。人々は拷問を通じて人間の中の悪を制圧しようと考えたのだ。神の手と神の恵みを借りて。拷問具が最初に使われたのは異端者裁判や魔女裁判においてであった。そこでそれはサタンとの闘いでの決定的なツールとなった。拷問はその後、重大犯罪に対する訴訟全般にも用いられるようになってゆく。

拷問の実践

　総じて拷問は、「理性的なよき裁判官」の匙加減で導入され、容疑者はその嫌疑の濃淡に応じて、拷問で苦しめられる頻度や程度が変化した。拷問の規模と被告人の扱いは明文化されず、裁判所幹部の専権事項だった。拷問は段階的に進められた。宗教や伝統に応じて無数の理論と実践があったが、ふつう拷問の実践は「三段階のメソッド」に基づいていた。

　最初に拷問吏が拷問器具を相手に見せた。恫喝的な視覚効果で自白させようとしたのだ。これが成果を上げないと第二段階に進む。容疑者は服を脱がされ、脚挟み器や親指潰し器がセットされる。多くの場合、服を脱がされ無防備な状態とされただけでも効果があった。心を折られ抵抗を止めるのだ。それでも満足できる自白が得られない場合、裁判官は第三段階、すなわち親指潰し器を用いた「痛みを伴う取調べ」に入る。これは2枚の鉄片の間に両足の親指を差し込み、ネジで締めつけていく拷問具である。これはその後改良されて、罪人の苦痛を高めるさまざまな工夫が凝らされてゆくことになる。

拷問吏の想像力は限界を知らなかった。とくに魔女裁判での凄惨な状況が文書に残されている。加えられた苦痛は悪魔との闘いと理解され、神によって操られた手を通じて悪魔に打ち勝つことが重要とされた。しかしそれは両義的な拷問の儀式であって、一方では真実を暴き出し、容疑者の意志を挫くことが最重要視されたが、他方では被拷問者に継続的な損害を受けさせまいとした。そもそもは病人や高齢者、妊婦は拷問対象から除外された。しかしその他の場合には、強情な容疑者に自白を強いるためとあらば、毎回拷問と痛みを伴う刑事手続が実行された。つまり拷問が常態だったのだ。

拷問の禁止と公開処刑

　拷問は真実をみつけ出し、あるいはそもそも公正さの要件を満たすのには不適切な手段であるという認識が浸透するまで、さらに数十年が必要だった。そして拷問が禁じられ、撤廃されるには18世紀を待たねばならなかった。プロイセンでは1754年、ザクセンでは1770年、オーストリアでは1776年にようやく制度が変わった。たとえばその4年前、1772年1月14日の朝に子殺しの母ズザンナ・マルガレータ・ブラントはフランクフルト・アム・マイン市で死刑判決を読み上げられたのだが、彼女に対して苦痛を伴う尋問が行われることはなかった。だがいくら刑法の新規定がますます拷問や薪の山（焚刑）を禁ずる方向に向かっても、古代からの処刑方法と衆人環視の演出はかえって頑固なまでに、組織的な熱意をもって継続された。ズザンナ・マルガレータ・ブラントへの判決には、斬首による死刑と書かれていた。処刑の儀式についてリヒャルト・ファン・デュルメンは著書『恐怖の劇場』の中で印象的な筆致で次のように書いている。

　「裁判官が処刑用のいでたちで登場した。黒の衣装で、その上に大きな市の紋章のついた真紅のマントを羽織っている。罪人の若い女は死装束、つまり白頭巾、黒いリボンのついた白い亜麻製の上着、白いスカートを身につけ、さらに白手袋をはめていた。8時にささやかな食事が出され、9時からは15分おきに3回ずつ教会の鐘が鳴らされ、儀式の開始が近いことが周知された。出発が告げられる。罪人は両手を縛られた状態で通りを歩かされた。権威の象徴である大きな笏を手にした裁判官は、赤い制服姿の数名の市の役人とともに馬上の人となった。聖職者と処刑人の下僕に伴われた哀れな女罪人を歩兵たちが取り囲んでいた。歌と祈りと呼び声がひっきりなしに続く中を、一行はゆっくり刑

場に向かっていった。
　その間に処刑人とその息子たち、助手たちは、歩兵に守られて刑場ですっかり準備を整えていた。罪人は、30分後に到着すると、聖職者たちから祝福の言葉をかけられ、処刑人によって椅子に座らされ、縛りつけられた。次に女の首と頭髪が慎重な手つきで露わにされた。続いて司牧者の絶え間ない呼び掛けの下、彼女の頭部は処刑人の一撃により首尾よくすっぱりと切断された。自分は与えられた任務をきちんと果たせましたか、との処刑人の問いかけに対して裁判官が、汝は神と当局が命じたとおり、首尾よく己の任務を果たした、と答えて儀式は終了した」

　18世紀。演出された公の場での死。それは重要な出来事であり、公衆への影響をうまく利用しない手はなかった。リヒャルト・ファン・デュルメンは『恐怖の劇場』の中で、関係者たちからなる一行が刑務所または市庁舎から刑場まで練り歩く様子を克明に描写している。それは、公開の場での判決言渡しと死刑囚最後の食事の後、通例早朝に鐘の音が鳴り渡る中で行われた。刑場では何時間も前から民衆が集まっていた。処刑の実施が迫りつつあることは、書面による掲示と大声で触れ回ることを通じて早い段階に周知されていた。ときには市庁舎のバルコニーから赤い布が垂らされ、処刑がまもなく行われることを示していた。
　しばしば民衆の祭といった性格を持っていた公開処刑については、本書の別の章でも言及する。
　通常、犯罪者を含む「哀れなる罪人一行」は、途中に当人の住居や犯行現場があったとしてもおかまいなしに、刑場への最短路を進んだ。兵士たちが同伴したのは、途中で騒動が起きて、この儀式の厳かな祝祭的性格が損なわれないようにするためだった。
　裁判官と処刑人は特別な衣装により、遠くからでもすぐにわかった。罪人は縛られたまま、自分の足で歩かねばならなかった。ところによっては、罪人は荷車の上に乗せられて、晒し者とされたが、これも刑罰の一部だったのだ。道端に集まった民衆の反応は、犯罪の内容や罪人の態度に左右された。罵声や嘲りは日常茶飯事で、聖職者たちによって朗唱される歌に混じる景気づけの合いの手や嘆き声もよく聞かれた。とくに恥ずべき犯罪の場合には、前述の刑罰マニュアルに挙げた刑場への引きずりが行われた。これは罪人を新鮮な牛皮の上に頭を下にして乗せて行われた恐るべき拷問である。これに

ついても、次のように裁判官からの詳細な指示がなされた。

「若枝を組んで特殊な荷台が作られる。これは麦芽を入れておく木箱よりやや高さがあり、身体をその上に横たえることができる広さである。しかし罪人をその上にすっかり寝そべらせてはならない。右腕で体をささえるようにして座らせる。これに牛皮をかぶせ、郡外の重罪裁判所に運ぶ。この重罪裁判所が撤廃され、職位も廃止されている場合は、そのような荷台は直接刑場へと移動される。罪人はいわば頭部が馬の尾の方にくるような形で座らせられる。しかし罪人は右腕をロープで、最後の輻と若枝の一つまたは二つに牛皮越しに縛りつけられており、結果的に頭は身体よりもやや低い位置にくるが、ただし地面に接することはない。さらにこの荷台に横木がつけられ、虐待役の下僕が乗る１頭の馬がつながれた。こうして罪人は刑場へと引かれてゆくのだ……」

虐待役の下僕が刑場への道すがら罪人を虐めて苦しめる役割を担ったのだが、これはかつて処刑儀式によくみられる構成要素だった。そもそも身体的な拷問には、その罪人に対して咎められた犯罪の内容が反映された。その際には複雑な関連づけやアナロジーが行われ、それらはその時代の自己理解とも密接に絡み合っていた。一方には不名誉で恥ずべき処刑方法というものがあった。たとえば窃盗や家宅侵入といった多かれ少なかれ人の目に触れずに行われた犯罪には絞首刑と定められていた。他方、故殺のように公然と行われた犯罪には、斬首刑のような名誉を損なわない刑が行われた。適用される刑罰の違いはとくに恩典という点で顕著だった。ここでいう考え方とは、来るべき死を免れさせることだけでない。温情によって、たとえば車輪刑や絞首刑から剣による処刑に変えてもらうということでもある。

男女の刑罰の違い

また、男女の刑罰にも明らかな違いがあった。絞首刑、車輪刑、四つ裂き刑は典型的な男に対する刑罰であり、女の罪人にはたいてい、溺死刑、焚刑、生埋め刑が適用された。

前章で述べたように、最終的に複数の刑罰が複雑に組み合わされることもあった。一連の拷問が処刑前に行われることもあり、すでに遺体となった身体が後から損壊されることもあった。たとえば重罪人の場合に斬首と車輪刑が組み合わされたり、斬首された身体がその直後に焼かれたりすることも珍

しくなかった。このような手続は、犯されたすべての犯罪につき、それぞれ一つの罰を与えるという考えの結果であった。その場合は死体に対する拷問は生体に対する拷問とまったく同様に行われた。しかし眼目となるのは、犯罪者に特別な苦しみを与えるというより、醜悪な犯罪の件数に見合う贖罪をさせることだった。原則としてそれぞれの犯罪に固有の刑罰が必要だったのだ。もちろん共通性もあった。それはすべての処刑が浄化の儀式と呼び得るものであった点である。罪人の完全なる抹消と無化こそが重要で、その人物を思い起こさせるものは何一つ残してはならないというのだ。処刑人という人間の手による処刑は、自然の諸力によって「完成」された。すなわち土と火と水による浄化が期待されたのだ。

18世紀末の処刑の変化

　暴力的な刑罰の実践は18世紀末に変化を迎えた。車輪刑や焚刑といったきわめて苛酷な死刑を言い渡される恐れはあいかわらずあったものの、ますまれとなっていった。これは一方では、裁判所が疑わしい事例については温情を示して、残酷さの少ない刑を言い渡したり、死刑の執行を断念したりすることが多くなったからであり、他方では、死刑執行に超域的な管轄権をもつ裁判所による確認が必要となったからである。この上なくおぞましい処刑法は、奇妙にも19世紀になってもなかなか廃止されなかった車輪刑を除き、もはやほとんど実行されることがなくなり、ますます減っていった。

　演劇性や抑止効果、道徳的啓発を狙いとする処刑の実践がともに「世俗化」されたことをもって、そうした浄化の儀式は直ちに、とりわけ抑止効果の見込める剣による刑によって代替された。神の手による殺害から国民の名における処刑へ。それが国家による殺害の果てしない改革史の始まりを告げている。この改革史は今も続いている。以下の頁ではこれを扱う。

　その前にもう一つ、あらゆる時代においてすべての関係者を拘束するドラマトゥルギー（作劇法）が、一方では上層部が問題視される事態を防ぐために、他方では恫喝の一部として活用するために、いかに重要であったかを例示する話を紹介しよう。これには、さまざまな温情を通じてダメージの少ない「品位溢れる」処刑を可能にするということも含まれる。それは確実な死の到来の直前にもたらされる和解の申し出であった。たとえば罪人に選ぶことが許されたいわゆる「最後の食事」を通じて。

第1部　儀　式——太古の罰

第3章　最後の食事
　　　　——和解の申し入れ

　記録が克明に描写する公開処刑は、決して自然発生的な行為ではなかった。しばしば凄惨なものではあったが、つねに厳格で合法的な儀式だったのだ。どの時代にも、哀れな罪人の行進をいかなる手順で組織するか、刑場をどう兵士たちに警備させたらいいのか、観衆として何人までの入場を許可するのか、処刑人は妨げられずに自らの仕事を遂行できるのか、最後の数歩を歩く罪人の衣装はどのようなものとするかなどといった点について、詳細な計画が立てられた。しかしそれら外面的・組織的な詳細は、膨大な準備作業の一部でしかなかった。はるかに重要だったのは、まもなく訪れる死を罪人に受け入れさせることだった。というのも、哀れな罪人が本心から死と折り合いをつけていないならば、品位ある処刑はほとんど不可能だったからである。

処刑の目標

　罪人と処刑人の関係が処刑の始まりと終わりを決定的に左右した。起こり得る障害をすべて排除することが重要だった。罪人には死を逃れるチャンスはほとんどなかった反面、自分に定められた役割に従わないことで、当局の関心に楯突いて、犯罪抑止効果のある処刑という一大イベントを台無しにすることはできた。自分の無実を訴え続け、それどころか公然と自白を撤回するような反抗的な罪人は、当局の威信を傷つけるのみならず、公正さそのものへの信頼をも損なう。観衆に執行人への反感を植えつけることができたなら、その罪人は哀れな罪深き者ではなくなり、英雄もしくは殉教者として称揚されることになりかねなかった。

　当局の目標は、品位に溢れ、同時に抑止効果のある処刑とすることであり、罪人に対する同情を許しはしても、いかなる共感も起こさせず、とりわけ処刑人を法に忠実な復讐者へと高めるものでなくてはならない。それゆえすべての関係者を拘束するドラマトゥルギーが必要だった。それは裁判所の品位

と処刑儀式の抑止効果が問題視されるような事態を極力回避するためであった。

これには、自白とともに得られた罪人の同意を判決言渡しの後もそのまま維持すること、裁判所の温情をみせてそれをさらに強固なものとすることも含まれた。たとえば最後の3日間、刑務所内でよりよい寝場所が与えられたり、場合によっては自分で選んだ新しい服の着用が許されたりした。とりわけ罪人にはおいしい食べ物と十分な飲み物が与えられた。というのも首尾よい処刑とキリスト教徒らしい最期には、罪人の死の覚悟や処刑人の技量、誰にも恨みつらみを訴えないという哀れな罪人の確約などと同様に、食事と飲み物が不可欠だからである。

最後の食事

とくに処刑前に罪人に出される最後の食事は、死の恐怖を和らげ、処刑への同意を再び確固たるものとすることに貢献した。この最後の食事〔Henkersmahlzeit「処刑人との食事」の意〕の際には罪人1人だけの場合、処刑人と2人の場合、さらには処刑人、裁判官、聖職者の複数名で食卓を囲む場合があった。昔のニュルンベルクや他の、たとえばフランクフルト、バーゼル、シュトゥットガルト、エーガー、ケルン、ブレスラウといった中世の諸都市での最後の食事にまつわる儀式については、ハンス・フォン・ヘンティヒ（Hans von Hentig）がその最後の食事を扱った研究書の中で印象深く描き出している。

たとえばニュルンベルクの穴牢獄〔市庁舎地下の禁錮用の獄舎〕の地下には12の独房があった。その最も奥まった2室が処刑前の3日間、罪人にたっぷりとしたコース料理が振舞われる場所で、この料理の内訳は細かく定められていた。死を前にした者を元気づけるために1瓶の食後のワインも出された。各都市には飲食物を供する際にさまざまな手順が定められていた。エーガーでは5日間の美味しい食事に加えて、卓上に燭台まで用意された。フランクフルトでは病院から最後の食事が運ばれた。たとえば1772年に同市で行われた前述の子殺しの母親ズザンナ・ブラントの処刑の際である。フォン・ヘンティヒの著作には、豪勢な最後の食事の記録が収録されている。

「主室に食卓が整えられ、病院当局の用意したみごとな食事とワインが並べられた。聞いた限りでは古くからのしきたりに則ったメニューだそうだ。その

内訳は次の通り。
1. おいしい大麦スープ
2. 紫キャベツ１皿
3. 焼きソーセージ３ポンド〔重量単位。１ポンドは約500グラム〕
4. 牛肉料理10ポンド
5. 鯉の焼き物６ポンド
6. 仔牛肉のロースト12ポンド
7. 菓子類の盛合せ１皿
8. ミルヒブロート〔牛乳パン〕30個
9. 病院用の円形黒パン２個
10. 1784年産ワイン8.5マース〔当時の容量単位〕

　食卓には複数の人々が座った。右側には署名者、ヴィレマー牧師、上級裁判官が、左側にはツァイトマン牧師、ゲーリングとゲックラーの両氏がそれぞれ座り、給仕役は敬愛すべき病院の酒蔵管理職人フラインスハイム親方とその下僕たち、および病院のパン職人が務めた。
　私は何も食べなかったが、ヴィレマー牧師、ツァイトマン牧師、ラープ上級裁判官はいくらか食べ、２人の下僕はたらふく食べた。
　私はその女罪人にすべての料理を勧めたが、断られた。その代わりに彼女はただ水を１杯要求して、それを飲んだ。慣例的にその場に残っていた２人の立会人たちに対しては、それぞれ250ミリリットルのワインとミルヒブロート２個を配らせた。
　その間に世俗の裁判官たちは１マースのワインと病院用の円形黒パン１個をもらい、その晩の警備を担当した兵士たちにはエダムチーズ３ポンド、病院用の円形黒パン１個、12マースのワインが配られた。
　食卓ではあまり飲食が進まなかったので、たくさん残った料理は世俗の裁判官たちに渡された」

　たっぷりの高価な食事に腹を立てる者はなかった。まもなく処刑される子殺しの母親は何度も勧められたが、食べることを拒んだ。これは死刑の執行にとっては悪い徴候と解することができた。「誰であれ最後の食事を口にした者は、暗黙裡に自分の死に責任を負う人々と和議を結んだことになる」。フォン・ヘンティヒはそう主張する。
　死の直前に供せられる食事、それは飲食可能なすべての賜物の中の核心的

なものであり、主菜ともいえるものである。それが本来の古典的な最後の食事であり、そこには特別な性格がある。なぜならそれは囚人にかなりの（最後の）自由を認めるものだからだ。またこの上なく無力な存在である死を前にした囚人が、最後の食事のメニューを自分で決める権限を与えられるならば、それはすべての主従関係の転倒をも象徴する。ローマで主人と奴隷の立場が逆転したサートゥルナーリア祭のように、多くの国々で国家と死刑囚の役割がしばし逆転した。こうして最後の食事は裁判所と罪人の間、さらには処刑人と死刑囚の間にも和解をもたらすものとなったのだ。

　こうした最後の食事の風習は14世紀の終盤にまで遡ることができる。根拠を挙げている犯罪史家たちによると、エジプトでは王が自身の食卓からおいしい食べ物や料理を哀れな罪人に賜ると、それは死刑判決の承認とみなされた。古代のユダヤ人は痛みを麻痺させる飲み物という形を取った「最後の食事」を知っていた。古代からの報告と並んで、アジア諸国からの記録も、われわれの最後の食事が非キリスト教的な起源をもつことを暗示している。ペルシャでは飲食に関する罪人のあらゆる希望が気前よく叶えられた。つまり最後の食事は時代、宗教、文化の垣根を越えて、和解と講和を取り結ぶ儀式であり続けたのだ。この儀式は今でも生き続けている。それはかつての洗練されざる時代から受け継がれたものである。

本当に和解の儀式か

　しかしそれは本当に和解の儀式なのだろうか？　処刑の数時間前に最後の食事を与えることで、本当に罪人は品位と自決権を取り戻すことになるのだろうか？　それは実際のところ、加害者との和解ということなのか、それともただ生者たちの心を鎮めてくれる儀式に過ぎないのか？　アンドレアス・ベルナルトはその記事「最後の料理」の中で、この儀式の起源を今の時代に転用することで問題視している。

　彼によると、「不可解なのはその儀式が刑務所暮らしの慣れ親しんだ秩序に大いに反している点である。それは死刑囚が長年にわたって従わされてきた日常生活、作業、食事の規則とはかけ離れていた」。彼はミシェル・フーコーから引用している。フーコーは他の誰にもまして刑務所の処罰的性格を徹底分析して、この制度の原理が「絶えざる規律」であることを確認した人物である。彼は「個人に対する関与」は中断を許さないとした。昔から刑務所ではこの規律化の大部分が食事を通して行われてきた。囚人の好みとは無

関係に作成されたみすぼらしい献立は、節制させるためのものであり、法を踏み誤った者を利用可能な国民へと鍛え直すためのものであった。

　「こうした背景からみると、最後の食事の椀飯振舞は何を意味するのだろうか?」。ベルナルトはそう問いかける。罪人には突然、自分の食事の内容を自分で決めることが許される。たとえそれが最後の食事であっても。もはや刑務所システムがその厳格な組織的プロセスを通じて決定するのではなく、死刑囚が1人で決めるのだ。それは、死に直面する死刑囚に今一度、品位と自決権を取り戻させる最後のジェスチャーなのだろうか？　それともむしろその逆で、個人的な無節制を許すことを通じて司法は、死刑囚が今や抑圧的な秩序体系から最終的に離脱することを当人に改めて理解させようとしているのか？　つまり最終的な旅立ちを前にして最後に許される放埒さということなのか？

　つまり最後の食事はどう理解したらよいのか？　それは最後の喜びが与えられるべき罪人のためのものなのか、それとも有無をいわせぬ殺害の責任を負わねばならない側からの和解の身振りなのか？

　ハンス・フォン・ヘンティヒはこの問題を追及した。数千年の歴史を有するこの儀式についての彼の民族学的研究は、最後の食事がいかなる時代においても究極の人道的行為などではなかったという結論に達したのだ。「諸国民はいかなる法律も定めていないある措置を固持している。まるでそれが罪人によりも自分たちにとってより役立つかのように」。むしろ最後の食事は一種の鎮静化の儀式なのだという。処刑される者には、太古の社会で手厚くもてなされた人身御供のように、処刑を目前に控えて従容とした気分になってもらいたい、決して復讐の霊となってこの世に立ち戻って欲しくないと考えられたのだ。「冷酷さと最後の優しい思いやりの間の古き謎めいた矛盾」は、そのように理解しなくてはならない。そうフォン・ヘンティヒは結論づけている。

　米国の刑務所ではこの和解と鎮静化の儀式は今でも実践されている。「それゆえ死の門へと至る道は、なおしばしの間、美食と怠惰の園庭を通る」とベルナルトは表現している。それは「哀れな罪人が霊界へと入ってゆく際のしかるべき精神状態を作り出す」ためだった（フォン・ヘンティヒ）。

　こうして囚人が慣れ親しんだいわゆる死の区画（死刑房）の中に、通常の独房とはまったく違って格別居心地のよい部屋が用意された。そこにはパステルカラーの壁があり、寝具もきれいで、場合によってはテレビや着心地の

いい衣類もあてがわれ、さらに囚人の好みに合わせた最後の食事も供せられた。生と死の狭間のレフュジア（退避地）、最後のくつろぎの場である。「人々がこうした特別扱いでもてなす相手は、もはや罪人の生きている身体ではなく、すでにその不滅の精神なのだ。最後の食事はまだ生きているうちに手渡される副葬品に他ならない」。ベルナルトはそうも述べている。

　明らかな点は、最後の食事の儀式が今でも、死への道すがらに示される最後の人道的な行為などではなく、可能な限り円滑に進むべき一連のプロセスの一部に過ぎないということである。好きな食べ物を注文し、食べることによって死刑囚は、いわば押しつけられたドラマトゥルギーに対する了解を表明し、間近に迫った自分の処刑の正当性を認めたことになる。しかし罪人が最後の食事を拒んだり、定められた手順を受け入れなかったり、あるいはフォン・ヘンティヒがいうように「ありがたい手続に対して不協和音」を響かせるようなことになったら、どうなるだろう？　最後の食事の拒絶、それは刑務所システムにとって、不都合な静かな反抗であるにとどまらない。そうした決意は物事の厳格な進行を危機に陥らせるだけでなく、組織内に不穏な空気を生じさせかねない。罪人が自分は裁判官たちと和解するつもりはないというシグナルを送っている。自分の死刑判決への象徴的な署名を拒んでいる。まずいことになった。だから死刑囚の独房から食事の注文リストが届くと、そこにどれほどエキゾチックな食べ物が書かれていても、刑務所幹部たちは安堵の息をつくことになる。

　ベルナルトはテキサス刑事司法局のあるリストを収録している。そこにはテキサス州で処刑された罪人たちの「最後の食事」がすべて記録されている。このリストは、1982年12月7日から2000年7月12日までにハンツビル刑務所で薬物注射によって処刑された総勢224名についてのもので、インターネットでも閲覧できた。大手新聞がよく有名人に聞く「好きな食べ物は？」という質問が、新しいメディアを通じて公開されたのだ。食べ物の好みから人は相手の人となりを知ろうとする。ただし今回の有名人はテキサス州の死刑囚たちだった。

　おそらくこのリストに載っているほとんどの料理を作ったであろう、ハンツビル刑務所の専属コックは、あるインタビューの中で、「どれも罪人が青少年だった頃の懐かしい思い出と結びついている料理だと思います」と語っている。そのリストに何かとくに目立つ点はあるだろうか？　まず気づくのはメニューが思いのほか均一である点である。バーガー、ステーキ、または

チキン。全注文の半分以上をこれら三つの料理が占めている。罪人たちが今一度典型的な米国料理を食べたがることは、おそらくそれらの料理と結びついた自身のかつての記憶を示唆しているのだろう。これは南米出身の罪人たちがほとんど例外なく、タコスやエンチラーダ、ファヒータ〔いずれも肉や野菜をチーズとともにトルティーヤで包んだメキシコ料理〕を注文しているのとまったく同じである。

　ただし最後の食事のバリエーションが驚くほど少ないことには、ベルナルトが推測するように、管理技術上の理由もあった。近年米国の刑務所では料理の自由な選択をますます制限する方向に向かいつつあったのだ。1900年頃の罪人たちは、この世の最後に臨んで刑務所当局をいくらか困らせてやろうと考えて、可能な限り珍奇で高価なものを注文したものだが、ハンツビル刑務所ではキッチンに用意してあるものしか選べなかったのだ。「シュリンプサラダ」のような注文（ペドロ・ムニース、1998年5月19日に処刑）ですら却下された。ここには海の幸の用意などないというのがその理由だった。刑務所のコストからみて無制約の逸脱といえるような最後の食事はもはや不可能となった。アルコール飲料にしても、1976年の死刑再導入以来、禁じられている。死刑囚はアルコールによるありがたい作用によって意識を曇らされることなく、素面のままの状態で過酷な運命を受け入れるよう求められる。また数百年来、罪人の人生最期を象徴するものだった「（煙草の）最後の一服」という伝統ある希望ですら、今では聞き入れられることはない。

　それでも罪人たちは最後となる好物の注文を真剣に受け止める。量と調理法が正確に書かれ、特別な望みが入念に記されることもある。まるでそれが何らかの個性や独自性、好みを強調する最後のチャンスであるかのように。

　「目玉焼き4、5個」（ノーブル・メイズ、処刑日は1995年4月6日）、「ペパロニピザ、ミドルサイズで」（リチャード・ブリメイジ・ジュニア、同1997年3月12日）、「ローストチキン、皮なし」（リチャード・フォスター、同2000年5月24日）、「ケサディーヤ10枚、うち5枚はモツァレラ、5枚はチェダーで」（ジェシー・サン・ミゲール、同2000年6月29日）……。

　中には罪人が皿の上の料理の位置まで細かく指定した注文もある。あたかも罪人が長年のムショ暮らしで身に染みついた明確さや秩序に配慮したかのように。

「サラダドレッシングは別容器でお願いしたい」(ジェームズ・クレイトン、同2000年5月24日)、「溶かしバターはゼンメルパンに蜂蜜を塗って焼いた面にかけるのではなく、隣に別皿で」(オリエン・ジョイナー、同2000年12月)」。

　死刑囚が処刑前夜に自分の身体を気遣い、健康やフィットネスを考慮するような注文も見受けられる。たとえば1984年3月31日に処刑されたロナルド・オブライアンは、紅茶に砂糖ではなくカロリーオフの甘味料を要求し、ケネス・ダン(同1999年8月10日)は「ダイエット・クリームソーダ」を注文した。またコーニーリアス・ゴス(同2000年2月23日)は、「リンゴ、オレンジ、バナナ、ココナッツとモモ」だけでいいと書いた。

　罪人が逸脱の特権を一度享受してみたいと考え出したかのような、豪勢で野放図にみえる注文もあった。たとえばロバート・ストリートマン(同1988年1月7日)の「卵2ダースで作ったスクランブルエッグ」、ドミング・カントゥ・ジュニア(同1999年10月28日)の「ローストチキン12個」、またダヴィッド・カスティージョ(同1998年8月23日)の注文書きには「ソフトシェル・タコス28枚、エンチラーダ6枚、トスターダ〔揚げたトルティーヤ〕6枚、玉ねぎ丸ごと2個、ハラペーニョ5本、チーズバーガー2個、チョコレート・ミルクシェーク1杯、牛乳1パック」となっていた。

　リストに掲げられた224名の死刑囚のうち、最後の食事の注文を拒絶したのはわずか10パーセント足らずで、彼らは空腹のまま、薬物注射の行われる処刑室の木製寝台に乗せられた。最後の食事はそのようにして、独房の部屋替えや家族、親族、友人たちの面会を気前よく承認したりすることとセットにして、最終的な和解の申し入れ、鎮静の儀式として与えられたのだ。罪人は好きな食べ物を、どんなものであれ、どれほどたくさんであれ、望むことが許された。哲学者のヴォルフラム・アイレンベルガーはそれを「逆説的な特権」と呼ぶ。「栄養分が消化される前に生命が奪われる。したがってこの儀式においては囚人の身体機能の維持が重要であるわけではない。処刑という出来事に想定される野卑さをカーニバルふうな儀式によって払拭することの方がはるかに肝要なのだ。単なる生存を求める権利さえ奪われた囚われ人が人生最後の瞬間に、王侯のごとき自由な選択権をもつ地位へと引き上げられる。しかしいったい何のために?」。

　アイレンベルガーは最終的に示される厚意の証を信用していない。「それは和解の身振りを要求する筋書きの単なる最終章なのだろうか？　すでに生

者の共同体から排除された者にも、最後に感覚的な満足の瞬間を味わわせたいということなのか？」。もっとも最後の食事が与えられない場合には、後に残るのは言葉だけである。これについては本書の第５部でもう一度触れるが、それは最期の言葉であり、犠牲者の親族や裁判官、宣誓者、証人、自らの家族、あるいはとりわけ自分自身に宛てた最終メッセージとして考えられたものなのか？

　パリで1792年４月25日15時30分ごろ、大勢の野次馬たちの目の前で処刑台に登らされたニコラ・ジャック・ペルティエの最期の言葉は、伝えられていない。しかしこの日が「人道的な」改革者たちにとって大いなる日であったことは記録に残されている。新たな殺害技術がその血なまぐさい初演を飾った。すなわちギロチンである。これについては第２部第１章で紹介したい。

第2部

処刑器具
――殺害技術の進歩

第2部　処刑器具——殺害技術の進歩

第1章　すべての権能を機械にゆだねて
　　　　——ギロチン

　「今や、死刑囚たちの首を刎ねるために考案された機械が使われるべき時代となった。この機械による斬首には従来の処刑に比べてさまざまなメリットがあるといえよう。見た目もさほど衝撃的ではない。というのもこれを使えば、誰も処刑された者の血しぶきを浴びなくて済むし、罪人は死の不安（による拷問）に耐えさえすればよいからだ。もっとも、この拷問は罪人の生を奪う一撃以上に恐ろしいものであるだろうが。

　この新しい処刑装置の性能を自ら体験する最初の罪人は、ニコラ・ジャック・ペルティエである。彼はすでに死刑判決を受けていたが、1792年1月24日の第三審となる臨時刑事法廷により死刑が最終的に確定した。彼は1791年10月24日の深夜、ブルボン-ヴィルヌーヴ通り（今日のアブキール通りの一部）で見知らぬ男と共謀して、1人の市民に襲いかかり、ステッキで何度も殴った末に800リーブルの入った書類鞄を奪ったとされる。

　この罪を償わせるために裁判所は、赤いシャツを着用させてグレーフェ広場に牽いてゆく判決を下した。そこで彼は刑法典の規定に従って頭部を斬り落とされることになる」

　パリ、1792年4月25日15時30分ごろ。路上強盗で起訴されていた、司法界にその名を知られる常習犯ニコラ・ジャック・ペルティエが、おおぜいの観衆の目の前で処刑台に登らされた。パリの処刑人シャルル＝アンリ・サンソンに初めて、法の名の下に新式ギロチン装置の刃を落下させることが許されたのだ。ペルティエの頭は瞬時に身体から分断された。初演は大成功だった。

「旧体制」に終止符を打つ証明として

　「革命」の口火が切られた！　この処刑をもって国民議会は、「旧体制」に終止符を打つ固い決意を証明したのだ。数年前までは公開で車輪刑や焚刑が

行われていた。たとえば1783年には同性愛者、1785年は放火犯、そして1787年は父殺しの息子に対して。だが新型装置を投入する機は熟していた。それは平等に、合理的に、とりわけ人道的に殺害する装置だ。まずは死刑囚にとっての人道性。ギロチンは死刑囚の苦痛を減らすものである。次に観衆にとっての人道性。ギロチンは旧来の処刑儀式のようなおぞましい光景をもたらすことがない。なぜならギロチンによって、公開処刑という非人道的な見世物はほんの一瞬の流血へと姿を変えるからである。さらには処刑人にとっての人道性。彼はもはや機械的な殺害プロセスの起動者に過ぎなくなる。処刑人と罪人の身体との間に中立的な機械装置が置かれるからである。要するに痛みを感じる間もない機械的な迅速さは人間に優しい進歩なのであって、しかもその進歩が、新たな成果を見届ける特権的証人である民衆の目の前で示されるのだ。

　可視的な裁きの剣であるギロチンは、万人にとって平等な公正さを表している。この装置のお披露目となった処刑についての報告には、罪人および処刑人本人に関してはまったく言及されていない。新時代にふさわしく、アクセントは関与する人間から機械へと移ったのだ。処刑人はせいぜい遂行する機関、「執行権力」の代理人に過ぎない。ありがたきかな進歩、ありがたきかな革命なり、ということなのだ。

　当初から関係者を魅了したものがある。それはこの機械の効率のよさである。その機能は完璧だ。しかし効果のほどはどうだろう？　あっという間の処刑、たちまち訪れる死。そもそもそこには罪人が自分の犯した過ちを悔い改め、それが神の慈悲を希求する願いとなって観衆の眼にも見えるものとなる暇があるのだろうか？　従来の罪人の処刑は聖なる演出のようなもの、そこで死に往く者とその魂と神との間で和解が成り立つものだった。処刑儀式が一瞬で終わってしまい、こうした「聖別の瞬間」が訪れなくなったなら、死に往く者がもはや救済を得られなくなる危険が生じるのではないだろうか？　生者が瞬時に死ぬならば、死の概念は意味を失う。以前すでに「眼に見えるものの欠如」に警告を発していた批判者たちは、そう懸念を表明した。

　確かにギロチンはフランス革命の産物であったが、1792年のギロチン登場は、明らかに多くの人々を失望させるものだった。それは式典を企画した側の面々をも苛立たせた。この新式装置はまさしく平等と人道性という意味で一つの光明となるはずではなかったか？　瞬時に落下する刃がすべてを台無しにしたのではないだろうか？

その3年ほど前の1789年8月26日、誕生間もない国民議会の最初の措置の一つが、議員たちによる人権・市民権声明の採択だった。そこには将来市民を司法の恣意から守る新たな刑法と、死刑の「より人道的な」執行も盛り込まれていた。

唯一の処刑方法

　ジョゼフ゠イニャス・ギヨタンは評判と名誉と富を手に入れたパリの医師であり、改革派、フリーメーソン、一時は議員も務めた人物で、影響力のある最上層階級の一員だった。啓蒙者を自負していた彼は、1789年10月初めに6カ条の改革案を国民議会に提出した。その主な要求内容は斬首を唯一の処刑方法とし、罪人に対する事前の拷問を廃止することであった。

第1条
　同一種類の犯罪は、罪人がいかなる階級、身分の所属であろうと、同一種類の刑によって罰せられる。

第2条
　起訴された人物に対して法律が死刑を定めているすべての事例において、いかなる種類の犯罪で罪を問われているかに関わりなく、刑罰の種類は同一、すなわち罪人を斬首刑とし、この刑の執行は、もっぱら機械装置を用いることとする。

第3条
　犯罪の個人的性格に鑑み、罪人への処罰によってその家族に不利益が及んではならない。罪人の氏族の名誉はけっして損なわれてはならず、犯罪者の親族はいずれも、あらゆる職業、あらゆる雇用、あらゆる公職に就くことが無制限に許される。

第4条
　何人も市民に対して、その氏族の一員が処罰されたことを理由として、侮蔑的発言をしてはならない。これに反して侮蔑的発言を行った者は、法廷において公式に警告を受けることとなる。この警告文は有責者の玄関扉に掲示されねばならない。さらにこの警告文は晒し柱〔木または石でできた中世の刑罰用

に吊るし、3カ月間これを取り外してはならない。

第5条
　いかなる事例においても罪人の資産を没収してはならない。

第6条
　処刑された者の遺体は、遺族の求めに応じて引き渡すこととする。どの事例においても死者には通常の埋葬が許可され、登録簿にその死の種別が記載されることはない。

　ギヨタンにとって重要だったのは、階級や身分にかかわらずすべての罪人が同一の処刑方法に従うということであった。啓蒙の本質的な原理である「法の前の平等」は、死刑の執行においても保証されるべきだと彼は考えたのだ。
　もう一つ彼が関心を持ったのは、死刑囚の苦しみを最低限にまで減らしたいということだった。「彼らはほんのわずかな苦痛も受けず、せいぜい首筋にかすかな風の気配を感じるだけです」。そう言ってギヨタンは議会での二度目の演説で、自ら開発した断頭台を紹介したが、それに対して議員の一部から見下すような哄笑を浴びせられた。そのあと、影響力のあるパリの処刑人シャルル＝アンリ・サンソンが、法務大臣宛の陳情書を手に、発言を求め、この新たな発明品によって処刑人と死刑囚が闘わねばならなくなる困難さを指摘した。

　「一度処刑に使用した刃は、そのままでは次の処刑に使えません。続けて複数の処刑が行われる場合は、刃こぼれを起こした部分は研いで元どおり鋭くすることが不可欠になります。ですから、使える刃を十分な数、あらかじめ用意しておく必要が生じます。それは容易ではなく、ほとんど克服困難な課題です……。
　複数の囚人に対して処刑が立て続けに行われる場合に留意して頂きたいことがあります。それは、迸る大量の血によって引き起こされる驚愕が、処刑を待つ囚人たちの中で一番豪胆な者にすら恐怖を抱かせ、怖気づかせずにはいないということです。こうしたデメリットは処刑の進行にとって決定的な障害となりかねません……。そうなると処刑は戦闘行為や大量殺戮と何ら変わらぬもの

となってしまいます」

　国民議会が、無数の反対の声を押し切ってギヨタンの提案した断頭台の製造を決定できるようになるまでには、なお2年以上の歳月が必要とされた。1791年6月3日に議員たちは、「死刑を宣告された者はすべて斬首刑に処する」とする法案を可決承認した。しかしギロチン本体の製造がゆだねられたのはギヨタンではなく、外科学大学校の彼の同僚アントワーヌ・ルイだった。というのもギヨタン博士は理論面には精通しているが、実用化の任には適さないことが判明したからである。本来の職人仕事を担当したのは、結局ドイツ人のピアノ製造職人トビアス・シュミットだった。彼が最も低価格なオファーを出し、1792年4月10日に受託した。1台あたり960リーブルの価格で彼は最初の「ギロチン」を製作することとなったのだ。
　その新型「断頭機械」は主に二つの部分から成る装置である。一つは罪人が拘束具で固定される断頭台、もう一つは高さ約5メートルの木骨部分で、鋭く研がれた刃がその上部から側面の二筋のガイドレールに導かれ、信頼できる正確さで罪人のうなじを直撃する。罪人は通例立ったままの状態で可動式の断頭台にベルトで拘束され、次に水平の位置にして、正確に刃の真下にセットされる。その後さらに頭部が一種の首枷によってしっかり固定される。全体の仕組みはそのようなものである。後は実際にうまく機能するかどうかを確認する実証試験だ。これは数週間後にビセートル刑務所付属病院で行われた。そこなら練習に使える遺体がいくらでもあったからだ。その病院の医長は同職のルイにこう断言した。

　「ここビセートルなら例の装置の実証試験に必要なものがすべて揃っています。あの装置は人類を恐怖に陥れるかもしれませんが、公正さと社会の安寧にとっては不可欠なものです。私は本日から月曜にかけて亡くなる不幸な患者たちの遺体を、あなた方に喜んでご提供します」

　40名ほどの観衆が見守る中で行われたゲネプロ〔本番直前の大掛かりなリハーサル〕の結果は満足に足るものだった。落下する刃の高さと刃先の形状はその直前にもう一度変更されていた。生きた仔牛と羊を使った実験では落下する刃で首がすっぱりと落とされたのだが、男性遺体3体の首はその刃を使った初回実験でうまく斬れなかったのだ。しかし病院での今回の試験で新

型断頭装置の試作機は期待に応える成果を挙げた。アントワーヌ・ルイは検事総長に、シュミット製作の断頭装置は実にきれいに首を落とすので「その強力さと迅速さには、一同、圧倒されるばかりでした」と報告することができた。

1792年4月25日の午後、ニコラ・ジャック・ペルティエの頭部が転がり落ちた後で、この新たな殺害技術は法の名の下、「凱旋行進」を開始することができた。そして文字どおり「致命的な」確実さをもって機能することとなる。「死刑の分野での産業革命が始まったのだ」。ドイツの犯罪学者ハンス・フォン・ヘンティヒは後にそう断言することになる。

ギロチンの登場とフランス革命期

もっともギロチンはまったくの新型装置ではなかった。それは確かに中世の苦痛に満ちた処刑儀式、流血を好む民衆向けの見世物に終止符を打った(実際には、たとえば1785年にパリで放火犯と不貞を働いた夫がそれぞれ1名、公開で車輪刑に処せられている)。しかしすでに16世紀前半に、たとえばイタリアではフランスのギロチンと似た構造のマンナイアという刑具が使われていた。スコットランドでは、スコティッシュ・メイデン(スコットランドの処女)と呼ばれる落下する斧で120人以上の罪人が処刑されたとされている。断定できないのは、その刑具が1581年6月2日にエジンバラで初めて実際に投入されるまで、長い空白期間があったからである。両者とも次第にその存在が忘れられていったが、メイデンの方は18世紀まで使用されていた。これらがジョゼフ=イニャス・ギヨタンの発明により代替されることとなったのだ。しかしイギリスの文化史家アリスター・カーショーは、真の発案者はギヨタンではなく、啓蒙を自らの使命とした他の主役たちであったと考えている。

「医師のギヨタン博士が提案し、ルイ博士が設計し、ドイツ人のピアノ製作者トビアス・シュミットが組み立てた。しかしその誰一人として本当の父親ではない。ギロチンはかなり高貴な血筋を引いているのだ。モンテスキュー、ルソー、ヴォルテールといった百科全書派、彼らこそがその断頭刑具を生み出した人々なのだ」

しかし1792年4月の段階では誰も予想できなかった。人道性および理性の

原則に基づいてついにフランスでも導入されることとなったその刑具が、わずか数カ月で「恐るべきギロチン」となることを。当初ギロチンの出番はさほど多くなかった。処刑人とその弟子たちにとっては、繁忙を極めるというわけではなかったのだ。ただときおり、犯罪者や王党派の首が刎ねられるという状況だった。ペルティエの処刑をもって初演を飾った後、この刑具はカルーゼル広場に移設され、その後この断頭台は革命広場に置かれている。当時のシニカルな表現によると、そこだけで1,100名を超えるフランス人が「籠の中に唾を吐くように自分の頭をそこに投げ込んだ」。その後、革命政権時の司法は野蛮に吹き荒れる殺戮の嵐へと突入した。シャルル＝アンリ・サンソンといえば6世代を超えて続いた処刑人一族であるサンソン家の中でも最も有名な処刑人だが、恐怖支配の続いた500日間に、なんと彼独りで2,600人も処刑したという。因みにフランス全体で処刑された人数は2万人を超えたという。

　国民議会では、日々繰り広げられる処刑は「赤のミサ」、断頭台は「祖国の祭壇」と呼ばれた。ギロチンの露となって消えていったのは、新時代に否定的で闘いを挑もうとするすべての人々、中でも革命エリートやその闘士たちから不要な存在とみなされた人々だった。これには、1793年1月21日処刑の廃位された国王ルイ16世、同年10月16日のその妻マリー・アントワネット、1794年3月24日のジャコバン派の急進的なリーダー、ジャック・ルネ・エベールも含まれた。同年4月5日にはジョルジュ＝ジャック・ダントンとその同志14名、6月28日にはかつて強力な死刑廃止論者で、その後は恐怖支配の大立者となったジャコバン派リーダー、マクシミリアン・ド・ロベスピエールとその腹心ともいうべきルイ＝アントワーヌ・ド・サン＝ジュストがやはり処刑された。後者はかつて次のように命じたことがあった。「墓地を満杯にしろ、刑務所ではなく」。今やその彼自身が酔い痴れたテロルの犠牲となった。

　革命は2年間にわたってギロチンを文字どおり引っ切りなしに使用した。政治的な目的のためだった。ギロチンは革命法廷のありふれたツールとなった。それは自らを真の革命的司法の唯一の代理人へと様式化したのだ。ギロチンは血に塗れた唯一の統治ツールとなる。処刑人のシャルル＝アンリ・サンソンは処刑された人々の氏名を日誌に克明に記録し、そこに自分が受けた印象と観察内容も添えていた。恐怖時代の狂気の記録文書である。その中には、パリの処刑人であった彼自身が、恐怖を呼び起こす中心的な形姿の1人

として登場する。
　1794年6月17日にサンソンはこう書いている。

　「おそるべき１日！　ギロチンは54回も働いた。私は疲労困憊で失神しかけるほどだった。人から街で流行っている戯画を見せられた。そこには私自身が描かれていた。平原の真ん中で自分自身をギロチンにかける場面だ。そこは見渡す限り、頭部のない遺体と身体のない頭部でびっしり覆われていた。ギロチンを廃絶するのに私の首だけが必要なら、喜んで差し出そう。イラスト作家を嘘つきにはしたくない。自分を繊細さの持ち主などというつもりはない。そもそもそんなものは持ち得ない。私は同時代の人々の苦しみと最期をあまりにもしばしば、あまりにも近くでみてきて、容易に心を動かされないようになっている。私の感情が同情でないなら、きっとそれは神経症の結果なのだろう。ひょっとすると神の手は私の臆病な従順さを理由に私を罰するかもしれない。私は公正さに仕えるべく生まれてきたのだが、今私が唯唯諾諾と従っているのは公正さとは似ても似つかぬものなのか？　私にはわからないが、少し前から毎日、仕事の時間になると私は目眩に襲われ、自制ができず恐ろしく苦しい思いをする。パリのコンシェルジェリー（未決監）に足を踏み入れると、途端に高熱が出て、その熱が日夜私を消耗させる。皮膚の下に燃え上がる炎を抱えているかのようだ。
　自分は酒を飲んでもいないのに酔っ払っているように感じる。周囲の人々、家具、壁、あらゆるものが踊り出し、ぐるぐる回っている。耳の中ではうめき声のような鈍い音がずっと鳴り響いている。私は虚しく闘うが、いつもの力を取り戻すことも、せめて気の持ちようを変えることもうまくいかない。片手の震えがあまりにひどいので、罪人の髪を切り、身体を拘束するのを諦めねばならないほどだ。そこに彼らは立っている。泣く者もいれば祈る者もいる。みな最期のときがきたことを知っている。ただこの私だけが起きていることの現実性を疑っているのだ。彼らを死へと導くのはこの私だが、彼らが死ぬということがどうにも信じられない。思い出そうとしても思い出せない夢のようだ。私は何が起きるか自覚のないまま処刑の準備に参加する。自動装置の機械的な規則正しさで自分の仕事を果たす。脳が考え、命ずることはない。すると刃のあたる音がして私はわれに帰る。それからは音を聞くたびに肝を冷やし、冷汗が全身に吹き出る。怒りのようなものが湧き上がる。まず自分自身を呪わねばならないのだが、そんなことを考える余裕はない。無数の声にならない罵りを浴

びせかける。その矛先は両手を縛られた不幸な罪人たちを抜き身のサーベルで脅しつけてここに連れてきた巡査たち、それから助けようとする動作も身振りもみせずに平然と彼らの死を眺める群衆だ。思い余ってすべてを照らす太陽にまで私は怒りをぶちまける。とうとう私は広場を後にする。内心の動揺に押しつぶされ、粉々になりながら。泣きたいのに涙が出ない、そんな感じだ。

　今日はこういう感覚がいつになく強かった。ラドミラルとセシル・ルノー〔ともにロベスピエールを殺害しようとしたとして死刑になった〕には大勢の道連れが選ばれた。いつものように共犯者とされたのだ。そのうちの何人かはこの２人の『暗殺者』が犯行に及んだときには投獄されていたというのに。

　23日から公安委員会は、ルーブルで会議を開催中の委員会の報告に従って、処刑リストを作成し、それを裁判所に送っている。

　革命の権利が正義の権利よりも優先されることを理解しようとしなかった２人の陪審員ノダンとアントネルの逮捕が証明したのは、その裁判所が本来の裁判所ではなく、政敵の追放を隠蔽するための無意味な虚像に過ぎないということだった。だから誰も躊躇せずに、その委員会にわれわれの日々の殺戮の責任を負わせようとするのだ。ロベスピエールは、ジャコバン派内では弱気な対応を大々的に批判しておきながら、今後のギロチン使用の割合を決める会議への参加には慎重な姿勢を崩そうとしない。言い換えると、彼は政敵追放という血なまぐさい役割を同僚に押しつけておきながら、そして大量に血が流されたにもかかわらず、自分はいつの日か、汚れ一つないきれいな手を人々に見せて、身の潔白を主張する心づもりなのだ。他の人々にはそんな策略はお見通しだった。最初彼らは驚愕したが、その後、彼から渡された武器を探した。その武器を破棄するため、またはそれを彼に対して使うためだった。彼らはロベスピエールの『殺害者』に対する裁判のことを大げさに言い立てた。まるでコロー〔ジャン＝マリー・コロー・デルボワ〕には関係がなかったかのようだった。そして彼らは、華やかさとロベスピエールの『殺害者』たちを処刑する際のセンセーションを通じて、彼を単独支配体制の確立を画策する輩とみせかける一方、同時に『清廉の人』と呼ばれたロベスピエールの強さの源泉であるその名声を切り崩そうと試みてもいる。

　彼らは事件に、ロベスピエールの弟が親しくしていたサンタマラントという姓の２人の女（母と娘）を巻き込み、さまざまな噂を流布させた。それはたとえば、この２人のうちの母がマクシミリアンの愛人だったとか、その彼女があ

る狂宴にてロベスピエールが密かに王位を狙っていることを知ってしまったため、彼が彼女の首を要求したとか、あるいはもう1人の女、つまり彼女の娘がギロチン送りとなったのは、彼女がサン＝ジュストからの求愛を断ったからだ、といったものだった。

　こうしたすべてがコンシェルジュリー監獄および断頭台に集まった観衆たちの間で囁かれた。それにもかかわらずこの上なく痛ましく深い印象を呼び起こしたのは、委員会のそうしたマキアベリ的な計略ではなかった。市民のサンタマラント（母）はパレ・エガリテ50番に館を構えていた。そこでは賭博が行われ、幾人かの重要人物と大勢の策謀家たちが通ってきた。ダントン、エロー・ド・セシェル、ラクロワ、若きロベスピエール、デヒョー、プロリー、高名なド・バッツ男爵といった面々で、この男爵は警察も捕らえることはできなかった。サンタマラント家の若く可愛らしい娘は賭博場に来る客たちの多くを魅了したが、元警察少尉の甥のサルティーヌと結婚した。当時の容疑者に関する法規定により、この一家だけでなく、間接的にであれ、一家と関係のあった全員が逮捕された。イタリア劇場の元女優でサルティーヌの愛人だったマリー・グランメゾンとその小間使いマリー＝ニコル・ブシャールも捕らえられた。この小間使いは18歳だったが14歳にもみえなかった。とても華奢で優美だったので、猛獣の虎でさえ彼女に同情しただろう。彼女が官邸の控えの間に降りてきて拘束用の縄を持つラリヴィエールに小さな両の手を差し出したとき、彼は私の第一助手のディスモレスの方を向いて尋ねた。『これは冗談だろう？』。ディスモレスは肩を竦めた。少女は涙を浮かべて微笑みながら、優しい声で『違います、ムッシュー、これは本当なんです』と言った。ラリヴィエールは紐を捨てて叫んだ。『捕縛するのは別の人に頼みなさい。子供たちを乳離れさせるのは私の仕事ではない！』

　彼女は静かで、落ち着いていて、ほとんど陽気ともいえる様子だった。出発は遅れた。ラドミラル、サントナックスおよびルノー家の4人の分の赤いシャツ〔処刑用〕しか注文していなかったのだが、委員会から54名の囚人に1人残らず赤シャツを着せろとの命令が届いたのだ。残りのシャツを用意する間、ニコル・ブシャールはグランメゾンの足元に座っていた。グランメゾンは自身も打ちひしがれていたが、少女を懸命に慰めようとしていた。彼女は荷台でこの娘の隣に座らせてもらいたいと懇願し、この願いは叶えられた。私が思うに、このとき彼女が娘の命乞いをしていたなら、乞われた相手は誰一人躊躇せず、娘の縛めを解いて自らその身代わりとなったことだろう。私たちが心中で思っ

たことを民衆も感じていた。

　群衆が殺到した。それはこの処刑にかかった費用や手間に見合うものだった。われわれの後に無数の巡査や砲撃部隊が続き、そのものものしさにすべてのパリっ子がアパルトマンから表に出てきた。最初の荷車にはいずれも若く可愛らしい女性たち５、６人が乗せられていて、それを見た観衆の間からはいつものように同情の声が上がった。しかしニコル・ブシャールの姿が見えると、観衆からは怒涛のような怒りが巻き起こった。至るところで不満が表明され、あちこちで『まだ子供じゃないか！』という怒号が飛び交った。

　フォブール・サンタントワーヌ通りでは窓辺の女たちが両手を組み合わせて祈り、互いに興奮して言い合い、少女の方を指差した。多くの者が泣いていた。私は途中ずっと、そして王座転覆広場〔現在のナシオン広場〕でも、少女の方を振り向こうとしなかった。すでにコンシェルジェリーで私は彼女を見ていた。その大きな眼はこう訴えているようにみえた。『私を死なせたりしないで！』。それなのにあの娘は死んでしまったのだ。彼女は９人目に断頭台に上った。助手たちに導かれて彼女が私の隣を通り過ぎるとき、私は一種の本能に駆られて、一歩近づいた。しかし臆病風に吹かれて、『この娘を引き渡すくらいならギロチンを粉々にしてやりたい』という内心の声を抑え込んだ。助手たちに後ろから押された少女が弱々しい声で『市民のみなさん、本当にこれでいいの？』と言うのが聞こえた。

　私は急いで振り向いた。急に両眼にベールがかかり、膝がガクガク震える気がした。マルタンが処刑を命じ、私にこう言った。『あんたは病気だ、もう家に帰れ。後は私が１人でやる』

　私はそれには答えず、壇上から降り、振り返らずにその場から去った。私の幻覚は１日中続いた。それはあまりにも強力で、サントンジュ通りの角で１人の女乞食が寄ってきて私に施しを乞おうとしたときも、私は死人が来たかと思い込み、あやうく後ろに転倒しかけた。今晩も、食卓に座った私は妻に向かって、テーブルクロスに血のシミが見えると言って、驚かれた。

　私は54名の裁判に関するわが祖父の報告を補足しなくてはならない。すでに死の病に罹っていた私の祖父は、その中から瑣末なエピソードを１件選び出したに過ぎないのだ。革命暦９月29日の処刑、『大いなる赤のミサ』にヴォーロン（Voulland）は同僚たちを招待したのだが、それは恐怖支配の最も恐るべき最終局面で起きた最も重要な出来事の一つだった。それが重要であるのは、

口実に使われた2件の暗殺（未遂）ならびに多くの有名な犠牲者とそれを招来させた政治的陰謀のゆえである。出来事の重要さは、とりわけ、死をも自分たちの陰謀の手段とすることを辞さない委員会構成員たちの例において、党の精神がどこまで倒錯した混乱に陥ることが可能かということがわれわれに示される点にある。

　私の祖父の手記はコロ・デルボアの暗殺を試みたラドミラルについて多くの詳細な事実を提供する。彼はパイド・ドゥ・ドゥームのオージョレ生まれの40歳だった。背は高くなかったががっしりした体躯で、顔の表情は真剣で暗く、法廷の聴取の際も、最期のときも、決然とした雰囲気を漂わせていた。その態度、その弁護の仕方には、彼が抑圧された社会の復讐者の役割を敢えて自らに引き受けた狂信者の1人であることがうかがえた。審理記録からはっきりわかるのは、ラドミラルとセシル・ルノーによる2件の暗殺の試みはいずれも単独の行為であり、何のつながりもないということである。

　セシル・ルノーはパリの紙製品販売業者の娘で、リュ・ド・レ・ロンテルネとリュ・デ・マルムゼの角のところに住んでいた。シャルロット・コルデーと同様、彼女も暴政に対する怒りから、そしてひょっとすると連日の処刑への嫌悪から、決意を固めた。彼女も気高さと死を恐れぬ勇気を持っていたが、その心は若きノルマンディー人のコルデーほど堅固なものではなかった。計画の遂行時、そして法廷での聴取の際に彼女は弱みを見せた。ロベスピエール邸では子供の玩具のような小さいナイフ2本で武装して登場し、法廷では彼女の怒りは不安げで穏やかなものに変わり、その意図は曖昧なままだった。彼女のすべてが、自分の人生に終止符を打とうとする欲求の不確かさを証していた。それはシャルロット・コルデーの腕を取り、絞首台においても消え去ることのなかった彼女の雄々しい意志とは違っていた。

　セシル・ルノーが自身の計画を実行しようと考えたときの資金や手段の乏しさを考えると、彼女はよくわからない混乱した思いに囚われていたのではないか、さらにはひょっとすると当時すべての熱血漢にギロチンへの抗議行動を取らせた、例の死の熱狂に感染していたのではないかと考えてしまう。そう考える根拠はいくつかあり、さらにロベスピエールが、ラドミラルの銃撃によってコロ・デルボワにもたらされるであろう人気に不安を募らせて、あの哀れな精神を病んだ女の小さなナイフによる襲撃をことさらに重大事件のように受け止めたということも推測されるのだ。ともあれ彼女のせいでその一族が法的保護をはく奪されることとなった。63歳の父も、かつて修道女だった叔母も、兄弟

の1人も、みな彼女とともに法廷に立たされたのだ。サルティーヌとサンタマラント家の女性たちを除いて、もう1人、サンテナックスという名の医学生が起訴された。彼は自分の住むショワジー・シュル・セーヌでラドミラルによる暗殺行為に好意的な言動をしたのだ。その他に数名の元警察理事官、中でもカーネーション事件〔マリー・アントワネット救出作戦の一つ。カーネーションの花に計画を認めた紙片を忍ばせて王妃に渡した〕にも絡んでいたミショニー、さらに何名かの大物やエプレメスニルの未亡人らも、このとき起訴されている。

　ほとんどの者は大がかりな金融上の陰謀に巻き込まれていて、その頭目がバッツ男爵だった。その陰謀が、フーキエ＝タンヴィルの専売特許であった知的な『力業』によって、ラドミラルおよびセシル・ルノーによる2件の襲撃と一体化させられたのだ。54名の氏名は以下のとおりである。

　アンリ・ラドミラル（国営宝くじの元職員で事務助手）、フランソワ・カルディナール（学校長）、ピエール＝バプテイステ・ルーセル（金利生活者）、マリー＝ソフィー・シュヴァリエ、婚姻姓ラマルティニエール（店舗所有者）、コンスタン・ペン＝ダヴォアン（国営宝くじの守衛。ラドミラルは自分の計画は誰にも話していないと供述したが、以上の4名はラドミラルの共犯とされた。そのうちの1人、ルーセルは実際に彼の友人で、暗殺が試みられる前日にペン＝ダヴォアンと夕食をともにしている。ラマルティニエール夫人の方は彼から家具を購入している）、エメー＝セシル・ルノー、アントワーヌ・ルノー（紙製品販売業者）、アントワーヌ＝ジャック・ルノー・ジュニオール（同じく紙製品販売業者）、エドゥメ＝ジャンヌ・ルノー（元修道女）、アンドレ・サンタンナックス、フランソワ＝シャルル・ヴィロ・ドゥ・ソンブレイユ（アンヴァリッドホテルの元支配人）、ソステーヌ・ヴィロ・ドゥ・ソンブレイユ（元軽騎兵部隊長）、ジョゼフ・ゲテノック・ドゥ・ロアン＝ロシュフォールJ（元貴族）、カシミール＝フランソワ＝ロベール・デュアルダ・デュオートヴィール（元貴族）、ポール＝シャルル＝ウージェーヌ・ドゥ・ベソンクール（元狙撃兵少尉）、エクトール・ドゥ・メニール＝シモン（騎兵隊大尉）、シャルル＝マリー＝アントワーヌ・ドゥ・サルティーヌ（元参事官、請願書担当）、テオドール・マルサン（金利生活者）、ルイ・カラデック（形仲買人）、ジャン＝パティスト・ミショニー（カフェ所有者、元警察幹部）、レオポルド・ルコント（実業家）、フレデリック＝フェリックス・オザンヌ（元調停人）、ジャン＝フランソワ・デエ（実業家）、ポール・ポルミエ（材木商）、ジョゼフ＝ヴィクトル・

コステイ（民地物産の販売人）、シャルル＝アレクサンドル＝オーギュスト・ドゥ・ポンス（侯爵）、テオドール・ジョージュ（銀行家）、ジャン＝ルイ・ティソー（奉公人）、アルフォンス・ヴィヤール（元軍人）、ルイ＝マリー＝フランソワ・ドゥ・サン＝モーリス（元侯爵）、ジャック＝イッポリット・ビューロンドー（音楽家）、バルテレミ・コンスタン（巡査）、ウージェーヌ・ジャルダン（元王室猟師兼狩猟区番人）、ルイ・ポッティエ・ドゥ・リール（印刷業者）、ジョゼフ＝レオン・ドゥヴォー（財務職員）、フランソワ・ラフォス（警察本部取締課長）、ジャン＝バティスト・ポルテ＝ベフ（奉公人）、ニコラ＝ジャン・エグレー（醸造家）、ジャン＝バティスト・マリノ（磁器の絵付師）、ニコラ＝アントワーヌ・フロワデュール（警察理事官）、アレクサンドル・サンチュアリ、夫と死別後の姓デエプレムニール、シャーロット＝ソフィー・ヴァンサン（婚姻姓グリヴォワ）、ジャンヌ＝フランソワーズ・デミエ・ドゥ・サンタマラント、婚姻姓サルティーヌ、ルイ・ドゥ・サンタマラント（この青年はまだ17歳だった）、マリー・グランメゾン（イタリア劇場の元女優）、マリー＝ニコル・ブシャール（洋裁師）、アメリ＝マリー＝ルイーズ・パラモンティエ、婚姻姓ルモアン＝プレシ、ジョルジュ＝ジャン＝バティスト・ブリエール（アルクイユの司祭）」

　まさしく恐怖の記録である。読み手を驚愕させ、知見をもたらし、しかしまた苛立たせる「回想録」だ。それが示すのは恐るべき処刑人たちの宿命的な運命である。彼らは血に飢えた、冷酷な拷問吏という紋切り型に必ずしも当てはまらず、ある種の繊細さを持ち、自分の職に省察を加え、それどころかその職務にどうやら苦しんでもいたようでもある。しかし彼らは法と国家に対する義務の中に自分たちの本分を見出し、何代にもわたって死刑執行人を務めたのだ。とりわけサンソン一族の物語がフランス革命期という近世で最も強大かつ暴力的な時期と密接に結びつき、絡み合っていたという事実が、この回想録を唯一無二のドキュメントとしている。

ギロチン

　アンリ＝クレマン・サンソンの祖父アンリ（「大サンソン」）は、その生涯を通じて市民として認められるために闘った。王は結局、彼を国民衛兵〔フランス革命期の民兵組織〕の会員とすることを認めた。しかしなおもその息子アンリ（「美男子」、王妃マリー・アントワネットを処刑）は、自らの処刑

人の職をかなり引け目に感じて、息子を田舎で育てさせ、13歳になるまで父である自分の職業を知らせなかったという。それでも息子のアンリ＝クレマンは処刑人の職を継ぎ、後に回想録を出版することとなった。彼はその後国王から罷免されている。賭博の借金を返済するためにギロチンを質入れしたことが咎められたのだ。孫のアンリ＝クレマンが祖父の忌まわしい「人気」に届くことは決してなかった。この祖父の名は、ある恐怖政治の時代の代名詞となっている。それは自らの「自由、平等、友愛」という標語を死刑台で血の中に溺れさせた時代であった。

「革命は断頭台へと後戻りしてしまった。それは階級の違いを平等化し、労働者階級への絞首刑と貴族への剣による処刑を廃止し、難なく大量処刑を可能にするためだった」。「死刑分野での産業革命」とハンス・フォン・ヘンティヒはギロチンの政治的性格を要約している。ギロチンは明らかにフランス革命の最も有名なシンボルとなった。作家ヴィクトル・ユゴーはすでに1820年にこれを認識して、次のように書いている。「我らの父たちにとって革命は国民会議の天才がもたらし得る最高のものだったが、我らの母たちにとっては革命とはギロチンに他ならなかった」

恐怖支配期の彼女らのこうした非難にもかかわらず、ギロチンはその後のフランスのすべての国家形態において採用された合法的な処刑装置であり続けた。驚くべきことにナポレオンはギロチンをほとんど使わなかった。しかし彼の軍隊はギロチンをヨーロッパのほぼ全域にもたらし、その伝播に努めた。ギロチンの母国フランスでの最後の公開処刑は1939年にベルサイユの刑務所（聖ピエール刑務所）で行われ、よくあることだが、民衆の祭りのような様相を呈した。処刑日の前夜から大勢の群衆が集まった。ワインが振舞われ、音楽が演奏され、彼らの気分は上々だった。その情景は血なまぐさい革命の暗鬱な時代を彷彿とさせた。下賤な見世物と堕してしまった結果、処刑は最終的にそれぞれの刑務所の中庭で行われるようになった。それ以降は、以前より多くの役人と公式の立会人たちだけに処刑を見届けることが許された。

近年までの歴史

1943年には、女性たちに堕胎を行ったという理由で一組の男女が処刑された。また第二次世界大戦中も、ドイツ占領軍とヴィシー政権に協力したフランスの裁判所は、政敵たち、とくに共産党員やレジスタンスのメンバーに死

刑を宣告した。下された判決は、実質的な法的救済手段もなく、その翌日には執行された。死刑執行人ジュール＝アンリ・デフルノーが1943年に5名のレジスタンス・メンバーを処刑した後、その助手オブレヒトとマルタン兄弟は良心上の理由と抗議の気持ちから一時処刑チームを離れた。彼らはデフルノーが対独協力者たちに対して度を越して恭順であることを非難した。1944年4月30日の朝、デフルノーは立て続けに9人の男たちをギロチンにかけた。男たちが犯したとされる唯一の「犯罪」、それは彼らが共産党員であったということだった。

その後、1944年6月から1947年1月、つまり第四共和制の初期までの時期にフランスで行われた処刑は、銃殺刑によるものが一番多かった。この期間には斬首刑は3件しか行われていない。そのうちの最初のものは1946年5月25日にパリで連続殺人鬼マルセル・ペティオットに対して執行された。1947年4月以降には刑法典（code pénal）によりすべての処刑が再びギロチンで行われるようになった。

処刑人ジュール＝アンリ・デフルノーは1951年10月にパリで逝去した。享年73歳。彼は処刑人助手および正規の処刑人として活動した42年間に、200ないし250件の斬首に関わった。ギロチンによる最後の処刑が行われたのは、フランスでは1977年9月10日のことだった。下って2007年2月19日に死刑の禁止がフランス憲法に盛り込まれた。ギロチンはその役目を終えたのだ。人道性と啓蒙のパトスから生まれたギロチンはかつて技術の近代を象徴するものだったという。それは、苦痛もなく、拷問もなく、階級や身分の分け隔てもなく、死刑を正確に遂行可能とするために考案された。何たる謬見か。ドイツでもギロチンは、1949年に死刑が廃止されるまで、公式の処刑ツールとして使用された。とりわけナチス独裁期に。ことに開戦後は死刑判決の数が急増した。ドイツの主な刑務所でギロチンを持っていないところは皆無だった。ベルリンのプレッツェンゼー刑務所だけで3,000名の罪人が処刑された。旧東独でも、1967年までにおそらく100名ほどがギロチンで処刑された。そこでは1968年2月12日にようやく斬首刑に代わって銃殺刑が採用された。

次章では銃殺について扱うことにしよう。50を超える国々で死刑判決が銃によって執行されている。銃弾による死刑。それは伝統があり、今もなお行われている処刑方式である。

第2部　処刑器具——殺害技術の進歩

第2章　銃弾による死
　　　　——銃殺

　やや離れた場所からの殺害。それならば死刑囚のすぐそばまで行く必要はない。処刑される者の視線や死を前にした不安、末期の反応が処刑人に及ぼす影響は、この距離のゆえに無化され、殺人に対する心的抑制も消える。これは古代の石打ちの刑とまったく同じである。ひょっとするとそのためもあって銃殺は今なお、世界中で行われる処刑であり続けているのかもしれない。そこには「個」の処刑人は不要であり、「集団」によって処刑が行われる。

　前提としなくてはならないのは、銃殺が軍の裁判権に由来する処刑方法である点である。もともとこの刑は有罪とされた軍人、反乱者、密偵、敵前逃亡兵その他の軍法違反者に対して執行された。それはガントレット〔罪人が2列に並ぶ兵士たちの間を歩かされ、両側から槍や鞭で打たれる刑罰〕というランツクネヒト〔歩兵の傭兵〕の間で行われた古い刑罰である。武器が変化したことからランツクネヒトの槍が消え、その代わりに先込め式のマスケット銃が登場すると、軍事法廷の死刑判決が銃殺部隊（ペロトン）によって執行されるようになるまでは時間の問題であった。ペロトンという言葉は軍事用語で「小隊」という意味である。18世紀にプロイセン軍の大隊がまだ密集隊形を組んで攻撃していたとき、ペロトンはその下位部隊で、8ペロトンで1大隊を成していた。戦場ではこのペロトン単位で銃撃が行われた。正確に目標を狙うというより、むしろ密集した隊形で統一の取れた一斉射撃を行うことが、大きな戦果を上げるためには重要だった。

　銃殺刑の場合はまったく異なっていた。そこではランツクネヒトや兵士たちは、目標（死刑囚）にしっかり照準を合わせることが求められた。とはいえ的に命中させるのは容易ではなかった。規格生産された銃器が登場してようやく、狙いどおりに弾が飛ぶようになり、命中精度も改善された。

19世紀前半

インゴ・ヴィルトはその著書『処刑』の中でゲオルク・ヴィルヘルム・ベーマーの言葉を引用している。ベーマーはジャコバン派で、マインツ共和国〔フランス革命戦争期に短期間マインツに成立した共和国〕の共同設立者であり、ヴェストファーレン王国の調停人でもあった人物で、1820年発表の文章中で銃殺刑についてこう書いている。

「マスケット銃を用いた銃殺刑はフランス人またはイタリア人の考案によるもののようだ。これは16世紀初めからとくに軍隊で一般的となり、他の身分の人物に行われる場合でも、死刑判決の通常の執行人ではなく、特命を受けた数名の兵士たちによって遂行される。これが行われるようになったのは、強い名誉心と他の処刑方法に対する嫌悪によるものだろう」

中世後期の傭兵部隊では、ランツクネヒトの各部隊は独自の旗を掲げて行軍した。こうした「小部隊」が一致団結した共同体を形成したのだ。死に至るまで誰もが皆のために動く。恭順と規律こそが戦場での勝利、さらには個人の生存を保証する。ランツクネヒトは自分たちの中から大尉を選出し、誰もがこの大尉に従わねばならなかった。その後でいわゆる綱領書簡が読み上げられ、それによりその小部隊の綱領および戦時法規が告知された。またいわゆる「指導者（フューラー）」も選ばれた。たいていは戦争経験の豊富な男で、綱領違反が起きた場合には起訴されたランツクネヒトの弁護人を務めた。同様に検事役の軍法廷管理者も任命された。これらの役職が任命されるとその小部隊は「正式に立ち上げられた」とされ、自律的な戦時・司法共同体を形成した。ランツクネヒトたちが輪になる中で裁判が行われ、被告人を取り巻く各人が綱領違反を認定した。それから有罪判決が言い渡され、刑が執行された。ときには「銃弾による死」が選ばれた。

罪人は壁の前に立たされ、あるいは杭に縛りつけられた。しばしば目隠しもされたが、これを拒絶する者もいた。その後、銃殺自体は複数の射撃者（ペロトン）によって行われた。ペロトンのいくつかの銃には実弾ではなく空包が装着された。それは射撃者たちの良心の痛みを和らげるためで、これは誰の撃った銃弾が死をもたらしたか、わからなくするためだった。この「全員の手による」処刑は、ともに力を合わせることで強い負担能力を生み出す絆、射殺に関与した全員の「流血の罪」を作り出した。そこには連帯の

絆も生まれ、これは部隊にとって、とりわけ戦時下では、大いに望ましい副次的効果であった。

　ペロトンによる一斉射撃の後、罪人にはしばしば至近距離からいわゆる「慈悲の銃撃」が加えられ、遅くともその時点で死が訪れた。この最後の一撃が行われたのは、銃殺小隊のメンバーが射撃の名手ばかりとは限らなかったからである。「慈悲の銃撃」という表現に示されるように、そこにはこの上なく残忍な蛮行を解釈によって善行へと読み替えようとする涙ぐましい努力がある。これにより罪人にとってその銃撃は彼を苦しみから救済する最後の慈悲のようなものになる。いずれにしても、罪人の友として自発的に銃殺小隊への参加を申し出て、友人にうまく弾を命中させるということは、戦友に関する風変わりな考え方の規範の一部を成している。「それでも自分は、友の心臓のど真ん中を撃ち抜くのだ」。これは古い軍歌の一節である。法を破った者を自分たちの氏族で罰したいという古代の習俗を思わせる考え方だ。しかし恐るべきことにそれは、今日のトルコ人氏族による「名誉殺人」にまでつながっている。また、銃殺は不名誉なものではないという考えも軍の規範の一つであり、そこに「不名誉な手」を持つ処刑人の出番はなかった。罪人は仲間たちの輪の中で死んだ。命は失っても、その名誉は救われたのだ。ペロトンによる射殺が、複数の罪人を同時に処刑する唯一の処刑方法であった点もここで指摘しておきたい（ナチス政権によるガス室での大量殺戮を除けば、ということだが）。

戦時軍における銃殺刑

　民間人に下された死刑判決の執行に銃殺刑が用いられることはまれだが、戦時には軍事刑法および身分法に則って銃殺が行われた。通則からのこうした例外が、1919年7月12日から1924年4月1日までバイエルンで実践された。この期間には人民裁判所〔ナチス時代の民族裁判所とは異なる〕が下したすべての死刑判決が、刑事犯罪に対するものも含めて、軍または州警察の処刑部隊によって執行された。これはもう一つの銃殺形態と言い得るもので、集団によってやや離れた場所から射撃するという通常の形とは異なり、至近距離からうなじが撃ち抜かれた。銃口は罪人のうなじに直接あてがわれたのだ。これはロシアで、第一次世界大戦後の革命の混乱期に導入されたやり方である。刑の執行には射撃手が1人いれば済んだ。当時、ソ連の国家秘密警察組織チェーカーの地下室で行われた銃殺刑では、罪人は独房内のドアに背をも

たせかけるように立たされ、外に立つ射撃手がドアののぞき穴越しに死の銃弾をうなじに撃ち込んだとされる。これと似た方法はナチスの強制収容所の、いわゆる「頸部銃撃施設」でも行われた。多くの収容者がこの方法で殺されたのだ。さらなるバリエーションは、とくに旧東独で実践された「至近距離からの予期せぬ銃撃」だった。そこでは罪人は検事から「あなたの恩赦の請願は却下された。これから処刑が行われることになった」と告げられ、その直後に処刑人が至近距離から罪人の後頭部を撃ち抜いて刑が執行された。

「至近距離からの予期せぬ銃撃」は、1968年に始まり1987年に法によって死刑が廃止されるまで、東独における唯一の処刑方法だった。最初は東独でも1952年以降、死刑には主にギロチンが使用されていた。1968年になってからすべての処刑がこの後頭部への至近距離からの銃撃によって行われるようになった。刑場とされたのは、社会主義を奉ずる「労働者と農民の国」（東独）の中央処刑施設だったライプツィヒ刑務所である。1972年9月15日の性犯罪者エルヴィン・ハーゲドルンの銃殺刑が、東独における民間人の最後の処刑であった。

今日に至るまで

1981年6月26日には、スパイ活動をしたとして国家保安省〔シュタージ、一種の秘密警察〕の大尉ヴェルナー・テスケに下されていた東独最後の死刑判決が執行された。処刑された者たちの遺体は、極秘に近在の南墓地に運ばれ、そこで匿名のまま火葬された。火葬記録で彼らの名前を探そうにも、「解剖遺体」としか書かれておらず、遺灰も匿名のまま土に埋められた。

米国でも最近まで銃殺刑は行われていた。ユタ州では数年前まで世界的にも例のない規則があって、死刑囚は（1851年から法に盛り込まれていた）銃殺と薬物注射のいずれかを選ぶことができた。この規則は2004年に廃止された。今銃殺刑を選ぶことができるのは、2004年の同規定発効日より前に死刑判決を受けていた罪人に限られる。米国では死刑の是非を問う裁判の間、執行が短期間停止されたが、再開後の1977年に処刑された最初の罪人ゲイリー・ギルモアは銃殺だった。1996年のジョン・アルバート・テイラーも同じ方法を選んだ。2010年にロニー・リー・ガードナーも薬物注射を嫌い、同年6月18日、現地時間0時00分にユタ州立刑務所で銃殺刑に処せられた。それが可能だったのは、彼が前述規定の発効日より前に死刑判決を受けていたからである。

今日この処刑方式を許しているのは、ユタ州の他にはオクラホマ州だけだが、そこでも銃殺は、特別な理由があって薬物注射による処刑が可能でない場合に限られている。現在のユタ州、およびかつてはその北隣のアイダホ州でも、この処刑方式が採られていたが、それはいわゆる「血の贖罪（blood atonement）」というかつてのモルモン教の伝統によって説明できるだろう。これは、自らの血が流されることに罪人が同意すれば、最悪の犯罪ですら贖われ、この地上において浄められるとする考え方で、その結果、犯罪者は死後の生において、さらに罰せられることを恐れなくて済むのである。

　では現在はどうだろう？　今銃殺刑を法で定めている国は50カ国を超える。アムネスティの報告によれば、銃殺刑はたとえば中国、ベラルーシ、イエメン、北朝鮮、ガンビア、ソマリア、台湾、アラブ首長国連邦ならびにハマスが実効支配するパレスチナ地区で、他の処刑方法と並行して行われている。実態は、銃殺が多くの独裁的政権下で最も安上がりな処刑ツールになっているということなのだ。とくに簡素で格式ばらない簡便さがあることから、銃殺刑がそれらのエリアを越えてまた広まることも危惧される。

　銃殺には銃や弾薬、弾薬筒の発明が必要であったのに対して、新たに登場した処刑ツールには一つの動力源がありさえすればよかった。つまり電力である。またもや「改革派」は、技術発展のシンボルとしてだけでなく、時代に見合う人道精神の現れであるとして、この発明に喝采を送った。もはや絞首台もギロチンもいらない。電力が発明され、それとともに電気ショックによる死が考案された。

■第2部　処刑器具——殺害技術の進歩

■第3章　**身体に流される電流**
　　　　——電気椅子

　新技術が誕生した。1870年代になると電気が、自然を出し抜く力を人類にもたらしたのだ。それは人工の明かりで闇を追い払うことを可能とした。電力にはにおいも音もなく、おまけに強力で、力を蓄えることもできた。さらに交流電流の技術が遠い場所への電力輸送を可能にしたとき、永遠に明るく、輝くばかりに美しい米国というビジョンはあたり前の現実になるように思えた。

　しかしこうした熱狂はそれによる犠牲者をも必要とした。電気椅子が感動的な初演を飾った後の最初の2年間で、ニューヨーク州だけで90名を超える罪人が電力によって処刑された。外からは力の作用が少しもみえないにもかかわらず、瞬時に訪れる死。それは人々を魅了すると同時に震え上がらせた。ノース・アメリカン・レビュー誌は冷静な筆致で「明らかに電力による死は、脳裏に何らかの考えが浮かぶより速く訪れる」と書いた。進歩を標榜し技術信仰に囚われていた米国は、当然ながら進取の機運に沸き立った。何という可能性だ！　今求められるのは発明家精神である。なぜなら電気は新たに無限の応用が可能なのだから。そして電流を十分に強めれば致死的な作用を及ぼすことがつとに知られていたので、電気で作動する殺人装置が開発されるのは、もはや時間の問題だった。

近代文明の顕現

　すべては悲劇的な偶然の出来事から始まった。バッファロー市の歯科医アルフレッド・サウスウィックはたまたまある事故を目撃した。酔っ払った老人が発電機に触れて即死したのだ。彼はこの感電事故をニューヨーク市で裁判官をしている友人に話した。この裁判官がさらに同市市長デヴィッド・B・ヒルにその話を伝え、これを利用すれば絞首刑という残酷な処刑方法の代わりになるのではないかと指摘したのだ。市長も乗り気だった。実は市長

自身、同じようなことを考えていたのだ。1886年に彼は、この新技術が実際に処刑に使えるかどうか調べさせるために、ある委員会を召集した。2年を超える協議とさまざまな分野の専門家たちから無数の助言を受けた末に、委員会は大部の報告書を提出した。結論は、電気による処刑は大いに推奨できるというもので、「それは死刑執行の最も人道的かつ最も実践的な方法である」というのがその理由だった。

　事実、これに比べれば以前の処刑方法はいずれも残酷で野蛮なものと思われた。時間がかかるし苦しみも多く、罪人の身体は損傷した。これに対してその報告書は、迅速で苦しみのない死を指摘し、「電気による処刑」を近代文明の顕現と位置づけた。ニューヨークタイムズ紙に至っては人道的な「電気による死の手助け。確実で人にやさしく、痛みも皆無である」とほめそやした。どうやらこの新しい処刑方法は責任ある立場の人々を納得させたようである。1888年にはニューヨーク州の立法会議が、87票対8票の大差で電撃刑の導入を決めた。これに先立ち、発明家トーマス・A・エジソンの実験室では犬や馬を用いて直流・交流電流の実験が重ねられ、そこから得られた知見に基づいて、次のような実践的勧告を行っていた。

　「被処刑者に仰向け、または座った姿勢を取らせ、通電性を高めるために塩溶液に浸したスポンジのついた二つの金属製電極をその頭部と仙骨に当てることで、電圧1,500ボルト、周波数15ないし30ヘルツの交流電流の作用下におく。頭部の電極はヘルメットの形とし、もう一方はプラグ状とする」

　1889年1月1日に法律が発効した。ニューヨーク州の立法者は自らをパイオニアとみなしていた。一方では技術と科学の進歩に配慮がなされ、他方では人道的刑法のための新たなスタンダードが定められる新たな文明社会の担い手である。ノース・アメリカン・レビュー誌に載ったある記事は、「人間に優しい形」の処刑について、あらかじめ読者を啓蒙するもので、わかりやすく死のシナリオを次のように描写している。

　「電気装置の計器盤は装置が万全の状態であることを示している。責任者である郡保安官がボタンを押すと、たちまち心肺停止となり、神経刺激が脳に到達する前に、光速の速さで電気が生命を奪うのだ。筋肉系が硬直するが5秒後にはそれも治まる。罪人がもがいたり呻いたりすることはない。法の尊厳は守

られ、しかも身体的な苦痛が引き起こされることもない。これが電気処刑である」

　ほぼ1年後のことである。28歳のウィリアム・ケムラーという最初の電気椅子による死刑の候補者が現れる前に、もう一度、2人の専門家、トーマス・A・エジソンとジョージ・ウェスティングハウスの間で、激しい論争が起きた。2人が争ったのは直流と交流のどちらの電流がより確実かという問題で、これはその後、裁判沙汰にまで発展した。電気椅子は交流電流で設計されており、エジソンは「電気処刑（electrocution）」という新造語まで提唱した。ウェスティングハウスはそれに異を唱えた。ニューヨーク州は州内のオーバーン、シンシン、クリントンの各刑務所のために最初の電気椅子を、交流電流を信奉していた技術者ハロルド・ブラウンに製造させた。彼がウェスティングハウス社から発電機を購入しようとしたとき、同社は納品を拒んだ。ウェスティングハウスは自分の名声に傷がつくことを危惧したのだ。しかし結局のところ、それは経済的な利害対立だった。というのも、電力部門は未来の市場とされていたからだ。電灯や電動ミシン、電車といった電気を使う新技術への投資は十分に見合うものだった。電気処刑装置も新時代のシンボルであり、それにウェスティングハウス社が水を差すわけにはいかなかった。とりわけメディアがほぼ連日、ケムラーの間近に迫る処刑を報じ、この死刑囚を「科学のパイオニア」に祭り上げていたのだから。

処刑の実施

　1890年8月6日にはとうとう、刑務所職員、検事、25名の立会人、2名の報道代表の他に、多くの医学および技術部門の専門家たちがオーバーン刑務所に参集した。ウィリアム・ケムラーの処刑を見届けるためだった。彼は酩酊状態で自分の愛人を殴り殺して死刑判決を言い渡されていた。

　州立刑務所の門前にも、重要な出来事に参与しようとして無数の群衆が押し寄せていた。ニューヨークタイムズ紙の記者は、まもなく行われる処刑が電気による処刑の嚆矢となることを確信していた。サンデーグローブ紙の記者も大群衆の高揚を共有して、ケムラーの死に対する関心は「大統領選への関心にも匹敵する」と断言した。

　処刑は新設の専用ホールで行われ、壁際には立会人と職員の席が設けられていた。オーク製の椅子がこの窓のないホールの中央部に置かれ、そのやや

高い背もたれは後方に倒してあった。彼は1人だけ縛られて床に転がされていた。裁判官と医師からなる専門家集団の提案どおりに、電極が一方は頭部に、他方は仙骨〔腰椎と尾骨の間の三角形の骨〕の辺りに当てがわれていた。二つの金属製の電極には濡れたスポンジがついていた。

ニューヨーク市長および管轄司法当局宛の公式処刑経過報告書を書いたのは、刑務所医官カルロス・F・マクドナルドだった。その抜粋を紹介しよう。

「ケムラーはホールに連れてこられると規定どおり椅子に拘束された。この準備に要した時間はわずか数分だった。それから所長が隣室の整流子の傍にいた助手たちに合図を送り、レバーを引いて通電させた。その瞬間、筋肉系全体に強直性の痙攣が走り、全身がこわばった。同時に感情、運動、意識が完全に失われた。この状態は通電中ずっと続いた。17秒後にケムラーの死が宣告された。立会人からの異議もなく、所長は通電の解除を命じた。

解除後に筋肉系の強直はすぐに全体的な弛緩へと移行し……。身体の動きもなく生命反応もない状態が30秒ほど続いた。その後、胸部で一連の痙攣様の動きがあり、口から何か粘液のようなものが流れ出た。まだ完全に死亡しておらず、息を吹き返す可能性が出てきたため、もう一度通電するよう命じられた。ちなみにこれは初回の通電が中断された2分後のことだった。ふたたび筋肉系の強直が起きた。

二度目の通電は過失により70秒も続き、背骨に当てがわれた電極部分から一筋の煙が立ち上った。この煙はスポンジとその下の皮膚が燃えたことによるものである」

マクドナルドは報告書を肯定的な結論で締めくくっている。

「死刑囚に迅速かつ苦しみのない死を与えるという法の目的と趣旨は、完全に達成された」

批判者たちはこれに猛然と異議を唱えた。公式立会人として臨席したニューヨークタイムズ紙の記者はこの新たな処刑方法を、残酷で苦痛に満ちた殺し方だと非難した。彼は冷静に「恐るべき見世物。絞首刑よりはるかにひどい」とコメントした。ジョージ・ウェスティングハウスも黙っていられず、「斧を使った方がよっぽどましだった」と嘲りを交えて語った。

他の立会人たちは、事前の計算にもかかわらず、死をもたらすために二度の通電が必要だったことを問題視した。死ぬまで8分近くかかったことも長すぎるとして批判された。ただし彼らの意見では、今回の処刑は確実な執行というより、実験的な性質のものだった。メディアは、ケムラーは文字どおり「焼き殺された」のだとコメントした。技術的・人道的な進歩、「さらに高次の文明段階への突入」（メディアの熱狂的なコメント）と謳われた実証試験は、惨憺たる結果に終わったのだ。

　電気椅子の技術的な欠陥や故障しやすさと並んで、電撃の強さが不適切で多様な体質差に対応できなかったのではないかという点が指摘された。医学者たちは、電流に対する人の反応はさまざまで、驚くほど高い電圧に耐え得るケースもあると主張した。この主張が必ずしも間違っていなかったことは、その後数年間の無数の処刑で証明されることになる。

電気椅子の不備

　いくつかのケースでは、電気処刑をスムーズに問題なく行うことがどうしてもできないということが判明した。専門家たちは、その場合には体質差だけではなく、室温や湿度といった要素も絡んでいるかもしれないとの見解を表明した。彼らは、処刑という極端な状況下では囚人がひどく発汗することは珍しくなく、そのせいで電流が身体内部に届かず、表面部に流れてしまうこともあり得るというのだ。

　オハイオ州で処刑されたヘンリー・ホワイトという死刑囚の場合、最初の通電後も心臓は規則正しく拍動していた。そこで加える電圧を3倍にしたところ、痙攣する罪人の身体から明るい焔が立ち昇り、焼け焦げた肉のおぞましい臭いが処刑室に充満した。結局ホワイトの死因は感電死ではなく焼死だったのだ。

　同じように恐ろしい情景が、数年後のメリー・ファーマーの処刑時にも繰り返された。彼女は殺人の共犯で1929年4月に電気椅子によって処刑されることとなった。通電により1分間その身体が揺さぶられたように動いたところで、処刑人がゆっくりレバーを解除した。すると突然ヘルメット状の電極の下から大きな叫び声が上がった。大急ぎでレバーがまた通電位置に戻され、今度は2,000ボルトで5分間、女性の身体に電気が流された。しかしそれでもメリー・ファーマーは生きていた。結局、この恐ろしい手順が4回も繰り返され、ようやくこの女罪人の死亡が確認された。中世の処罰儀式を彷彿さ

せる処刑シーンで、すぐにこの計画に対する批判が殺到した。

　こうした失態が何度か繰り返されたことを受けて、ニューヨーク州の立法者らは「罪人が息を吹き返す可能性を排除する」ため、処刑のたびに解剖を行うことを法で義務づけた。

　看過しがたい技術的な欠陥に対しては怒りの声が殺到したのだが、中にはニューヨーク保健局の局長ルイス・バーク博士のような意見もあった。彼は見解を求められるたびにこう断言した。「罪人は最初の通電で事実上、亡くなります。それ以降は何の苦痛も感じなくなり、二度と意識は戻りません」

　専門家の多くも同意見だった。とりわけ彼らが根拠としたのは、電力による処刑で体内が銅さえ溶けるほどの高温になり、少なくとも脳内が沸点を超える温度になるという点だった。電撃が走る速度は脳が感覚刺激を登録するまでに要する時間より70倍も速いので、明らかにこの処刑方法は痛みをもたらさないというのだ。彼らの考えでは、技術的な欠陥を取り除くだけでよいということだった。そのわずか1年後には、シンシン州立刑務所で同時に4人の男性が処刑され、電気椅子の信頼性の高さが示された。今や国家による殺人の動機が、いわば実践の場において名誉回復され、同時に未来を約束するものとして、正当化されたのだ。

　これ以降、電気椅子は米国人の法的・「人道的」自己了解の一部を体現するものとなる。ただし米国全土で処刑の際に同一の方法が採られたわけではなかった。たとえば使用される電撃の種別と出力には大きな違いがあり、電極の扱いもさまざまだった。それでもその後、電力による処刑は好まれる処刑方式となっていった。ニューヨーク州の後、オハイオ州（1897年）とマサチューセッツ州（1907年）が電気椅子を導入し、ニュージャージー州（1907年）ならびにバージニア州（1908年）もこれに続いた。

その後の処刑手続

　その後の処刑手続について、ドイツの刑法学者ベルトルト・フロイデンタールによる報告が伝えている。彼は研修旅行中の1905年9月12日に、ニューヨーク州オーバーン刑務所で殺人犯の処刑に立ち会い、次のように記している。

　「一同が着席するのとほぼ同時にドアが開いた。教誨師に導かれて30歳前後の若い男が現れた。青ざめてはいたが、その態度は落ち着いていた。男は抵抗

せずに肘掛椅子に座り、あっという間に胴体と両手両脚をベルトで拘束された。最初からその坊主頭を後ろに反らし、眼を閉じていた。顎は包帯で支えられていた。金属製キャップがその頭に被せられ、そこに天井から垂れた電線がつなげられた。左脚のズボンがめくり上げられる。その間、軍属の牧師が大声で祈りの言葉を唱えていた。

『国家電気技師』〔電気椅子処刑人〕が隣室の機器類の傍に待機していた。1,780ボルト、7.5アンペアの電流がたっぷり30秒間通電され、徐々に弱められた後で再び設定最大値に引き上げられた。その後2名の医師が罪人を診察した……。

6時05分に私たちはその部屋に入った。最初の電撃はその3分後に行われ、さらに7分後の6時15分にはもう保安官代理が処刑セレモニーの閉会の辞を述べた。『皆さまがた、これにて完了です』」

故障もなく、効率的で「文明化された」処刑。熱狂したのは管轄する司法当局だけではなかった。かくして1920年代に始まったエジソンの「電気処刑」は全国に広まっていった。結局、26の州で電気椅子が導入された。テキサス州だけは比較的遅く、1924年にようやく絞首刑に代えて電気処刑を採用した。南部のこの州では過去に、主にブラックアメリカンに対して、私刑が繰り返し行われた経緯があったのだが、今やそこでも「文明化された」刑事司法への支持が表明されることとなった。それまでそれぞれの地域や市で行われていた公開処刑を中央の州立刑務所であるハンツビルに一本化したこともその一環であった。またそこには死刑囚専用の別棟が設けられ、罪人たちは特別な条件下で収監され、そこで人生最期の日を待つこととなった。

ただし電気処刑に必要な設備がどこにでもあるわけではないという事実も、新しい中央集権型処刑システムの理由だった。絞首台ならすぐに設置することができるが、電気椅子となると、無数の機械設備が必要で、そのための広い場所だけでなく、それを操作するための特別な訓練を受けた人材も揃えなくてはならなかったのだ。

劇的な突発事故や計算外の事態が起きたのは最初の数年だけではなかった。たとえばウィリアム・ケムラーが初めて電気椅子で処刑されてからほぼ100年後の1983年4月22日、アラバマ州で電気椅子に座るジョン・エヴァンズは自分の人生がもうすぐ閉じられることを自覚していた。ところがこのときの処刑プロセスは、なんと14分もかかってしまったのだ。

再三トラブルに見舞われた電気処刑ではあったが、この殺害方法はニューヨーク州からテキサス州までの広い地域で「最も人道的で苦しみのない」方法とみなされ、全体としては「品位をもって人間を殺す」という法の要請を十分に満たすものとされた。たとえばオールド・スパーキー（「火花爺さん」、電気椅子はフロリダ州立刑務所で死刑囚たちからそう呼ばれていた）は、1993年初めまで使用されていた。その椅子の上で224人もの罪人が死を迎えた。

　米国のアラバマ、フロリダ、ジョージア、サウスカロライナ、バージニアの各州では、今でも電気椅子による死刑が行われている。すでにアーカンソー州、ケンタッキー州、テネシー州はもっぱら薬物刑のみとなっているが、当該の犯罪が電気椅子による処刑の廃止前に行われた場合に限り、罪人の希望により電気椅子を選ぶこともできる。電気椅子から死の注射へ。国家による殺害の改革史は次々に新たな「現代の産物」を見出す。さらなる「人道的なマイルストーン」とされ、とくに発明精神に富む米国で瞬く間に承認され、適用された処刑方式がある。それはガスによる処刑である。次章ではこの致死的な「アクアリウム（ガス室のこと）」に眼を向けることにしよう。

第2部　処刑器具——殺害技術の進歩

第4章　「アクアリウム」での死
　　　——ガス室

　人間の死に方で一番よいのはどれか？　より正確にいうと、どの処刑方法が一番よいのか？　ニューヨーク州の法医学協会のメンバーたちは1888年からこの問題に取り組んでいる。当時米国でよく行われていたロープによる死刑（絞首刑）は、「残酷で文明精神にそぐわない刑罰」だとして否定された。「改革者たち」は可能な執行方法として三つの方法を議論した。まずは電流による死、次が注射による死、最後の方法が死刑囚の独房に一酸化炭素を引き込んで中毒死させるというものだった。同様の提案は他からもあった。そちらでは青酸カリ、クロロホルム、モルヒネも考慮の対象となっていた。医師、法曹人、刑務官らを交えた長く激しい議論の末に、青酸カリが採用された。この薬物は害虫から植物を守る薬品としてよく知られおり、長期にわたって人間への有効性が調査された。
　口火を切ったのはネバダ州で、1924年2月8日のことだった。中国生まれのジー・ジョンが初めて、同州カーソンシティのガス室でこの害虫駆除薬を用いて処刑されたのだ。その後にスラブ系の犯罪者スタンコ・ジョキッシュが続く。彼は1926年5月21日に同じ刑務所で処刑された。
　カーソンシティでの3番目の処刑は1930年7月2日のことで、この日にロバート・H・ホワイトはガス室の椅子に座らせられた。これは詳細に記録された最初の処刑だった。ネバダ州の最高位の医師エドワード・E・ハマーが直々にこの任務にあたった。そのときの処刑について彼はこう書いている。

　「心肺機能を調べるために、はだけた胸壁の心尖部にボウルズ聴診器が当てられた。罪人が椅子にベルトで固定される間に、医師の耳につながっている管が聴診器に接続された。その時点での心拍数は108で、しっかりしていて規則的だった」

ガス室の扉が閉められる前に、刑務所の所長が罪人に、「最後に何か望みはあるか」と訊く。ホワイトは答えた。「どうか私にガスマスクをくれ。こんな状況では他に何もいらない」。だが彼のこの希望が叶えられることはなかった。処刑は早朝の４時36分に開始された。ガスは４時37分に30秒間、ガス室に流された。ハマーは分刻みで経過を記録している。

　「４時37分45秒に軽く吸い込んだ後、４時38分に死刑囚は大きく息を吸い、ガスの方に頭を向けた。痙攣するように咳き込むと頭ががくんと前に落ち、彼は意識を失った。この深く息を吸った後で心拍が15秒間停止した。この短い出来事の後、４時38分30秒ごろに心臓が不規則ながら、また拍ち始めた。そのまま15秒経つと規則的で力強い心拍に戻った。その時点では心機能の弱まりは観察されなかった。その後拍動は２分間で徐々に遅くなって、毎分100回となり、４時44分には80回、４時46分30秒にはさらに弱まり、最後に確認された心拍は４時47分だった」

　ホワイトは死刑判決の執行を丸１年、待たねばならなかった。そして今、12分足らずで彼に死が訪れた。ガス室の両側の分厚いガラス窓を通して53名の立会人がホワイトの死を見届けた。その中にカリフォルニア州からの客人もいた。サン・クエンティン州立刑務所の所長ジェームズ・B・ホロハンだ。カリフォルニア州に戻った彼は、当時の彼の代理人クリントン・T・ダフィーに処刑の印象をこう語った。

　「罪人は一度深く息を吸い込むと、すぐに意識を失った。処刑後は血や吐瀉物、尿といったおぞましい汚物もなかった。それは私がこれまでに見た中で、最も清潔で最も迅速な処刑だった」

ホロハンによる説得——カリフォルニア州

　その後の数年間、ジェームズ・B・ホロハンはカリフォルニア州政府の説得を試みた。同州にもガス室を導入するためだった。刑務所所長を退いた彼はカリフォルニア州議会議員に選ばれ、その後は存分に影響力を行使した。彼の音頭取りでついに1937年８月27日、新法が発効した。それはガスによる死刑を以後唯一の合法的な処刑方式とするという法律だった。その１年後にはサン・クエンティン州立刑務所にガス室が建造された。

設備類の据えつけはきわめて複雑だった。エンジニア集団がこの困難な任務を引き受けたが、機械工たちだけでなくアルフレッド・ウェルズという名のそこの囚人の協力も必要だった。彼は押し込み強盗を働いて収監されていた。1938年末にガス室は落成したのだが、それはとくにこのアルフレッド・ウェルズのおかげだった。彼が精密作業を一手に引き受けたのだ。彼は何週間も身を粉にして働いた。配管や配線を行い、測定機器を接続し、きわめて繊細な重要部品を正しい位置に組み込んだ。この囚人は細心の注意を払って、刑務所所長を満足させる仕事をやり遂げた。しかしサン・クウェンティン刑務所のガス室での最初の処刑の4年後、ウェルズ自身がそのガス室の椅子に座る羽目となった。1941年にいったん釈放された後、彼は実の兄弟とその妻、そしてこの夫婦の女友達の計3名を射殺したのだ。

　カリフォルニア州の議員となっていたホロハンは、完成した処刑装置を初めて視察したとき、いくらか誇らしげだった。彼は死刑反対論者だったことは一度もなかったが、すでに刑務所所長だった頃から、絞首刑による死をいつもおぞましく恐ろしいものと感じていた。今自分の州で新しい処刑方式が採用されたことを、彼は自らの功績でもあるとみなした。それは彼にとって、新たな人道精神の発露であり、改革者としてそれに携わったことが誇らしかったのだ。信頼できる技術、円滑な処刑プロセス、犯罪抑止効果。ホロハンは確信していた。これこそが進取の気風を反映する米国らしい処刑方式に他ならないことを。

　何がこの新しい技術をそれほど魅力的なものとしたのか？　この「進歩の場所」はどのような様子だったのか？　サン・クエンティン刑務所のガス室は、いわゆる死刑囚専用棟の殺伐とした小さな部屋の片隅に設置されていた。八角形の鉄製の小部屋から成っており、その直径は2.70メートルだった。小部屋の内部には、やはり鉄製の2脚の椅子があり、その下に処刑用の機械装置が置かれていた。処刑が始まると椅子の座面に開けられた無数の穴からガスが立ち昇る。ガス室の上部は防弾ガラスの覗き窓になっていて、立会人はこれを通して処刑を見届けることができた。このガラス窓ゆえにガス室は刑務所内で「アクアリウム」と名づけられたのだ。

　この八角形の鉄の塊のようなガス室へは狭い入り口によってのみアクセスが可能で、そこも重厚な金属ドアで密閉される。控えの間を抜けて数歩のところに2室の独房があり、罪人は処刑前の最後の夜をそこで過ごすのだ。

　処刑プロセスは厳格に定められていた。処刑の前日に早くも準備が始まる。

死刑囚はもう一度医師の診断を受け、服を脱ぎ、新しい衣服に着替えさせられた。彼は午後4時ごろ、職員に促されてガス室の控えの間に隣接する死の独房に入れられる。ここで罪人は自分が最後に食べる食事を選ぶことができる。監視員が一晩中、果物やスナック、飲料、希望があればタバコまで提供する。死刑囚の希望は可能な限り優先されるのだ。
　処刑当日の朝、主任職員に合計16個のプラスチック容器入りの青酸カリが渡される。それは2脚の金属椅子の座面の下のフックに固定される。準備が整うと死刑囚が控えの間から連れ出され、ベルトで椅子に固定される。次にその胸に聴診器が取りつけられ、ケーブルで外に立つ医師に死刑囚の心音が伝えられる。
　下準備がすべて完了するとガス室に死刑囚だけが残され、ドアが閉められて気密状態とされ、立ち入りも禁じられる。すると吸引装置がガス室から可能な限り多くの空気を吸い出して減圧する。定められた処刑時間どおりに処刑人（このどちらかといえば機械的な処刑プロセスにおいても、刑務所の担当職員は慣れ親しんだ言語慣用に則って「処刑人」と呼ばれた）が、外から遠隔装置を作動させ、亜硫酸を死刑囚が座る椅子の下に置かれているシャーレの中に誘導し、その後で弁を閉じる。
　ここで刑務所所長が処刑開始の合図を送る。これを受けて処刑人は別のレバーを引いて、青酸カリの入った小袋（ときにはシアン化ナトリウムを含有するボールのこともあった）が亜硫酸の中に浸された。すぐに死をもたらす青酸ガスが発生して、蒸気となって立ち昇る。青酸ガスは今でも最も強力かつ即効性のある薬物とされる。数秒で呼吸機能を麻痺させ、いわば内部的な窒息によって死が訪れるのだ。
　死刑囚が最初にガスを吸い込むと、瞬時にその身体は激しく痙攣し、頭がガクンガクンと前後に揺さぶられる。この痙攣は数分間も続くが、死刑囚はたいていその前に意識を失っている。ただし心臓が止まり、医師が死亡を確認できるまでには約10分、ときにはそれ以上かかる。
　処刑中、ガス室の内部は煌々と照らされる。覗き窓の前には公式立会人、数名の報道関係者ならびに執行吏が並んで立っている。全員が罪人の死を注視し、この衝撃的な出来事を前にして互いに問い合う。死刑囚の最期の瞬間が本当に苦しみや痛みのないものだったのか、そしてその死は十分な速さで訪れたのかと。薬物濃度が低すぎた場合には、苦しみ悶えた末の死となり、意識の喪失までにかなり時間がかかったことが確認されている。

全米11州で実施

　たとえばニューヨーク州の元処刑人エリオットは、ある男性死刑囚が完全に意識のある状態で何分間も、迫りくる死のガスに抵抗したと報告している。1949年には痩身の黒人リアンドレス・ライリーが処刑された。処刑が始まろうとしたとき、彼は拘束具をするりと抜け出し、ガス室の中を右往左往した。絶望した彼は分厚い窓ガラスに激突した。そのためガス室の扉が開かれ、4人の警備員がライリーを制圧して、再びガス室の椅子に縛りつけた。なんとこれがさらに二度も繰り返され、四度目にようやくガスを室内に流し込むことができたのだった。しかしこのような出来事は例外である。ガス室は総じて信頼が高かった。1938年から1967年までの間にサン・クエンティン刑務所の「アクアリウム」では、総計196名の死刑囚が処刑されることとなった。

　キャリル・チェスマンもここのガス室で処刑された1人だった。彼は12年間も自分への判決と闘い続け、とくに獄中で執筆した自伝『死の独房2455』により、世界的に注目された〔これは映画化された。邦題は『死刑囚2455号』〕。彼は1948年7月3日以来、誘拐罪で死の独房に入れられていた。それまで彼の刑の執行は8回、延期されていたが、1960年5月2日、ついに彼はサン・クエンティン刑務所のガス室の金属椅子に座らせられた。公式記録には彼の処刑はこう記された。

　「10時03分に青酸カリのカプセルが亜硫酸タンクの中に投下された。致死性の青酸ガスが立ち昇る。キャリル・チェスマンは20秒間、静かに呼吸し、それから天井を凝視した。10時05分に喘ぎ始め、その1分後に額に汗が噴き出し、口からはよだれが垂れた。彼はベルトの方に前かがみになって泣いた。その身体が突然仰け反った。10時12分にキャリル・チェスマンは絶命した」

　刑の執行後に彼の遺体は、他の死刑囚の場合と同様に扱われた。ガス室から有毒なガスが排出されて、外から新鮮な空気が送り込まれるまで、さらに30分ほど室内に放置されたのだ。残った化学物質は水で希釈され、排水管へとポンプで送られた。それが終わるとガス室の扉が開かれた。室内と遺体はさらにアンモニア洗浄されねばならなかった。この段階でも衣服の折り目などに残留する薬物に触れると生命の危険があるからである。遺体は大きなポリ袋に入れられ、埋葬業者に引き渡された。業者が途中でこの袋を開封することはなかった。これも薬物に晒される危険のためである。

ガス室での死。米国では全国規模で死刑の執行停止が1967年夏からほぼ10年後の1977年初めまで続いたのだが、その前まではガス室が全米11州で処刑方式として定められていた。今はそのうちの6州（コロラド、ミシシッピ、ネバダ、ニューメキシコ、ノースカロライナ、オレゴン）で、薬物注射が唯一の処刑方式となっている。

現在も薬物注射と並んでガス室の使用が認められているのは5州で、州ごとに異なる規則が定められている。たとえばカリフォルニア州では死刑囚は注射とガスのいずれかを選ぶことができる。かつてニューヨーク州の法医学協会が改革プロジェクトとして推進したサン・クエンティン刑務所のガス室は現在では取り壊され、薬物注射による処刑のための設備に改造されている。

アリゾナ州では、1992年11月15日よりも前に死刑判決を言い渡された者は、同様に薬物注射かガスかを選ぶことができたが、その時点より後に判決を受けた者には薬物刑が義務づけられた。同様の規定はメリーランド州にもあったが、2013年にこの東海岸の州が死刑を最終的に廃止したときに削除された。ミズーリ州でも二つの処刑方式が併存していたが、個々の事例で処刑方法を決めるのが死刑囚か州権力なのかという点は、法律上明確に定められてはいなかった。ワイオミング州では、裁判所が薬物注射を憲法違反とした場合にのみ、ガス室での処刑が行われた。

1977年に死刑が再開された後は、5州で合計11名の人々がガスによって処刑された。これまでのところ米国のガス室で処刑された最後の罪人は、1999年3月3日にアリゾナ州で処刑されたドイツ人ヴァルター・ラグラン〔英語読みではウォルター・ラグラン〕で、彼は殺人罪で死刑判決を受けていた。薬物注射かガスか、自分で選ぶことができたのだが、結局ラグランが選んだのはガス室の方だった。

今ではガス室での処刑は米国の多くの州で、薬物刑に置き換えられているが、その理由の一つが財政面の問題だった。州にとってガス室1基の建造には30万ドル以上かかる。そこでオクラホマ大学の麻酔科医スタンリー・ドイッチュの考えが好意的に受け止められた。彼は死をもたらす混合薬物を用いた処刑を提案したのだ。殺害をさらに効率化し、衛生化する技術である。怪物じみた鉄製の電気椅子でも覗き窓付きのガス室でもなく、ガランとした部屋とそこに置かれた質素な手術台のみ。これが現代の処刑室なのだ。「改革者たち」は今回も心酔した。それは彼らにとって、またしても「人道的な方法」と思われたのだ。

第2部　処刑器具――殺害技術の進歩

第5章　血管からもたらされる死
――薬物注射

　あらゆる処刑で重視されるのは心臓の死である。そこで脳を破壊した後で心臓を止まらせるシステムが開発されねばならなかった。それがガス死、電撃死、そして絞首刑による死にとって重要だった。死の注射でもそれは変わらなかった。
　どの方法でも同じことが起きる。まず脳がダウンして、次に心臓が止まる。国や州の処刑エキスパートたちは、これができる限りスムーズに進行することに最大の価値をおく。彼らは「人道的」な理由から、死刑を可能な限り迅速に、痛みを伴わずに遂行すること、そして死刑囚の苦しみが最小限にとどまることを重視するのだ。

撮影された処刑

　「愛しているよ、ドーン。微笑みを忘れずにね」。これはアンドリュー・デヤングが以前の女友達に残した最期の言葉である。2011年6月の木曜日の晩だった。米国ジョージア州のジャクソン刑務所で薬物が動脈に注射されたとき、37歳の彼は瞬きをして、唾を飲み込んだ。AP通信の記者はそう書いている。その後で彼の両眼は閉じられた……。
　死刑囚の前にはカメラが立っていた。この処刑は撮影されたのだ。それまでに米国では一度だけ、処刑がカメラ撮影されたことがあった。1992年にカリフォルニア州で、ガス室での死刑囚の死が撮影されたのだ。それはこの処刑方式に反対するキャンペーンの一環だった。同州はその後、ガス室による処刑を撤廃した。今でもそうした撮影がキャンペーンの一部として行われることがある。今回問題となったのは処刑に用いられた麻酔剤ペントバルビタールだった。通常この薬物は獣医学において、動物を眠り込ませるために使用される。米国の複数の州ではこれが処刑にも投入されている。囚人を昏睡状態にするために、まずこのペントバルビタールが注入され、次いで筋肉を

麻痺させるパンクロニウム、最後に三つめの薬剤が注射されて、心停止をもたらす。複数の人権団体から強い抗議を受けたのは、とくにペントバルビタールの使用だった。

チオペンタール

そこでみつかった新たな代替麻酔剤がチオペンタールナトリウムだ。婦女暴行・殺人などで死刑を宣告されていたケネス・ビロスは、2009年12月8日にオハイオ州で、この薬物を用いて処刑された最初の死刑囚となった。それ以来、チオペンタールは最も多く使用される処刑手段となり、それは他州にも波及した。2010年9月からはワシントン州も死をもたらす注射器にチオペンタール1種のみを充填した。他の33州ではこの薬物は少なくとも薬物カクテル剤の3種の成分のうちの一つだった。しかしこの殺害方法は2011年5月以降うまく機能しなくなる。米国でこの薬物の在庫が逼迫したのだ。そこで彼らは世界中に打診して在庫を補充しようとした。ドイツにも注文がきた。ドイツから海外へのそうした納品は完全に合法ではあったが、当時の連邦保健大臣フィリップ・レースラー（FDP：自由民主党）の考えでは、それはドイツならびにヨーロッパの倫理基準および諸原則とまったく一致しない。そこでレースラーは薬品メーカーと医薬品卸売連合に宛てた書簡の中で、米国からの照会を無視するよう呼び掛けた。「貴社がチオペンタールナトリウムを含有する医薬品を市場投入している場合は、米国からのそうした発注に対応しないよう、切にお願い申し上げます」。大臣の書簡にはそう書かれていた。

チオペンタールは最もよく使われる麻酔剤の一つである。それはバルビツール酸系に属し、手術前に患者を眠り込ませるために使用される。これを投与された者は、眠り込む前に口の中にニンニクのような味を感じて、そのあとすぐに意識を失った。呼吸は緩やかになり、死の注射のように高用量の有効成分の場合は、呼吸停止が起きる。その結果、血中酸素が不足して心停止が起きる。窒息死ということである。市場に出回ってはいるが、ドイツではもはや実際的にこの薬物が麻酔用に使われることはない。多くの患者がこの薬物によってアレルギーを起こすからだ。さらにチオペンタールは肝臓にも負担をかける。

米国でこれを唯一製造しているのが、イリノイ州のホスピラ社である。もともと同社は、化学成分の供給不足から2009年8月に米国内での生産がスト

ップした後、この麻酔剤の生産をイタリアで続行しようと考えた。しかしイタリアでも、死刑に使用されることがわかっているこの薬剤を米国に輸出することは禁止された。ホスピラ社によると、同社は米国内にこの薬物の製造工場をもはや所有していなかったという。そこで同社はこの薬品に関しては市場から完全に撤退することを決めた。それはきわめて儲かる、競争の激しい市場である。確かにニッチな市場ではあるが、信頼できる納入先であり抜群の支払い能力を誇る司法当局という顧客がついていた。需要があるのに納入できる製品がないという状況だが、そんなときはどうしたらいいのか？

　米国法によれば、薬物カクテル剤を簡単に変えることは許されず、しかも変更にはやっかいな認可手続が必要になるので、チオペンタール不足を理由に、ますます多くの処刑が延期された。代替薬物を探し出し、処刑用の認可を得ることが、司法当局にとって切実な問題となった。

ペントバルビタール

　代替薬探しの中で、供給不足を解消してくれる有望な薬物が浮上する。それがペントバルビタールだった。この薬物はジョージア州でかつて一度処刑に使用されたことがあった。のちにある記者が報告しているが、その際に死刑囚は何度か急に頭を動かし、自分の腕に刺さった注射針を見つめ、ペントバルビタールが血管の中に流れ込むと、ぶつぶつと独り言を言い始めた。死刑反対論者は、死刑囚のそうした反応こそがこの薬物を使用してはならない証拠だと主張した。それに対してジョージア州の検事長は、それらは不必要な苦しみを与えずに死なすための安全な過程に過ぎないと応じた。さらに検察庁は、その男性の身体反応はペントバルビタールが注射される前のものだとして、記者の報告自体を疑問視した。その処刑では、致死量の薬物が注射される前に、まず衛生担当の所員によって死刑囚の意識がないかどうかの確認が行われた、というのだ。

　それでもアンドリュー・デヤングの処刑が撮影されたのは、同様に死刑を宣告されたグレゴリー・ウォーカーの弁護団の訴えのせいだった。ウォーカーは、ホテルで眠っていた間に自分の薬物と現金を盗んだ23歳の女性ホテル従業員を殺害したとして、2005年に死刑判決を受けていた。ウォーカーは判決を不服として上告した。彼とその弁護人たちの論拠は、注射される薬物、とくに使用されるペントバルビタールが許容限度を超える苦しみを引き起こすというものだった。撮影はこのことを証明するためだった。そのためにウ

ォーカーの弁護人たちが法廷で自分たちの要求を貫いた結果、デヤングの処刑が撮影されることになったのだ。検事たちはこれに反対した。彼らは映像が公表される恐れがあることを危惧したのだ。共和党の政治家である州知事ネイサン・ディールも「大きな懸念」を抱いていた。しかしジョージア州の最高裁は処刑の数時間前に撮影を許可した。それゆえデヤングの死が証拠として撮影されたのだ。その狙いは、とくに彼が眼と腕に触れられたときに反応するかどうかを観察することだった。彼が何の反応もみせなかったので、処刑は続けられ、彼の死が映像として残った。恐ろしいドキュメントである。それが何らかのルートで公表されると、人権団体からの猛烈な抗議が殺到し、無数のメディアに採り上げられた。そもそも処刑を撮影することは許されるのか？ 倫理的に問題ではないのか？ 証拠として使うためだとしても、そのような形での処刑は禁じるべきではないか？

　公共の場での議論は効果を上げた。2011年7月初めには、デンマークの製薬企業ルンドベックが、今後自社製品を処刑用に使用することを認めない旨を通告したのだ。あいかわらず薬物注射を用いて処刑を行っていた米国各州にとっては、突然の在庫補充の危機である。麻酔剤が足りない。各州は今ではほぼすべての死刑囚を致死量の薬物注射で殺害するようになっていたので、慌てて薬物の新たな供給元を探さねばならなかった。これは一つの時代の終焉なのだろうか？

　40年以上も前に人々は、ついに格別「人道的な」処刑方法をみつけたと信じて、大いに熱狂していたのだが。

薬物注射による処刑の停止と合憲判断

　過去に遡ろう。1977年の春のこと。米国オクラホマ州とテキサス州の司法当局は、致死的な注射を用いて死刑を行うべき時期が到来したと考えていた。

　だからこそ両州の当局は、死をもたらす混合薬物を用いた処刑を行うという麻酔科医スタンリー・ドイッチュの提案に飛びついたのだ。その方法で処刑を実施するという決断の理由の一つとなったのが、ガス室の設置にはかなりコストがかかるという事情だった。

　死に至る機序は次のようなものである。死刑囚は寝椅子に固定され、両腕に血管カニューレが挿入される。処刑には一つのカニューレだけが使われるのだが、もう一つは最初のカニューレが万一使えなくなったときのための予備である。死をもたらす注射には三つのステップがある。第1のステップで

死刑囚は麻痺させられる。麻酔剤はそれだけでも致死量となり得るほど多い量とする。第2のステップでは心臓を除いた全身の筋肉が麻痺させられ、窒息が始まる。第3のステップで心停止が起きてその人間は死ぬ。

　1982年12月7日にチャーリー・ブルックスは、この新たな方法で処刑されたテキサス州初の犯罪者となった。同じ年にオクラホマ州で第2の処刑が続いた。今や32の州で、好まれる処刑方法として薬物注射が使用されている。米国以外でもこの方法は採用されており、中国は1997年、グアテマラでは1998年、フィリピンでは1999年、そしてタイでは2003年にこれを導入している。今では他の国々も薬物注射による処刑を法で定めてはいるものの、現実的にはいまだ実施されていない。

　どの種類の処刑でも同じだが、ここでも問題となったのは、実際に薬物注射による殺害はどれほど痛みを伴わずに行われるかということだった。医師たちの見解は一致していた。チオペンタールのような麻酔剤は即効性だが、その効果は比較的短い間（5分ないし15分）しか持続しないので、死刑囚の意識が戻ってしまい、次いで始まる致死量の薬剤の作用で苦しみ悶えながら死ぬ危険があるというものだ。また場合によっては、チオペンタールを投与された人物が、外面的には意識がないようにみえても、実は完全に意識があるということも起こり得る。その場合には死刑囚は、完全な意識をもったまま、呼吸筋の麻痺や塩化カリウムによる心拍数の低下を体験することになるのだ。塩化カリウムの注射だけでも猛烈な痛みを伴うというのに。

　それゆえ米国最高裁は2006年6月12日に、ある処刑方法が「残虐で異常な刑罰」に該当する場合に、死刑囚がそれに対して訴えを起こすことができると定めた。それは合衆国憲法の修正第8条〔残虐で異常な刑罰の禁止〕に抵触するとしたのだ。これに基づいてミズーリ州とサウスダコタ州の死刑囚専用棟で処刑を待っていた何名かの囚人が訴えを行い、薬物注射による処刑の停止を勝ち取った。しかしフロリダ、ケンタッキー、テキサスの各州では同様の訴えが棄却された。

　いずれにしてもフロリダ州とカリフォルニア州は、フロリダ州である死刑囚が30分以上も死と闘い、苦しみながら死んだことを受けて、2006年12月15日に薬物注射による処刑を停止した。しかしその2年後の原則判決によって法的安定性が作り出された。つまり2008年4月16日に、またしても最高裁が致死薬注射による処刑を最終的に合憲とする判断を下したのだ。

　この判断は、その処刑方法は「残虐で異常な刑罰」などではなく、したが

って憲法の修正第 8 条に抵触しないとするものだった。米国では半年以上の間、1 人も処刑されていなかった。各州はさらなる死刑執行をにらんで、最高裁の判断を注視していた。これで米国の各刑務所で死刑執行が再開できることとなった。

　この新たな判断は 7 票対 2 票の賛成多数によるものだった。採決に先立って、最高裁の裁判官たちの間で意見が割れていることが窺(うかが)われた。強硬派とリベラルな代表たちが互いに議論の主導権を握ろうとして激戦を交わしていたのだ。全国的に有名だった保守派の裁判官アントニン・スカリアが、なぜ殺人犯の処刑に「最も苦しみを与えない方法」を選ばなくてはならないのかと問うたのに対し、リベラルなシカゴ州の裁判官ジョン・ポール・スティーブンス（最高裁での在任期間が最も長い）は、薬物注射によって「耐えがたい苦痛」が引き起こされる可能性があるということを自分は「大いに危惧している」と述べて、死刑を実施する側もこの疑念の正しさを認めるよう、求めた。

　ますます事態は紛糾した。たとえばオクラホマ州立刑務所での2014年 4 月29日の処刑。殺人罪で死刑を宣告されたクレイトン・ロケットには立て続けにミダゾラム、ベクロニウム、塩化カリウムが投与された。処刑開始の10分後に様子を観察していた医師が罪人の意識がなくなったことを確認した。しかしその 3 分後にロケットは苦しそうに息をし始め、空気を求めて身もだえし、体をくねらせ、歯ぎしりをしたのだ。さらに彼は頭を持ち上げて、何やら話そうとした。薬剤の一つを注射した後で、血管が破裂した。後日の調査結果によると、素人が注射したかのように針が血管を突き抜けていたという。急遽、立会人室に面したカーテンが降ろされた。執行責任者は処刑を中断させた。しかし処刑開始から43分後にロケットは心筋梗塞を起こして死亡した。まさに凄惨な処刑だった。

　この数カ月前の2014年 1 月半ばには、オハイオ州でデニス・マクガイアが同じように15分間も自らの死と格闘させられ、そのあとようやく薬物が効き目を発揮した。鎮静剤ミダゾラムがうまく効かなかったため、死刑囚は処刑の最中に眼を覚まし、何分間も死と闘ったのだ。結局彼は意識のあるまま窒息死した。オハイオ州でも他州でも標準薬物は品切れだったので、当局は新しい薬剤の組み合わせにチャレンジしたのだ。そのせいでマクガイアは必要以上に苦しい死を経験させられたのだ。

　まさにそのようなスキャンダラスな出来事（しかもそれらが唯一のもので

はなかった）が、米国の法曹人をして、いかにして苦しみを与えることなしに1人の人間を死へと追いやることができるのかという問題に取り組ませた。死刑を否定するすべての人にとって、それは忌むべき逆説的な思考実験に他ならなかった。というのも、死刑囚が実際に痛みを感じずに死んだかどうかは、当人にしかわからないからである。

EUが処刑用麻酔剤の輸出を禁止

EUはすでに2011年に、処刑用の麻酔剤の輸出を禁じていた。それ以後、殺害手段となり得る薬物を米国に納入することは一切不可能となった。

薬品部門の販売停止以来、米国の各州当局は、死刑に使える薬物の供給不足のせいで、ますます多くの処刑を延期している。いくつかの州、たとえばアリゾナ、カリフォルニア、ネブラスカは、十分な量の薬物を英国やインドから調達しようと試みた。しかし英国当局も今では処刑用薬物の米国への供給を禁じてしまった。かくして、ときには法的に問題のある販路を経由して、他所から必要な薬物を入手することが試みられるようになった。

たとえばジョージア州の司法当局は、ロンドンのある自動車教習所のオフィスで商売をしているいかがわしい薬局を経由して、自州の薬物の在庫不足を解消しようと画策した。他の州は獣医学で使われている薬剤が代替薬物として人間にも使えるかどうか検査した。たとえばオクラホマ州では、ふつう動物を眠らせるのに使う薬物が候補となった。結局いくつかの州は最近の情勢、たとえば前述したような薬物の消費期限問題などを理由として、再び「昔ながらの定評ある」処刑方法に立ち戻ることを検討し始めている。電気椅子やガス室の利用再開が米国の多くの州で議論されているのだ。ユタ州では、今後、薬物注射用の化学物質が手に入らなければ、死刑囚は再び銃殺部隊の前に立たされることになる。州知事のゲイリー・ハーバートはすでに2015年に、関連の法律に署名している。米国では薬物不足の嵐が吹き荒れているというのが実情であり、今のところは致死量の薬物を保有している州も、将来的には同じ問題に直面せざるを得ない。

異論の多い薬物カクテル剤（混合薬物）について、あるいは薬物製造者、配達先、消費期限といった諸問題について、盛んに議論が重ねられたが、これとは別にある確かな技術が必要とされた。それは有毒成分を死刑囚の体内にスムーズに送り込むための信頼に足る技術、すなわち医学的な性能の高さのみならず、痛みのない死をも保証する注射器である。

そのために必要となったのが、フレッド・A・ロイヒターの発明の才と商売感覚であった。彼の研究の重点項目は「人道的な」処刑方法の開発である。だが殺害過程において技術的なトラブルが決して起きないというロイヒターの功績は、かなりの眉唾物だった。たとえば注射針を刺すときにトラブルとなることがあって、丸々1時間もかかってようやく目指す血管を探り当てるなどということもあった。数種類の薬液を注射する間に注射筒と注射針を生理食塩水で洗浄するという手順が省かれたことによるトラブルもしばしば起きた。結果的に複数の薬液が混じり合うことで沈殿物が生じて、筒が動かなくなり、いくつかの事例では処刑自体が中断を余儀なくされたのだ。

今ではこうした問題点は、ロイヒターのコンピュータ制御技術によりすべて克服されている。「処刑技術者」を自認する彼は、自身を現代的な企業家とみている。処刑技術分野の主導的な製造業者として、彼は司法界の顧客に幅広い品目を提供している。たとえば組立式電気椅子（3万5,000ドル）やガス室一式（20万ドル強）、あるいは自動注射装置（格安の3万ドル）。いずれも現地組立、操作者への講習、保守管理込みの値段である。彼のハイテク注射装置は今では米国の多数の刑務所に装備されている。

ロイヒターはすでに1984年に事業を始めていた。当時はニュージャージー州の法律で、電気椅子の代替として薬物注射によって処刑を行うことが決められていた。新しい注射器には「迅速かつ効果的に殺害すること」が求められた。死の注射がなおも手で行われていた州とは異なり、新たな処刑手続には、倫理的なジレンマに終止符を打つことも求められた。それはつまり、最終的に誰が死刑囚の血管に致死的な薬剤を流し込んだのか、わからないようにすることだった。

ロイヒターが開発した自動注射装置は、血管カニューレの配管が壁を通って隣室にまで延びていた。そこから最低2名の司法執行官がそれぞれボタンを押し、どちらかのボタンが処刑を開始させるのだ。これは当該の司法執行官に罪障感を抱かせないための仕組みである。注射自体はロイヒターのノウハウのおかげで今ではコンピュータ制御で行われる。またカニューレ内で望ましくない沈殿反応が起きないよう、注射するたびにカニューレが生理食塩水で洗浄される。そして障害を避けるために、この注射装置は電気で駆動された。ロイヒター考案の自動注射装置は、ジェファーソンシティの古いミズーリ州立刑務所で初めて使用された。1989年1月6日にジョージ・マーサーがそこの一時的に改装されたガス室で薬物刑を受けて死んだのだ。

人道的な処刑のエキスパートを自認する彼は、1998年にいわゆるロイヒター報告の著作家として世界のメディアに大きく取り上げられた。その中で彼はナチスの絶滅収容所のガス室ではガス殺など行えなかったことを証明しようとした。要するにロイヒターはホロコースト否定論者であり、疑わしい名声の持ち主だったのだ。
　もっともそれは米国の複数の州の司法当局にとって、彼の「革新的な」功績を活用しない理由にはならなかった。ロイヒターの自動注射装置は近年、追加のソフトウェアを通じて、技術的に改善された。ミズーリ州のポトシ重警備刑務所（スーパーマックス刑務所）にも1台が装備されている。そこでは障害や故障はすでに過去のものとなっているという。

ミズーリ・プロトコルの概要

　ミズーリ州の司法当局は、自分たちのイノベーション能力の高さに好んで言及する。ミズーリでは死刑執行時の死刑囚の苦しみやストレスの回避だけでなく、刑吏の精神的な緊張の軽減も追求されている。メディアには受け入れられるイメージを提供したい。そのメッセージとは、ミズーリは啓蒙化され文明化された州であるというものだ。殺人で死刑判決を受けた者が「人道的な」執行を求める権利をもつだけでなく、州政府も選挙で選んでくれた州民たちに対して、すべてが秩序に則って進行していることを釈明しなくてはならない。
　そのため薬物注射を用いた処刑のたびに、3頁からなる正確で詳細な文書「ミズーリ・プロトコル」が作成された。それは処刑手続のすべてのステップを記述し、多くの安全措置を定めるものである。このプロトコルは通常、計画されている処刑日の10日前に署名される。その中には、処刑の48時間前に死刑囚を監視用独房に移さなくてはならないと定めてある。これは囚人保護のための安全上の予防策である。自殺の危険はあるのか？　囚人仲間がきわめて悪質な報復行為を通じて、処刑担当官の機先を制するという危惧はあるのか？
　処刑前の監視中には、1名の刑吏が1日24時間、死刑囚と独房の中で一緒に過ごし、言及すべきことが起きた場合には、すべての出来事について記録に残す。ミズーリ州では死刑囚は、監視期間中に刑務所の食堂から無料で料理や軽食、低アルコール飲料、煙草を注文する権利が認められており、刑吏の同席の下に最後の電話をかけることも許されている。大半の死刑囚がこの

権利を行使する。

　監視下ではあるが面会も可能である。面会時間は朝6時から夜の10時までで、処刑当日は夕方6時までである。面会者は同時に2名のみとなっている。いつ誰がどれだけの時間面会し、そこで何が話されたかはすべて記録される。またプロトコルには、処刑の48時間前に死刑囚の身体検査を行うことも書かれている。要するに死刑囚を健康な状態で死なせたいということで、それを法律が要求しているのだ。

　処刑当日については特別なガイドラインがある。たとえば処刑日になるとほぼ毎回報道陣が多数、刑務所に押し掛けるのだが、刑務所幹部とメディアとの接触は、遅くとも夕方6時から処刑完了後のプレス会議までの間は行われない。多数の詳細な安全規定が適用される。これは優に100名を超える刑吏たち、司法当局および保安官の代理人、ならびに地元警察に対する規定である。刑務所周辺の地域全体が立入禁止地域に指定されることもある。

　死刑囚専用棟が人里離れたポトシに移転して以来、この安全対策は少し簡略化されたが、それはポトシ矯正センターがジェファーソンシティから車で3時間もかかる場所にあるという事実とも関係がある。あまりに遠いのでデモ隊や「死刑反対」の活動家たちさえ二の足を踏みかねない。しかしミズーリ州にも活動家はいて、遠路をものともせずに駆けつける。ただその中に地元の人たちはほとんど見当たらない。その反対だ。ポトシ市民は地元に刑務所ができたことに抗議の声を挙げなかった。落成式にはブラスバンドが演奏し、学校のオーケストラがその腕前を披露した。政治家たちが祝辞を述べ、ポトシの住民たちは「ようこそポトシ刑務所」と書かれた帽子をかぶって、それに耳を傾けた。自分たちの刑務所で処刑が行われることになるわけだが、住民は気にしなかった。いずれにしろ住民の多数は死刑賛成なのであり、刑務所のさらなるメリットを並べ立てた所長のドン・ペーロと同じ考えだったのだ。所長挨拶はこうだった。

　「これは汚染をもたらすことのない、環境にやさしい産業です。私たちは大気中や河川に化学物質を撒き散らしたりしません。まさにこの地区の失業率は周辺のすべての地区の中で最も高い。したがってこの刑務所は、みなさんがおかれた経済状況を改善し、地域に雇用を創出するために不可欠な方向への第一歩となる施設なのです」

地元政治家や失業者、環境保護活動家はいずれも刑務所所長の話に喝采を送った。そのような中でペーロとその部下たちは仕事に邁進しているのだ。ミズーリ州の最高法廷から処刑命令がくると、すべてがプロトコル通りに進む。それは軍隊の命令系統と非常によく似ている。きわめて珍しいことだが、米国のドキュメンタリー映画製作者でジャーナリストのスティーブン・トロンブレイに同刑務所の取材が許可されたことがある。

18時00分
　0時01分に行われる処刑の6時間前に所長が幹部を集めて最後の状況会議を行う。その後、処刑チームはそれぞれの部署につく。この瞬間から出来事は逐一プロトコルに記録される。

19時00分
　処刑室の電話機が点検される。時計も点検され、メディア室の時計と合わせられる。

19時30分
　死刑囚に一揃いの清潔な衣類が渡され、鎮静剤が勧められる。担当執行人の1人が注射装置の用意が完了したことを宣言する。

20時30分
　ストレッチャーが用意される。処刑室のブラインドが降ろされる。

22時00分
　30分ごとに電話機と時計、ならびに注射装置と関連機器が繰り返し点検される。22時00分になると処刑チームが処刑室に現れ、薬液が注射装置にセットされる。プログラム進行係の助手が、処刑チームのメンバー全員が所定の位置についたことを告げる（安全対策業務の一環として、処刑チームの6名の最重要メンバーはその指示が最優先される保安バッジを身につけていた。それ以外の幹部メンバーは職務バッジで、それは刑務所内および近隣で、当人がさまざまな安全レベルの職務に携わる人物であることを証明する）。

第5章　血管からもたらされる死──薬物注射

22時30分
　祭壇付司祭が監視房に到着。救急車と霊柩車が裏門で待機。州側の立会人が職員通用口に到着。法は州側立会人の人数を最少12名と定めている。通常そのうちの6名は報道関係者である。電話機が設置される。

22時40分
　成人収容部門長が処刑延期認定委員会に出席するために刑務所会議室に入室。

22時45分
　州側立会人らが刑務所会議室に出頭。

23時00分
　部門長が刑務所会議室に入室。所長代理が法務大臣との間のつながったままの電話回線を監視する。

23時05分
　所長代理が中央会議室に入室。

23時10分
　電話機の点検。

23時15分
　医師が心電計を点検。

23時20分
　部門長が電話機とすべての回線を点検する。時計が再び点検される。部門長は電話が使えない場合に備えて無線機を携帯している。

23時30分
　部門長は、執行猶予決定が出されたかどうか確認するために、あらかじめ指定されていた州知事代理に電話をする。プログラム進行係の助手が、処刑室には権限を持つ人間しかいないことを確認する。

23時35分
　死刑囚がストレッチャーまでエスコートされ、その上に拘束される。心電計が彼の身体に固定され、カテーテルが血管内に挿入される。

23時40分
　電話機が点検される。処刑の立会人たちが到着。ミズーリ州は囚人に５名の立会人を招くことを認めている。彼らは特別厳重な安全チェックを受け、処刑中はずっと州側の立会人とは離れた場所に置かれる。

23時55分
　電話機の点検。

０時00分
　部門長が所長に電話して、執行延期命令がきているかどうか尋ねる。きていない場合は部門長が予定どおりに進める。処刑室のブラインドが巻き上げられる。

０時01分
　所長が処刑命令を読み上げる。処刑の開始だ。

　たいていの州で踏襲されているこの伝統的な処刑開始時刻（０時01分）は、それによって特別な安全性が確保されること、およびそれがデモ隊にとって一定の抑制効果となるという事実に基づいて決められている。しかしそれだけではない。とりわけこの時間にすることで、丸24時間の死刑判決の執行猶予期間が州に与えられることになるからでもある。死刑判決文には１日のどの時間帯に処刑を行うかは書かれていない。こうしてミズーリ州には丸１日の使える時間ができることとなる。
　トロンブレイは組織的な処刑の進行を多面的かつ詳細に記録している。さらに彼は処刑チームのメンバーたち、たとえばポトシ市の執行部長ポール・デラからじっくり話を聞いた。デラはこれまでに何度も刑死に至る経緯を間近で体験した人物である。彼の個人的な思いは、まるでルーティーン作業の報告のようである。

第５章　血管からもたらされる死——薬物注射

「執行部長の自分は処刑室に居残る最後の人間です。私が起きたことをすべて書き留めます。私たちは、それがどんなものであれ、最期の願いを述べることを死刑囚に許しています。話をしてもいいんです。もちろん話したければ、ですがね……。すべてはまったく緊張もなく進みます。痙攣や叫び声や妄言もありません。基本的にそんなことは起きたためしがありません。たいてい死刑囚たちは、自分が不治の病に罹ったようなものだと考えて、自分の運命を受け入れます。すでに言いましたが、何といってもそれは罪人自身が犯した罪に対する極刑としての死なのですから。眼がすっと閉じられ、するともう彼らは死んでいます……」

心臓が停止したことをモニターが示すまでにかかる時間は約4分である。医師が担当職員に合図して、もう心臓の活動を示す兆候がみられないことを伝える。それから医師は囚人を診断し、死亡時刻を確定し、死者から挿管の類を抜き去り、死亡証明書に署名する。処刑の一部始終を見守った州の立会人と報道関係者も公正証書に署名を求められる。処刑室のブラインドが巻き上げられ、最後に州知事もしくは州知事事務所の代表がプレス室で声明を読み上げる。

処刑が終わってからの状況はどうですか？ トロンブレイはデラ執行部長に質問した。あなたや処刑チームの同僚たちはどんな気分ですか？ それに対して部長はこう答えた。

「気が楽になります。とても静かで、冷静で、落ち着いた気分ですね。プロとしての満足もあります……。処刑が終わると、後はみんな家に帰るだけです……。私ですか？ 私も道具を片づけたら夜中の2時ごろに事務所を閉じ、帰宅します。ふつうなら妻がまだ起きていて、2人で一緒に座って少し話して……それから寝ます。処刑の後で眠れなくなるなんてことはまったくありません……」

ポール・デラはいい仲間たちに恵まれている。州知事、ポトシ市の法曹人や刑務所の役人たち、そしてミズーリ州の住民たち。彼らはみな良心の呵責に苦しむ必要がない。なぜなら法律と正義は満たされ、加害者は死をもって罰せられ、かくして州の法的平和が回復されたというわけだ。

テキサス、アーカンソー、ミズーリのどの州であれ、正義は叶えられ、死

刑判決は執行される。フレッド・A・ロイヒターの処刑装置のボタンを押す人々によって。致死性の薬物が死刑囚の身体に注入される。音もなく、衛生的に、匿名のままに。

「私は州のためのツールになろうと決心し、死刑を罰として執行しています。死刑は極端な罰ではありますが。ですから自分の手でボタンを押すことに、何のためらいもありません」。ポトシの刑務所職員の1人はそう率直に語った。同じように当局のツールに過ぎなかったのに、法的保護を奪われた者として生きねばならなかった中世の処刑人たちとは異なり、彼には社会からつまはじきにされることを恐れる必要はない。ミズーリ州でも、アーカンソー州でも、テキサス州でも。もはや誰も自分を処刑人であると感じなくてよい。せいぜい操作を行う技術のエキスパートと思うだけだ。しかも正義に仕えるその忠実な仕事ぶりが高く評価されるのはミズーリ州だけではない。

次章では処刑人の職と国家や社会におけるその役割を論じる。執行人とは何者なのか？　何ゆえに彼らは殺人を自分たちの職業とする気になったのか？

第3部

執行人
――法の手足となって

第3部 執行人——法の手足となって

第1章 処刑人という職
——追放されし者

　フランスの処刑人一族の中で最後にムッシュー・ド・パリ（パリの処刑人）を務めたアンリ＝クレマン・サンソンについては、ギロチンの章（第2部第1章）でも何度か言及したが、そのサンソンが1862年に全6巻の一族の年代記を出版したとき、彼は自著が死刑反対のパンフレットとして理解されることを願った。当然ながら彼はそれに成功している。もっとも彼が考えていたのとは微妙に違っていた。年代記では、いまだ啓蒙精神によって人道化されていない司法の、理解を超える残虐さについて記述されているのだが、再三浴びせられた質問はそれについてではなく、「どのようにすれば恐怖と軽蔑の視線をともに向けられる処刑人の役割を引き受けるよう、1人の人間に求めることができるのか」というものだった。サンソンの省察はこれについても明確にしている。処刑人になるために必要なのは、野卑な心根やサディスト的気質、冷酷さなどではない。1人の人間を処刑人にするには、ある種特別な家庭環境と社会的な星回りさえあればよいのだ。

　背景をなす事情と伝統と社会秩序はさまざまである。ローマ時代のカルニフェクス（死刑執行人）、中世の刑吏、ナチスの執行吏、米国の刑務所の処刑担当職員。しかし誰であれ、処刑人の職責を担うということは、人に死をもたらす恐るべき手仕事である。そしてこの職業を正当化するためにどのような論拠が持ち出されようとも、次のことはつねにつきまとう。つまり処刑人とは結局、他人が（民族や国民の名の下に）下した判決をただ執行する者、法律に奉仕して必要な義務を果たす者であるということである。はっきりしているのは、今日に至るまで、いかなる正当化の試みも存在説明も、錯覚させることのできない点があるということである。それは、処刑人がつねに法の保護を奪われた者としての生涯を送らねばならず、同時代人から避けられねばならなかったが、その実、同時代の人々の名の下に死をもたらす手仕事を営んできたという点である。そのようにして多くの処刑人は二重の生を生

きた。何人かは自死を選んだ。彼らは亡霊によって死へと追い立てられた。亡霊は彼らに、自分たちが法に命じられて殺した死刑囚を思い起こさせたのだ。

カルニフェクス

　国家奴隷であったローマ帝国のカルニフェクスは、都市内に住むことも寺院に足を踏み入れることも許されなかった。彼は特別な服を身にまとい、さらに小さな鈴を持ち歩いて、すべての「まっとうな」市民に対して、自分のそばに寄ると名誉が汚されると警告しなくてはならなかった。ギリシャ人の間でも処刑人は不名誉な者とみなされていて、やはり都市には居住権をもっていなかった。オリエントでは事情が異なっていた。そこでは処刑人は尊敬を集める地位とされ、人気もあり、遅滞なく死刑を執行するために直ちに駆けつけた。彼は支配者の至高の権力をまざまざと体現する存在であり、支配者の威光を浴びることで自身も高められていたのである。

中世の処刑人

　ヨーロッパでも時代が下ると事情は違ってくる。後期中世の諸都市では処刑人は最も穢れた人々の１人だった。その理由として考えられるのは、ゲルマンの部族法を押しのけて入ってきたローマ法の影響である。ローマ法はその明確で合理的な法概念を通じて、より多くの法的安定性を提供したのだが、その一方で刑事裁判の中に真実を解明する手段として拷問を導入した。そしてこの拷問が道具類の扱い方を熟知する男を必要とし、そのような人物が拷問と処刑を自らの生業としたのだ。

　その活動は大いに必要とされたものの、処刑人自身は法的保護を奪われたアウトローとみなされた。居酒屋への入店は、他の客に異存がない場合に限り許された。処刑人とその子息には他の手工業に就く道はすべて閉ざされていた。その息子たちは処刑人にしかなれず、娘たちは処刑人としか結婚できなかった。処刑人が家畜を所有していた場合、その家畜を他の者の家畜と一緒に放牧することは許されなかった。処刑人がついに亡くなっても、その遺体を墓地に運ぶ際に誰も手を貸そうとしたがらなかった。

　カール・ブルーノ・レーダーの報告によると、1276年のアウクスブルク市法の中では、拷問と処刑だけでなく「さすらいの淑女たち」、つまり売春婦の監督の仕事も処刑人にゆだねられていた。他の都市でも好まれない仕事が

第１章　処刑人という職――追放されし者 ── 127

押しつけられた。たとえば処刑人はしばしば家畜解体業者の役割を引き受けさせられ、道路清掃、ときには汚物で詰まった下水道の掃除までいいつけられた。そうした評判の悪い副業は金にはなったが、社会的な蔑視をも招くことになった。

処刑人の法的権利のはく奪は矛盾していた。というのも、一方ではまさしくヒステリックな接触不安があって、処刑人はレプラ〔現在のハンセン病〕患者のように避けられたからである。「触れることを忌み避けるとはまさにタブー（忌避）ということであり、実際に処刑人はタブーの対象に他ならなかった」。レーダーはそう断言している。他方では、たとえば絞首台の部品などは迷信深い住民たちからこの上ない崇拝の的とされてもいた。とくに死刑囚が吊るされたロープは、幸運をもたらすものとして誰もが欲しがったという。絞首台を作るときに出た木材のカンナ屑、さらには鎖や鉄製器具なども同様だった。処刑された者と何らかの関係のある物すべてが、狂信的な崇拝の対象となったのだ。こうした事実は、人々があいかわらず心の中で処刑を、運命を司る諸力への供犠とみなしていたと解釈する場合にのみ、説明可能となる。処刑された者は迷信的な想念の最も重要な対象だった。その者からのみ魔力が特別な方法で放散されるとされた。さらに古来、処刑人は、相手が人間であれ、家畜であれ、医術分野で優れた知識をもつ者とされてきた。処刑人およびその死をもたらす手仕事の変容は両義的なものだった。そのような変容は暗黒の中世にだけみられるものではなかった。

先述のレーダーは、ハプスブルク帝国の処刑人ヨーゼフ・ラングの矛盾する役割について報告している。一方でラングは法的保護をはく奪されており、その職業が知られると宿泊先から追い出されることもあった。他方で彼は、死刑囚を吊るしたロープの一部を譲って欲しいと、多くの人から頼まれた。あまりの人気でたちまち在庫切れとなったという。そんなときラングは未使用のロープを切って、それを相手に渡した。人々は処刑人の手が触れただけでもロープに魔術的な力が宿ると確信していたからだ。

処刑人一族

処刑人の職は、多面的で矛盾の多いものだったが、いずれにしても応募者には事欠かなかった。大規模な「処刑人一族」が誕生して、親から子へ、子から孫へ、その職を継承していったのである。むしろ自分たちの職を競争から守ったというべきかもしれない。最も有名な処刑人一族は、前述のサンソ

ン家である。この一族は7世代にわたって「ムッシュー・ド・パリ」を務めた。一族の年代記を思わせる最も有名な著作は19世紀も半ばに差し掛かる頃、パリで刊行された。著者はサンソン家最後の処刑人、アンリ゠クレマン・サンソンだった。全6巻の浩瀚な著作には、彼の先祖たちの生涯と「業績」が描き出され、それぞれの時期のきわめてセンセーショナルな刑事事件が報告されている。とりわけこの大部の著作集には、1793年から翌年にかけての恐怖の革命期に書かれ、評判を呼んだ「ムッシュー・ド・パリ」の日記も収録されている。

　他のフランスの処刑人一族はほとんどがサンソン家と親戚関係にあった。フランスと同様に、イギリス、スイス、ドイツでも処刑人一族が世代を超えてその血に塗れた職を占めていた。そしてアンリ゠クレマン・サンソンと同じように無数の処刑人たちが職を辞した後はペンを取って、自分の人生を書き留め、その日常を報告し、自説を説き、そうすることで良心の呵責をいささかなりとも和らげようとした。自殺によって自らの人生を閉じた処刑人も他業種に比べて多く、アルコールに溺れたり、深刻な鬱状態に陥ったりした者が少なくなかったことも、ここで言及しておきたい。正義と呼ばれるもののために死刑執行人を務めることは、絞首台、ギロチン、電気椅子、ガス室、薬物注射と手段はいろいろだが、いずれも人が耐えることのできる以上の重荷を背負わされるということなのかもしれない。

　このあと本書では、1人の存命している処刑人に自身の手仕事について忌憚のない見解を語ってもらい、また、あるドイツ人処刑人の生涯を紹介するつもりだが、その前にまず、処刑人という職業について手短に歴史的な変遷を辿ってみよう。あるいは、これはある職業像の素描というべきか？

第3部　執行人——法の手足となって

第2章　カルニフェクス（死刑執行人）
——関連資料

評判

　中世において死刑執行人は「不浄」で「不名誉」な存在とされた。そのため、ペテン師やユダヤ人、異教徒の外国人、さらには産婆や公衆浴場の理髪師兼医師、粉屋、羊飼い、亜麻布の織工や陶工などと同等の扱いを受けた。これらの人々は日常の暮らしの中で侮辱され、中傷された。彼らは都市で職をみつけることも、土地を取得することも、さらにはツンフト〔同職組合〕に加入することも許されなかった。さらに就くことのできる職種もかなり限定されていた。こうした社会的地位は子供にまで受け継がれたため、その侮辱や中傷は次世代にまで持ち越されることとなった。

仕事

　処刑と並んで死刑執行人は、「名誉ある」男がやりたがらない他の仕事も引き受けねばならなかった。そのような仕事には、拷問や地下水道の清掃、専用の共有地への死んだ家畜の埋却処理、晒し台への罪人の拘束、売春婦たちの監督も含まれていた。

公共の場でのいでたち

　死刑執行人の職は不名誉なものとされていた。そのため彼らへの誹謗中傷はひどいものだった。ローマ帝国では死刑執行人は都市の外に住まなくてはならず、特別な許可がある場合に限り都市への立ち入りが許された。都市内では道行くすべての「名誉ある」人々に対して、鈴の音で自分に近づかないよう警告しなくてはならなかった。死刑執行人には名誉も権利もなかった。彼に触れただけで、触れた者自身も名誉を失ったとみなされた。中世には死刑執行人は市壁の中の板囲いの小屋に住み、公衆の前に出るときには目立つ服を着なくてはならなかった。居酒屋への入店は、他の客に異存がない場合

に限り、許された。そこには彼の専用席があり、他の誰もそこには座らなかった。また専用のマグもあり、他の誰もそれを使って酒を飲みはしなかった。教会での彼の席は最後列で、他の者の席とはかなり離れていた。司祭が死刑執行人に対して聖体拝領を拒むこともまれではなかった。

職業選択

　自ら進んでこの血なまぐさい職業を選ぶ者はほとんどいなかった。それゆえ初期には無理強いできる相手だけが死刑執行人に任命された。ローマ帝国ではそれは主として奴隷と軍団兵だった。

　中世においてはこの職業は父から息子へと世襲された。死刑執行人の子供たちはやはり死刑執行人にしかなれず、他の職業に就く道は閉ざされていた。

女性たち

　女性たちの処刑は多くの死刑執行人にとって特別な難題だった。というのも、死刑執行人といっても、生まれつきのサディストでも殺人鬼でもなく、むしろごくふつうの人間であり、ただその血筋のゆえに強いられてこの職業に就いたということだからである。誰しも人殺しをするために生まれたわけではないので、たいていは殺害への心的抑制が働く。これを死刑執行人は克服しなくてはならないのだが、相手が女性の囚人の場合、それはとくに難しかった。

　当の女性囚人にとっても、それは往々にして倍加された苦しみとなる。死刑執行人の心的抑制のせいで、処刑がしばしばスムーズに進まなくなったからだ。メアリー・スチュアートの場合、首斬り人は女王が絶命するまでに3回も斬りかからねばならなかった。

幸運のお守り

　昼間はどれほど侮辱されようとも、夜になれば死刑執行人は大いに敬意をもって扱われた。というのも彼は医術に通じた魔術師であり、幸運をもたらすことができると考えられていたからだ。人々は夜陰に紛れて彼のもとを訪れた。効験あらたかな霊液を調合してもらったり、助言を求めたりするためだった。

治癒力

　前世紀に入ってもなお民間信仰では、首を刎ねられた者の血には治癒力があると考えられていた。そのため処刑のある日には、流れた血を集めようと大勢の人が刑場に押し寄せた。1864年には、斬首された2人の殺人犯の血が滲み込んだ布が、1枚につきターレル銀貨2枚で群衆に販売された。

　また、絞首刑に処せられた者の骨片をポケットに入れて持ち歩くと、銭金の苦労を免れるとされた。絞首台の部品や剣も幸運のしるしとして高く取引された。

結　婚

　結婚相手を選ぶ際にも死刑執行人には制約が課された。死刑執行人には他の処刑人一族の娘との結婚しか許されなかったのだ。息子は処刑人の娘とだけ、娘は処刑人の息子とだけ、結婚することができた。かくして婚姻関係・姻戚関係でつながり合う正真正銘の「処刑人一族」が誕生する。最も有名な一族は、ルイ16世とマリー・アントワネットをギロチンにかけたフランスのサンソン家である。ドイツのダイブラー家、スイスのグロースホルツ家とフォルマー家もその一例である。

死刑執行人の食事〔死刑囚の最後の食事のこと〕

　裁判長が死刑を言い渡した後、被告人にはふつう多くの優遇措置が与えられる。地下牢を快適な独居牢に換えてもらったり、好きな食べ物、飲み物を注文したり、女性たちに囲まれていたいというような願いさえ叶えられた。しかしこの椀飯振舞いの理由は、誰もが推測するような、被告人の重苦しい運命をいくらかでも軽いものにしたいという人道的配慮にではなく、むしろ人心に深く根づいている迷信にあった。

　人々は、処刑時に死ぬのは身体だけで魂は死なないと信じていた。満足して死ねば、その魂は魂の王国へと直行する。しかし怒りの中で死ぬと、その魂は地上に残り、復讐しようとする。その際に、たとえば犯罪者の魂のようなとくに強い魂は、深刻な被害をもたらしかねない。だから死刑囚の心を宥めるべく、あらゆることが行われたのだ。同様に罪人の死に関与した人たちはみな、責任を他に転嫁しようとした。裁判官は死刑囚を刑吏にゆだねて自分の責任を逃れようとし、刑吏は処刑人に、さらに処刑人は死刑囚に遺憾の意を示して、すべては裁判官のせいだとした。古代アテネでは処刑に使用さ

れた斧を法廷に召喚して、斧に有罪を言い渡した後で、それを燃やしたり、海に沈めたりしたという。

　処刑人が好んで被告人の最期の祈りの最中に斬りかかったのは、死者による復讐への恐れがあったためである。というのも、祈りを捧げている者が同時に心中に怒りをたぎらせることなどあり得ないからである……。

頭巾

　ほとんどすべての処刑人は、処刑の際には頭巾を被った。彼らがそうしたのは顔を知られたくなかったからではない。彼らはすでにあまりにも有名な人物だったのだから。ひょっとすると彼らは頭巾を被ることで、罪人の呪いや悪しき眼差しから身を守ろうとしたのかもしれない。

精神面

　生まれつきの殺し屋である処刑人など1人もいなかった。彼らは自分の力ではどうすることもできないもろもろの事情によって、他人を死に追いやることを強いられていたのだ。この職務は多くの処刑人に深刻な心的ダメージを及ぼした。アルコール依存、鬱症状、そして自殺。この三つが最も頻繁に見受けられたトラブルである。中には犯罪に手を染め、自ら死刑囚となって処刑される者もいた。

罪

　自分が他人の死を引き起こした。それはたいていの人に深刻な罪障感を引き起こす。こうした理由から、裁く側の責任を軽減するために、さまざまな「技術」が開発された。いくつかの文化においては、処刑はいわゆる犠牲の司祭によって執行された。そのロジックは次のようなものである。罪人はいずれも何らかの形で神々によって与えられた掟に反した。神々の怒りを招き寄せないためにその違反行為は罰せられねばならない。そこで犠牲の司祭が神性の道具および代理人として登場する。この司祭は自らの内なる神の意志を行うだけなので、彼個人には何の責任もない、というものである。

　もう一つの「テクニック」は「全員の手」による処刑である。そこでは処刑は単独の個人ではなく共同体全体によって執り行われる。この形ならば関与した個々人には、自分が行った「貢献」は必ずしも致命的なものではなかったと考える余地が残る。石打ちの刑や射殺部隊による処刑がこれにあたる。

たとえば後者の銃殺刑では、つねに1名の兵士の銃には空砲が装填してあった。兵士にはどの銃がそれかは教えない。そうするとどの兵士も、自分の銃撃は致命的なものではなかったと自分に言い聞かせることができるのだ。処刑される側にとってはそんなことは大して役にも立たないが……。

たいていの処刑方法では、殺害行為をできるだけ自分で行わないようにする工夫がみられた。それゆえ好まれたのは殺害を自然の力にゆだねる方法である。処刑人自身の貢献は、死刑囚を無防備な状態にして自然力に引き渡すだけである。たとえば吊し刑（ロープは首にではなく身体に巻きつけられた！）、車輪刑、磔刑がこのような処刑方法に区分される。

死

処刑人が亡くなると、進んでその遺体を墓地まで運んでくれる者がみつからなかった。未亡人が故人となった夫の埋葬を頼める相手は、たいていの場合、同じアウトロー階級の者しかいなかったのだ。

第3部　執行人——法の手足となって

第3章　「私はよき処刑人でした」
——死刑執行人が語る

　1991年の夏。ある日曜日の朝、ライプツィヒ出身の作家兼映画プロデューサーのグンナー・デディオは、アヴィニョン近郊のフォンテーヌ・ド・ヴォークリューズの泉水地区を散策していた。たまたま彼は年配の紳士と言葉を交わした。会話の流れの中で彼は相手の人生を知る。その相手はフランス最後の死刑執行人だった。名前はフェルナン・メイソニエ。話が終わるとこの人物はドイツ人のデディオを自宅に招き、そのささやかなプライベート・ミュージアムを披露する。珍しい拷問具と処刑装置のコレクションだった。この情熱的な処刑人がとくに誇りにしているのがギロチンだ。彼はドイツからの客人に慣れた手つきで操作してみせた。辞去した後でデディオは苛立ちと陶酔を同時に感じていた。

　その出会いが6年間のリサーチの出発点となった。そのゴールとしてヨーロッパ最後の死刑執行人についての感動的なドキュメンタリー映画が完成した。監督のイェンス・ベッカーと協力してデディオは存命中の「死の執行人たち」を探し出した。彼らに協力を請うためである。それは容易ではなかった。死刑執行人たちは表舞台に出ることを嫌い、自分の職業について語りたがらない。しかし2人は何人かの元処刑人に長時間インタビューを引き受けてもらうことに成功する。相手はニュルンベルクでナチス戦争犯罪人たちへの絞首刑を執行したヨーゼフ・マルタ、強制収容所のドイツ人処刑人パウル・ザコフスキ、独裁者ニコラエ・チャウシェスクとその妻エレナを処刑したブカレストのイオネル・ボエル、ブダペストのゲオルギー・プラドリクとサラエボのルフ・イブリサジッチ、そしてアルジェリアで活動したフランス人の処刑人フェルナン・メイソニエである。

ドキュメンタリー映画「死刑執行人」

　複数のテレビ局の協力の下に完成した彼らの映画「死刑執行人——死神に

は顔がある（Henker - Der Tod hat ein Gesicht）」は、強烈なインパクトを与えるドキュメンタリーである。職務の一環として「法の名の下に」人々を殺害した男たち、それも1回限りではなく、ほぼ定期的に何人も殺した男たちがカメラの前で語る。自分の職業について、幼少期と青年時代について、そして日常生活と自分の人生について。彼ら自身の説明は史実とずれることもままある。だが自分史とはそういうものだ。つねに主観的で、話が矛盾する場合も珍しくなく、美化されることもある。

現在は年金生活者としてプロバンスに暮らすフェルナン・メイソニエは、最初からグンナー・デディオとイェンス・ベッカーの2人と話したがっていた。ひょっとすると彼は話すことで、自分がしてきたことと折り合いをつけようとしたのかもしれない。

「私の父はアルジェリアの元主任処刑人でした。まだ父の身分証を持っています。フランス行政府のしかるべき注記が書かれたものです。これは重要なことですが、当時アルジェリアには4人の処刑人とその助手たちがいました。そのほとんどは副業を営んでいて、つまり処刑人の報酬だけに頼っていたわけではなかったんです。副業にはとくに人脈作りという面がありました。

父も同じだったと思います。父はアルジェに飲食店を所有していました。そこにはよく要人たちが通ってきました。近隣の有名な一族の男たち、警察官や警部、それから検事たち……。父はアルジェリアで死刑執行人をしていて、そのことは誰もが知っていましたが、アルジェリア人から嫌がらせを受けたり脅迫されたりしたことは一度もありません。敵もいませんでしたね。ただ独立運動が始まると父は逮捕されました。当然です。200人も処刑したんですから。誰かに密告されたんです。でも父が刑務所で座っていると、何人かのアラブ人が菓子を差し入れてくれたそうです。ふつうならあり得ないことですよね……。

その後母は検事に相談しました。当時検事はまだフランス人だったんです。その彼が私の父の釈放をアルジェリアの県当局に掛け合ってくれたんです。

……私の父は処刑1回につき、報酬として3,000フランをもらっていました。私は古い明細をまだ持っています。たとえば1947年6月には30件の処刑がありました。別の書類には合計11件という記載もあります。父は月末に、1カ月分の請求書を作成していたんです。これに限らず父は良心的で、何でも几帳面に記録していました。たとえば軍事法廷で死刑宣告を受けていたモハメッド・タエブの処刑に関する文書も残っています。父は彼を朝5時に処刑しました。す

べての手順にかかった時間は50秒きっかりだったと書いています。つまり死刑囚を刑務所の事務局から連れ出し、ギロチンの刃が轟音を立てて落下するまでです……。

　私が７歳か８歳の頃に父がオラン〔アルジェリア北西部の同国第２の都市〕で２人のアラブ人を処刑することになりました。私もその場にいたはずですが、よく覚えていません。でも物心ついて初めて見た処刑ははっきり覚えています。決して忘れることはないでしょうね。あれは1948年で、私はまだ17歳でした。正直な話、あのときは見たくなくて、最期の瞬間に『いやだ』と叫びそうになりました。でも結局、好奇心と興味が勝りました。
　私は父に連れられ、もちろん父のそばを離れませんでした。でも父は私がそこにいると、代理人の仕事に差し支えるのではないかと考え、別の側に行くよう私に言いました。そこからだと処刑がずっとよく見えました。当然ながら私の存在は何人かの司法関係者の目を引き、私は『ここで何をしている？』と訊かれました。誰かが『この子は処刑人のメイソニエさんの息子だよ』と言い、みんなは納得しました。準備が終わるまで45分ほどかかり、全員がずっと待っていました。暗くて、人を不安にさせる情景でしたね。今でも、昨日のことのように鮮明に覚えています。
　それから刑務所中庭の開き戸が開いて、死刑囚が２人の助手に抱えられるようにしてやってきました。すでにもう私の心臓は100メートル競走の後のように早鐘を打っていました。ギロチンまではわずか５、６メートルです。彼らは死刑囚を台の縁に乗せ、それから正しい位置まで滑らせました。１人の助手が頭部をしっかり押さえて、半円形の首載せ台から頭が外に突き出るようにします。これで用意が整って、その１秒後に刃が落とされ、頭が転がりました。同時に血がほとばしり、ちょうど大きなコップの水を３メートルほど勢いよくぶちまけたような感じで、思わず鳥肌が立ちました。
　信じがたい不安に押しつぶされそうでしたが、同時に私は生の暴力を目のあたりにして強烈な印象を受けました。以前映画で観たのとはまったく違いました。初めて見た処刑は衝撃的で、打ちのめされました。そのあと幾晩か、ほとんど眠れない夜が続きました。200回も処刑を続ければ、こんな職業でもだんだん慣れるものです。ただやはり最初の体験は忘れられません。私の記憶に深く刻まれているんです。

いいえ、処刑人になることを私自身に決意させたのは、本当に死刑囚を処刑することへの表面的な喜びではなく、誰かを処刑したいという止むに止まれぬ欲求でした。無理強いされたわけではありません。断ろうと思えば断れたんです。

　もちろん私の父はなりたくて処刑人になりました。そこには多くのメリットがありましたから。たとえば飲食店の経営、警察官や検事、代議士とのつながり、銃砲所持許可。そんなものまでもらえたのです……。要するに私もそうした特権に与りたいと思ったわけです。私もいろいろなものを手に入れました。警察の保護、アルジェの街への路面電車のフリーパス。ドイツ製の軍用拳銃ワルサーP38のための戦時特別銃砲所持許可まで交付してもらえました。

　つまり私は自分から進んで処刑人になったのです。でもそこには父からこの職をいわば『相続した』という面もありました。というのもフランスでは、誰それを処刑人にしたいと検事総長が決めることができなかったのです。すべて問題がなければ、父は友人を処刑人に任命することが許されていました。それは自分の息子でもよかったのです。ちょうどアラン・ドロンとその息子のようなもので、息子も俳優になったでしょ、農夫なんかじゃなくて。

　当然ながら、私は16歳では処刑人にはなれませんでした。当時はただ一度だけ処刑を見たことがあっただけで、父が私を初めて連れて行ってくれてから、私自身が処刑人に任命されるまで、ほぼ10年待たねばなりませんでした。最初、つまり1948年に私は無給の手伝いから始めました。もちろんそのときの私の役割はただの端役のようなもので、本当の責任を負っていたわけではありません。でも1年後に助手の1人が事故で亡くなり、偶然もう1人の助手もほとんど同じ頃にアルジェリア民族解放戦線（FLN）に殺されたんです。それで私の地位が自動的に上がり、第一代理人のポストに就いたわけです。突然父の第一助手になったのです。

　それからはより重要な仕事を任されました。それは必ずしも危険の伴わないものではありませんでした。なぜなら、処刑のときにはいつも、主任処刑人がギロチンの刃を落下させ、第一代理人、つまりこの私が死刑囚の頭を押さえる役だったからです。他の3人は死刑囚をギロチンまで連れてきて、ベルトで固定するだけです。それなので事故が起きて私が指を失う恐れも十分にありました。父の処刑がうまくいかなくなることは私も望んでいませんでしたから、私はかなり焦っていて、最初から大きなリスクに晒されていました。その後私は

ついに1956年、25歳で正式に処刑人に任命されました。以来、少なくみても200回は処刑を行いました……。

処刑人時代の資料は今でも大量に保管してあります。たとえばある文書によると、私たちは1958年4月25日の朝5時きっかりにアムルーフ・ベン・イブラヒムという男を処刑しました。場所はコンスタンティーヌの刑務所でした。処刑はわずか5秒で完了しました……。一番忙しかったのは1957年から翌58年にかけてで、処刑が最も多かったときですね。書類を見ると、1957年2月だけでほぼ30件の処刑を行ったことがわかります。ひと月に30件の処刑プラス諸経費。それまでの乏しい月給が、その月は6倍に増えました。

その頃私がアルジェリアで処刑した者の中にはFLNのテロリストが大勢いました。私の記憶違いでなければ144人はいたはずです。連中はたいてい自分のことを政治犯、民族解放運動の戦士、パルチザンなどと言いますが、私からみればみんなテロリストで、暗殺犯で、ただの刑法犯や違反者に過ぎず、普通法で裁かれるべき連中でした……。

アルジェリアのFLNは、いつも私には第二次世界大戦中のフランスのレジスタンスの軍組織であったFFI（フランス国内軍）と少し似ているように思えました。そこにも政治の隠れ蓑をかぶって殺害し、暴行し、略奪した者が大勢いたのです。そしてそこには本当に国のため、理念のために闘い、死んでいった者もいました。しかしあのときのフランスでも、アルジェリアでも、すべての者が一緒くたにされて、今では英雄とされています。でも今になってどう証明するのでしょう？　ある者は政治犯で、ある者は刑事犯だったと。これは確かに難しいことです。もっともこの私をだますなんてことは誰にもできません。どれほどひどい犯罪が行われたかを、私は何年も自分の眼で見てきたわけですから。それなのに今ではみんな英雄扱いで、通りや公園まで彼らの名前になっています。昔フランスでヴィシー政権に肩入れしていた連中の名前がつけられた通りがあったのと同じです。後からその名前はみんな削られましたがね。まあそれが歴史っていうもんです……。

当時私はアルジェリアで何の良心の呵責も感じずに人々を処刑していました。民法により死刑を宣告されていた者が何百人もいました。でも私は死刑囚が自分はパルチザンだといったからといっても、それだけで復讐心から処刑をしたことは一度もありません。ただ自分の職責を果たす、それだけでした。現地の

アルジェリア人から脅されたことも一度もありませんでした。彼らは私たちのやり方に一定の理解を持っていたんでしょうね。というのも、たとえば1人のアルジェリア人が自分の父親や姉妹を殺したならば、同害報復の掟があり、それはつねに死の報復なんです。

処刑の実施のために私たちはさまざまな地方に出張しなくてはなりませんでした。たいていは車で目的地に行きましたが、ときには飛行機を使うこともありました。オランやコンスタンティノープルに仕事で飛ぶ場合は、当然アルジェから青白赤のマークのついた軍用機で飛び立ちました。以前の私たちは『ビーダ』や『バトゥナ』といった刑務所で任務にあたったのですが、紛争が続いた1956年から1959年にかけての時期には、たいていアルジェ、オラン、コンスタンティーヌの三大都市の一つで働きました。

『バルブ・ルース（「赤ひげ」の意）』はアルジェの刑務所で、旧市街カスバの上手にありました。建物は古い刑務所でしたが、中の設備は近代的でした。そこには約2,000名の囚人がいました。ギロチンは所内の車庫に保管してあり、処刑がある日には中庭に設置されました。用意ができると、警察が私たちを夜中に車で迎えに来て、朝の3時に刑務所に送り届けました。処刑自体は刑務所の栄誉の中庭で行われました。死刑囚たちは扉から石段を3段降りれば、あとは4メートル歩くだけでギロチンでした。その場所に父はあらかじめ板状のコンクリートを敷設させておきました。ギロチンを難なく水平に設置できるようにするためです。

コンスタンティーヌは軍の刑務所でしたから、少し様子が違っていました。死刑囚は独房から処刑場所まで長い距離、だいたい100メートルを歩かされました。とくにコンスタンティーヌ刑務所では、いつも1日に複数の処刑が行われていました。あるとき、そこでたいへん具合の悪いことが起きました。助手の1人が死刑囚の胸郭ではなく両足を押さえていたため、落下した刃によって全身に衝撃が伝わったときに、首のない身体が反動で後ろに動き、よじれて、台から落ちそうになったのです。別の端に立ち、死刑囚の頭を両手で押さえていた私は噴き出た血しぶきをもろに顔で受けてしまいました。10名ほどいた監視人にとって恐ろしい光景だったに違いありません。彼らの中の3、4名が急に気分が悪くなって、武器を手に持ったまま、卒倒してしまいました。無理もありません。彼らは迸る血と頭を手に持つ血まみれの男を目のあたりにしたのですから。何といっても蠅を叩き潰すのとはわけが違いますからね……。

でもだいたいはどこでも同じでした。刑務所、ギロチン、全体の光景……。

ただ『役者』だけは毎回異なりました。死刑囚の反応はそれぞれ違っていたんです。あらかじめ近しい人たちに辞世の言葉を書き残したがる者もいれば、法務官と処刑人を罵り、抵抗し、噛みつき、籠〔あとで切断された頭部を入れる〕を蹴ったりする者もいました。中には怒鳴り、悪態をつき、叫ぶ者もいました。勇敢な者はアルジェリア国歌を朗々と歌い上げました。中にはズボンに失禁する輩も何人かいましたよ。

　今でもよく覚えていますが、私が処刑の仕事をし始めた頃、女性を処刑することになりました。マドレーヌ・ムートンという名前でした。彼女は気を失ってしまい、正気に戻すために医者が注射を打たねばなりませんでした。当時私は大きな衝撃を受けました。でも女性の処刑はその１件だけでした。

　処刑では基本的にいつも同じ手順が繰り返されました。まず前日にギロチンが設置されます。それはせいぜい20分か25分で終わります。その際にギロチンの刃は必ず、巻き上げずに下に降ろした状態にします。というのも、誰かがレバーに触れてギロチンが作動してしまった事故が何度か起きていたからです。ですから、重りもまだセットしないで、地面に置いておきました。

　処刑本番の10分か15分前になると、死刑囚が連れてこられます。彼は事務局の建物から栄誉の中庭を数メートル歩かなくてはなりません。その両手、両腕、太ももは拘束されていて、両側を助手が１人ずつついて歩きます。助手たちは彼を断頭台の縁まで歩かせ、その上に載せます。それから頭が『眼鏡』と呼ばれる二つの半円形の固定具に挟み込まれ、そこで父と私が所定の位置につきます。

　死刑囚は断頭台に載せられると、どうしても両肩の間に首を竦めようとします。できるだけスムーズで清潔な斬首となるように、私は死刑囚の耳の後ろ２センチほどのところを掴んでその頭を引っ張り出します。迷うことは許されず、急がねばなりませんでした。同時に私は自分の指、とくに親指が、落ちてくる刃で一緒に持っていかれないように注意する必要がありました。そういう事故をそれまでに何度か見聞きしていたからです。

　これに比べれば絞首刑ははるかに簡単で安全でした。死刑囚の首にロープが巻かれます。足場が外されたときに頸椎が折れるように、ロープの結び目が左側にくるようにします。でも死ぬ速さからいうと、血は流れますがやはりギロチンが一番ですね。

　話を戻しますが、それから父が私に用意はいいかと訊きます。私が頷き、父

がギロチンを作動させ、その刃が猛烈な勢いで落下します。おもりだけでも38キロの重さで、これに落下する刃の自重を加えるとほぼ45キロにもなります。2メートル半ほどの高さからの落下ですから、総計800キロの衝撃で首が斬り落とされます。すべてが終わるまでに2秒しかかかりません。私の手に残った頭部は、処刑が滞りなく完了した後、すぐ近くの籠の中に入れます。

　処刑が1件だけの場合は、それが終わったらギロチンの刃を取り外します。でも複数の死刑執行の場合は、当然ながら刃を毎回巻き上げて吊るさなくてはなりません。これには2本目のロープが使われます。刃が巻き上げられるとすぐに助手たちが次の死刑囚を連れてきます。ある朝、5人を処刑したこともあります。でもふつうはあっという間に終わります。台に載せて、ズン、それで終わりです。もう生きていません。瞬殺ですね。

　こんなこともありました。何人かを処刑したときに、どの頭がどの身体のものか、わからなくなる恐れがありました。そうなると死者は取り違えられた頭、または身体で埋葬されることになりかねず、まずいことになります。でも父はこの問題も難なく解決したんです。頭部を入れるいつもの籠の代わりに棺を用意させ、処刑のたびに頭と身体を同じ棺に入れて、一つの棺に1人分の遺体ということにしたのです。

　処刑が終わると、みな肩の荷が降りた気分になりました。そのあと、ホースを使い大量の水で台、籠、厚板などを洗浄します。支え柱を解体し、ギロチン全体を分解します。それから用意しておいたトラックに乗せます。30分ほどですべてが完了し、あとは時間があるので、私は気が済むまでシャワーを浴びます。それは儀式のようなものでした。

　どの死刑にも独特な雰囲気があります。現場にいた者でないとわかりませんが、実に奇妙な感情が湧き上がってきます。見たもの、聞いた音、嗅いだ臭い、それらは一生忘れられません。処刑の30分か1時間前には大勢の人がいて、思い思いに話をしています。でもそれはワイワイガヤガヤと陽気に騒ぐのではなく、教会の中のようにみんな小声でしゃべるのです。法務官たちも押し殺したかなり小さな声で話します。すでにそれだけでも心が奪われます。このざわめきの場面は、死刑囚が事務局から連れてこられると一変します。死刑囚が叩き起こされて刑場に連れ出されるまではせいぜい30分ですが、彼はこれから何が起きるのかをすでにわかっているか、または少なくとも予感しています。叫び出し、悲鳴をあげる者もいれば、しゃくりあげ、涙する者もいます。周りは静

まり返っています。この無音状態をギロチンが切り裂きます。重く鈍い音です。それからゴトリと音を立てて頭部が籠の中に落ちます……。

　流れ出る人間の血も独特なにおいがあります。それはたとえば、廃馬を屠殺した場合とはまったく違うにおいです。初めて父に連れられて刑場に行ったとき、人の血のにおいを嗅ぎました。血の流れた厚板は水で徹底的に洗われていましたが、やはりにおいは残っていました。もう40年も前のことですが、今でも目をつぶったままで人間の血が流れた場所を言い当てることができますよ。どこかで床の上に10リットルの血が流れ、とっくに洗い流されていても、私にはにおいでわかるでしょうね。

　私自身は血のにおいで気分が悪くなることはありません。自分としては、子供たちの喉を掻き切った殺人犯の頭に手を触れねばならないことの方が、よっぽど嫌でした。処刑が終わると私は何度も手を洗って、シャワーを浴びました。相手の体臭が自分につくことが我慢できず、それは血のにおいよりも嫌だったんです。確かに初めてのときは血のにおいにものすごい衝撃を受けました。でも10回、15回と処刑の数をこなしていくうちに気にならなくなります。まあ慣れということですね。人は何にでも慣れるものですね、血も例外ではありません。

　処刑に関わる連中が死刑囚の眼を見るのを避けたがることは知っています。でも私は違いました。私はいつも相手の眼を見ました。そもそも私は死刑囚が怖かったんです。相手が死を前にした最後の瞬間に何を考え、何をもくろみ、どう反応するのか、ぜんぜん見当がつきませんからね。私が彼の足首を縛る間にも、いきなり私の首筋を噛んでくるかもしれません。死刑囚が椅子をつかんで振り回したこともありました。それで私たちは囚人をあらかじめ独房で拘束し、手枷をはめるようにしました。つまり私は死刑囚を動けないように固定して、彼からいっときも眼を放しませんでした。そのあとで処刑に立ち会う友人たちが私に何か言っても、私は気がつきもしなかったでしょう。私は眼の前の相手に完全に集中していました。じっと相手の眼を覗き込む。その眼は魂を映す鏡のようでした。相手が何をしたいか、何をいいたいか、私は懸命に理解しようとしていたのです。

　あれは1957年のことでした。たいへん奇妙なことが起きたのです。今でもよく覚えています。死刑囚の眼を覗き込んだときに、私は彼が今まさに私と同じ問いを自問していることをはっきり感じました。その問いは、『この生が終わっ

た後に別の生があるのだろうか？』、『神はいるのか、それともいないのか？』というものでした。死刑囚は私を見て、まるで思いが伝わったかのように私にこう言ったのです。『まもなく私は神とともにある』。本当に信じがたいことでした。人は生きたいと思っても、この一つの命しか持たないのです。人が自問するこれらの問い。それは私の好きなオペラ『ファウスト』にも出てきます……。そしてその死刑囚は数秒後にそれをそのまま体験することになりました。

　私はカトリック教徒で、教会の管理人をしていたこともあります。子供の頃は日曜日になるとほぼ毎回、両親や祖父母に連れられて教会に通いましたが、もう神の存在は信じていません。ずっと前から神とその正義を疑っていて、それを考えると不安になります。至るところにこうした不当さをみるにつけ、それはますますひどくなります。というのもそれは私の職業の醜い面の一つなのです。不当なのではないか？　これは無実の人なのではないか？　そう考えて私はいつも不安なのです。それが繰り返し私を襲う悪夢だったのです。
　自分が処刑した200名の死刑囚の中に冤罪の者はいなかったことを私は知ってはいました。それでも私は諸聖人の日（11月1日）になると、無実の罪で殺されたルジューの墓に毎年花を供えました。私は赦しを請いたかったのです。なぜなら後で、この私も無実の者を処刑していたということが判明するかもしれなかったからです。もしそうなっていたら恐ろしいことでした。
　公正さと不当さについての私の考え方のゆえに、私は処刑人になったということです。つまりもし私にある者が有罪であると確信できなかったならば、処刑などできなかったことでしょう。でも検事になりたいと思ったことはありません。私には自分の人生の中で、本当に明白な証拠が揃っているような極端な事例を除いては、死刑宣告などできなかったでしょう。人々は実に簡単に死刑を要求します。私にはとうていできません。私ならこれは間違った判断ではないかと、くよくよ悩むでしょう。40年、50年前のように人々を簡単に死刑にするなんて、私にはやっぱり無理だったでしょうね。でも冤罪は私たちのところにはありませんでした。そういうことは19世紀までだったらふつうに起きていたのでしょうが。

　私は、人は言葉の本当の意味での処刑人でなくてはならないと思います。私はよき処刑人でした。なぜなら死刑囚にいつも敬意を払い、彼らを人道的に扱ったからです……。

よき処刑人とは自分の務めを速やかに果たす処刑人です。わざと処刑を長引かせようとするような者がいるとしたら、そいつはすでにかなり病んでいるに違いありません。そもそも1人の処刑に5分もかけてのろのろやっても、誰もそれをやめさせることはできません。でも死刑囚への敬意があるから、誰もそんなことはしなかったのです。実際に私たちはできるだけ手際よく処刑を成功させようと懸命に努めました。死刑囚が独房で揺り起こされ、遅くともその30分後に、今度は永遠の眠りにつかされる。つまり死ぬのです。事務局からギロチンのところまでは30秒もかかりませんでした。死刑囚にギロチンをじっくり見る機会を与えないように、すぐに父が駆け寄って『段差があるので躓かないように』と注意を促します。そんな些細なことも、いうなれば人間らしい配慮だったのです。

　処刑を行う際の迅速さには、関係者の手指の器用さも必要でした。その点でも長年の経験がある父の作業テンポに合わせることは、私には当初、なかなか難しいことでした。あるとき、2件の処刑の合間に、おもりを引き上げる時間がなくなったことがありました。自分が遅れたせいです。助手たちが2人目の死刑囚を台に載せる前に、わたしは、父にペースを遅らせてくれるよう頼みました。また別のときに私は急ごうとして、急ぎ過ぎたこともあります。切断された死刑囚の頭部をいつものように籠にそっと入れるのではなく、投げ入れてしまったのです。すぐに父から叱責されました。『そんなことをしてはいけない。お前はバスケットボールの試合でもしているつもりか？』。ギロチンの刃が早すぎず、遅すぎず、ちょうどいいタイミングで落下するためには、私たちの冷静な行動が必要なのです。

　死刑囚に対する敬意。それが処刑人にとって一番大切なことです。勇敢さや豪胆さが必要なのは、私の考えでは、死刑囚の方だけです。死刑囚が処刑の際に自制した品格ある態度でいてくれたなら、私たちはすべてができるだけ早く終わるよう、精一杯力を尽くします。

　私の処刑人としての職歴の終わりは、アルジェリアとフランスの歴史、そしてシャルル・ド・ゴール大統領とも関係があります。つまり大統領が1959年の大赦ですべての死刑囚を放免したとき、アルジェリアでも900名を超える死刑囚がその恩恵に浴しました。確かに誰かに恩赦が与えられることは珍しいことではありません。誰かの死刑が終身刑になることもときどきあります。でもあのときは全員が一度に刑を免除されたのです。急に私はやることがなくなりま

した。早い話が失業です。

　全体として私はわが故郷アルジェリアについては、いい思い出を持っています。そこでは好ましい人生を送りました。でもそれはずいぶん昔の話で、もう歴史ですよね。いつまでも懐かしんで過去の思い出に浸ることもないでしょう。ドイツ人を前にして、彼らが60年前のナチス時代にやったことを今さら咎めても、あまり意味がないじゃないですか。それと同じです。誰だっていつかは新しい頁をめくらなくてはならない。そう私は自分に言い聞かせています。

　ちなみに私の娘は私の仕事が処刑人だったってことを知っています。でも2人で処刑について話すことはありません。話したくもないですね。妻のシモーヌも話したがりません。シモーヌとは暮らし始めてかれこれ40年たちますし、アルジェリアから一緒にフランス本国に帰還したわけですから、何でも知ってますけどね。

　今ではフランスに死刑制度はありません。ミッテラン大統領が1981年に廃止しました。でもわかりませんね……。正義と不正義、その中世以来の歴史についてはいくらか知ってますが、死刑に関しては簡単に賛成か反対かはいえません。ベルギーのデュトルーみたいなおぞましい犯罪者のことを考えるとね。例の幼女たちを拷問し、強姦し、殺害した凶悪犯ですよ〔マルク・デュトルーは2004年に終身刑が言い渡された〕。許すことはできません。死に値することをやったのですから……。

　フランスには拷問も死刑も存在しなかった。ときどき私は、そう思い込ませたい風潮があるように感じます。まるで自国の歴史を恥じているかのように。米国ではまったく違います。それでも私には、米国で行われていることを理解することも、肯定することもできません。確かにわれわれのギロチンと比べれば、米国の処刑の方が近代的ですが、それでも私は米国で起きていることは恐ろしいことだと思うのです。そこでは精神病者や子供にまで死刑判決が出されます。フランスではこのところ未成年者が処刑されたことはありません。そういう恐ろしい例をみつけるには、革命時代まで遡る必要があるでしょう。だから私は絶対に反対です。あんなことをしてはなりません。

　私の私設博物館に米国の法曹人、たぶん裁判官が来たことがあります。彼はギロチンに興味津々でした。しばらく彼と話していると、彼が、米国では死刑囚にはいつでも恩赦を請願する権利があると言いました。ある死刑囚は独房で20年間を過ごし、処刑されるか、恩赦請願が認められるか、ずっと待っていた

そうで、また何カ月、何年も待った挙句に処刑室に連れて行かれ、15分後に独房に戻され、でも結局その数日後には処刑された者もいたそうです。私には何とも理解できません。それでは刑を二重に務めさせられるみたいじゃありませんか？　20年の刑を無事に務め上げたと思ったら、そのすぐあとに処刑だなんて。

　その米国人は、死刑囚が電気椅子まで連れて行かれ、最期の瞬間に恩赦の電話がくるなんてことも珍しくないと言ってました。死刑囚は拘束を解かれ、独房に戻されます。だからこそ私は恐ろしく、おぞましいと思うのです。それでは拷問と変わりません。米国での死刑囚の扱い方に私は大反対です。

　そんな拷問はアルジェリアとフランスにはありませんでした。誰かが死刑判決を受けると、5、6カ月以内には恩赦の可否は決まります。遅くともその時点までには明確な決定が出されます。死刑囚を刑務所で何年も待たせるような真似はしませんでした。それに恩赦請願が却下されたら、私たちならば死刑囚を叩き起こし、30分以内にいつもの眠りではなく、永遠の深い眠りへといざなっていたことでしょう」

第3部 執行人――法の手足となって

第4章 ギロチンの隣に立つ男
――ヨハン・ライヒハルト

　ヨハン・ライヒハルトは倦むことを知らない男である。昨日はまだウィーンにいたかと思えば、先ほどはドレスデンとベルリン、そして今はミュンヘンに向かっている。何年も前から彼は鉄道や愛車オペル・ブリッツで国中をめぐっている。毎回、出張旅行だ。正義の代理人としての旅。彼の職業は死刑執行人だ。彼のギロチンの下で悪辣な人殺し、盗っ人、性犯罪者たちが死ぬ。ときは1943年。ますます多くの新たなタイプの死刑囚が彼を待っている。「民族の有害分子」や「防衛力破壊者」、「戦事経済犯」だ。

ナチス時代

　ナチスの特別裁判所は毎日のように死刑判決を下していた。しかもこの判決には法的救済手段がまったくなかった。こうして処刑人の彼は、刑場から刑場へと向かい、その血にまみれた手仕事を粛々とこなしてきた。ライヒハルトは人々の生命を奪うことに大いに習熟していた。

　4年前に彼の活動は「死刑判決に基づく諸措置」に関する法務省の回覧指令によって新たに規律された。タイプライターで打たれた21頁には、総統の決意表明から処刑場所と死刑執行人の宿泊所、さらには執行方法、遺体の安置場所に至るまで、処刑に関わるすべてが詳細にリストアップされていた。細部まで事細かに規定されていたのだ。処刑の準備は可能な限り迅速に、かつ目立たぬように行うべし。

　ライヒハルトはこの「戦時に不可欠な」職務規定を、雇用主が完全に満足するほどまでに満たした。遅くとも死刑執行の前日午後には2人の助手を伴って到着し、近くの宿泊可能な勤務室の宿舎に入り、ときには宿屋にチェックインし、そのあとで刑場を実見し、その機能性を確認する。それから手渡された委託状を受け取る。今ではその内容を諳んじることができるほどなじんだ文書である。

「死刑執行人……ライヒハルト氏に……死刑および永続的な名誉権喪失が確定した何某（姓名）に対し、ギロチンによる処刑を行うことを委託する。これは総統兼首相閣下が正義のいかんなき実現を決断されたことによる措置である」

1943年2月22日にも正義がいかんなく実現されることになった。またもや彼の出番である。ライヒハルトは、数時間後に3人の若い大学生たちに死刑を執行せよとの指示を受け取った。彼らはそのわずか4日前の2月18日に、ミュンヘン大学構内でヒトラー政権を批判するビラを撒いていたところを守衛に捕まったのだ。守衛から直ちに通報を受けたゲシュタポは3名をその日のうちに逮捕し、ヴィッテルスバッハ館の悪名高きゲシュタポ刑務所に引き渡した。彼らの名前、それはゾフィーとハンスのショル兄妹ならびにクリストフ・プロープスト〔いわゆる「白バラ抵抗運動」のメンバーたち〕だった。

国家反逆罪を管轄する民族裁判所での審理がこの2月22日、裁判長ローラント・フライスラーの下で行われた。ちょうど数カ月前に民族裁判所長官に就任していたフライスラーがわざわざベルリンから駆けつけた。彼はこの3名を民衆にとっての効果的な先例にしようと考えていた。フライスラーはその審理スタイルによって恐れられていた。彼は被告人に向かって怒鳴りつけ、貶め、法廷に幾分かは残っていた法的基盤をことごとく破壊した。その審理はスターリンのみせしめ裁判を彷彿とさせた。狂信的な裁判官フライスラーの前に立たされたほとんどの被告人にとっては、審理の前からすでに死刑が決まっていた。「被告人をギロチン刑に処する！」

2時間に満たない審理の後で、フライスラーの冷淡な声が法廷の静寂を破った。「被告人ゾフィー・ショル、ハンス・ショルならびにクリストフ・プロープスト、以上3名に死刑を言い渡す！」。そのすぐあとに学生たちはミュンヘン・シュターデルハイム中央刑務所に移送された。そこではすでに死刑執行人ライヒハルトが見慣れた書式の即時執行委託状を手にして、彼らの到着を待っていた。

ライヒハルトとシュターデルハイムの司法官たちは旧知の間柄である。長年の付き合いで彼らの間には同僚のような関係ができていたのだ。戦争開始直前に新しい「死刑執行人指針」が発効して以来、刑場の数は11カ所から14カ所に増え、今や4名となった死刑執行人のそれぞれの担当区域が新たに定められた。ヨハン・ライヒハルトはいつもはシュターデルハイムに詰めてい

た。彼は「II区」の担当で、そこにはドレスデン、フランクフルト-プロインゲスハイム、ミュンヘン、シュトゥットガルト、ウィーンの各刑場が含まれていた。バイエルン生まれの彼にとって、シュターデルハイムはどの職場よりも居心地のいい場所で、彼自身そこを「地元の刑場」と呼んでいた。最後の数年間に彼はそこで無数の死刑を執行した。ただしそのような若者たちの処刑は彼にとっても、珍しいことだった。ゾフィー・ショルは女性看守に案内されてここに入所したとき、白いワンピース姿だった。少し前に彼らの両親はゾフィーと兄のハンスに面会して少し話すことができた。それが永遠の別れとなった。ゾフィーは落ち着いていて、執行官を相手にしても友好的だった。ひょっとするとそのためだったのもしれない。所員たちは自らのリスクを顧みず、処刑前にもう一度だけいっしょにタバコを吸う機会を彼ら3名の死刑囚に提供してくれたのだ。

　ギロチンは刑務所中庭の木造バラック内に保管されていた。ライヒハルトの助手たちが若いゾフィーを引っ立てて、処刑台の上に載せた。数秒後には彼女の頭部が胴体から斬り落とされた。次に兄ハンスが台に載せられた。冷たい鋼鉄製の刃が落ちてくる前に彼は叫んだ。「自由万歳」。最後にクリストフ・プロープストの死刑が執行された。3人の若者たちは、ビラを「非合法に撒いた」廉で守衛によって密告され、狂信的なナチス裁判官によって死刑を言い渡され、ドイツの国民同胞たちから冷たく無視されて、あたら若き命を散らすこととなったのだ。

　助手たちがいつもどおり死刑囚の血で汚れたギロチンを清掃し、その後で規定どおりに処刑報告書への署名がなされた。報告書には、処刑が「特段のトラブルもなく」、指名された立会人の前で「民族の名の下に」整然と遂行された旨が、醒めた文体で書かれていた。ライヒハルトは自らの処刑人の職責を秩序どおり問題なく果たしたのだ。

　あとは請求書だ。40ライヒスマルクが彼の取り分で、助手たちの分はそれぞれ30ライヒスマルクだった。この日のような複数の執行の場合は、それぞれの処刑につき別途に30ライヒスマルクが出る。遠距離手当はふつう60ライヒスマルクだが、今回ライヒハルトはこれを請求できない。その手当は自身の居住地と処刑場の距離が300キロを超えた場合にのみ支払われるのだ。その代わりにライヒハルトは、処刑業務が終わってから久しぶりにダイゼンドルフ近郊グライセンタールの持ち家を訪れることができた。そこは1942年の秋に購入できた家だった。彼の収入は、ますます増える死刑判決で担当する

処刑の数も増えたおかげで、数年間で格段に増えていた。1943年には、年間の基本収入3,000ライヒスマルクの他に、764件の断頭刑に対する特別手当4万1,000ライヒスマルクが、彼の懐に入った。

　若かりし頃、肉屋の修行を積んだライヒハルトは、今や国家公認の死刑執行人として、経済的な成功者の1人だった。
　それを彼はずっと夢みていた。彼の成功は第一次世界大戦の終戦後に始まった。彼は1918年に怪我もなく戦地から復員し、この経済的に難しい時期に飲食店経営、書籍販売、ダンス教師などさまざまな職に就いたが成功しなかった。自分も死刑執行人をしていた叔父の1人が声をかけてくれたことで、彼にも転機が訪れた。
　その叔父フランツ・クサーヴァー・ライヒハルトは、19世紀の終わる頃に死刑執行人の職に就いた。最初は第一助手、1894年以降は正規の死刑執行人となった。これはバイエルン州公務員という地位だった。30年以上働いて73歳で年金生活に入ったとき、彼は通算58人の首を刎ねていた。血なまぐさい仕事にもかかわらず、彼は自分を敬虔なクリスチャンとみなしていた。処刑された者のために教会にロウソクを寄進し、自分が首を刎ねた相手の冥福を祈って自腹で追悼ミサを唱えてもらった。
　叔父の提案を受けて、31歳になっていた甥のヨハン・ライヒハルトは死刑執行人の職に就いた。一つには経済的に困窮していた彼をいつも温かく支えてくれた叔父に対する義理からだったが、もう一つは、経済危機が続く時世に鑑みて、バイエルンの公務員という安定職に就くことを彼自身が希望したからであった。もちろんそこには、これから自分は名声をもたらしてくれる大仕事をするのだという若干の虚栄心も混じっていた。また彼は生きている人を死へと送り出す権力の眩い栄光も感じていた。後に彼は好んで、自分は「ドイツで最も手際のいい死刑執行人だ」と自慢することになる。1924年3月27日に彼はラント裁判所のベルリンⅠ区担当の主任検事との間の雇用契約に署名した。そこには堅苦しい官僚ドイツ語で、バイエルン共和国が将来の死刑執行人に期待することが事細かにリストアップされていた。ライヒハルトはすでに人間を殺害する気構えができていた。それも「民族の名の下に」。

1. 1924年4月1日をもって同人（ライヒハルト）は、執行段階となった共和国内の死刑判決の遂行を、それがギロチンを用いた斬首刑として執行され

る場合に限り、すべて引き受けることとする。

2．同人は、ミュンヘン・ラント裁判所第1部主任検事の求めに応じ、死刑判決の執行という目的に、いついかなるときにも対応する義務を負う。24時間を超えて自宅を離れる場合は、あらかじめミュンヘン・ラント裁判所第1部主任検事の承認を得なくてはならない。また同人は、処刑の際に自ら見聞きした事柄について、厳格な守秘義務を守らねばならない。

3．報酬として同人は処刑1件につき150金マルク〔ドイツ帝国で1873年から1914年まで使用された通貨〕、およびミュンヘン市外での死刑判決の執行の場合は、宿泊費を含む費用補償として1日につき10金マルクを受け取る。さらにミュンヘンと処刑地の間の交通費として、客車の三等往復乗車券の費用が補償される。プファルツ地方での処刑については、急行列車三等席の利用もミュンヘン・ラント裁判所第1部主任検事により承認される場合がある。

4．保管地からミュンヘンの処刑地までの斬首装置および刃の往復輸送費、必要となるミュンヘン市内の市電運賃、居住地からミュンヘンまでの鉄道の四等往復運賃ならびに処刑人助手（差しあたり2名）への連絡費用は、いずれも実費が補償される。これ以外の費用に関しては、ミュンヘン・ラント裁判所第1部主任検事の承認が処刑地の検事に与えられている場合に限り、補償される。これに該当するのは、たとえば残業、宿泊、遅延などの場合である。

5．同人は、処刑の支援のために、2名の処刑人助手を採用する義務を負う。助手の選任についてはミュンヘン・ラント裁判所第1部主任検事の承認が必要である。

6．2人の処刑人助手は、処刑1件につき、60金マルクの報酬、宿泊費を含む費用補償としての6金マルク、居住地から処刑地までの往復交通費の補償（処刑人自身と同様）、さらに必要となる場合はミュンヘン市内の市電運賃の補償を支給されることとする。

　これでヨハン・ライヒハルトとその助手たちの働く準備が整った。必要なギロチンの操作法はすべて事前に叔父から教えてもらっていた。彼自身は職場デビューまでの時間を使ってギロチンの練習をした。最初は人形で、その後は法医学研究施設から提供された遺体を使って。

　1924年7月24日がついにやってきた。この日、ライヒハルトは低地バイエ

ルン地方のランツフート市にあるラント刑務所附属刑務所で自身初の処刑を執り行ったのだ。バイエルン共和国全体でギロチンが１台しかなかったので、それをミュンヘンのシュターデルハイム中央刑務所から毎回、それぞれの処刑地まで輸送しなくてはならなかった。通例これには鉄道が使われた。重いギロチンを運ぶ前に、それが問題なく機能するかどうか、詳細なチェックが行われた。秩序が最優先されるお国柄ゆえ、毎回詳しい検査報告書が作成された。

「１名の証人の前で断頭装置（ギロチン）の入った木箱が開けられた。断頭装置とその刃を始めとする付属品はいくつかの木箱に分けて梱包されていたが、破損もなく部品もすべて揃っていた。続いて断頭装置は台にネジで固定され、刃が取りつけられ、死刑執行人のライヒハルトによって試運転が二度行われた。その結果は機能的に申し分のないものだった。装置は解体され、刃とともに再び梱包され、施錠された。鍵は主任検事フリードリヒが預かった」

　現地でどの刃を使用するかは、死刑執行人ライヒハルトが、あらかじめ刑務所独房の覗き窓から当該の死刑囚の体格などを見た上で決定した。彼はわずか数秒相手を見るだけで、正しい刃を選ぶ眼力の持ち主だったのだ。彼の眼の確かさをあとで助手たちは再確認することになる。
　１日に複数の処刑が連続して行われる場合は、刃が毎回交換された。何年もあとの戦争末期の数カ月には、１日に１ダースを超える死刑判決を執行しなくてはならなかったため、もはや刃を交換する時間などなかった。
　ライヒハルトは今や大忙しだった。初年度に彼が受け持った処刑は７件、その翌年は９件だった。しかしその後、死刑判決が終身刑に変更されるケースが増えてくる。これがとくに多かったのが1928年だった。この傾向はワイマール共和国の裁判官たちの人道的な機運の高まりと機を一にしていたのだが、結果的にライヒハルトの死刑執行人としての収入は次第に減ってゆくこととなった。そこで彼は1929年３月11日、バイエルン州司法省に追加支給への承認を求める申請を行った。

「署名者は司法省に対しまして、1928年分の特別手当をお支払いくださるよう、心よりお願い申し上げます。理由は以下のとおりです。私の最後の死刑執行は1928年１月20日のケンプテン刑務所でのものでした。それまでも死刑取りやめ

による待機が続き、甚大な業務上の損失が出ております。前回の処刑後、死刑判決を受けていたすべての殺人者に大赦が与えられたため、私の出張旅行も大きな影響を被り、1ペニヒも稼ぐことのできない状況が何週間も続いております。わが家には7歳、6歳、1歳半の3人の子供がおります。私は1927年から翌年にかけて、妻の最後の出産がかなりの難産であったため、5人の医師に相談し医院を訪れ、さらに妻の産後の快復までに1,000ライヒスマルクを支払わねばなりませんでした。私の収入は大変少ないので、5人の家族を抱えて生活が立ち行かなくなりつつあります。私の平均収入は週に50ないし70ライヒスマルクですが、収入が途絶える週も少なくありません……。そのような事情ですので、今一度、司法省の皆さまに心よりお願いしたいと思います。1928年分の特別手当のお支払いと失われた私の名誉の回復をぜひともご検討ください」

　司法省はライヒハルトの願いに応えた。取り消された複数の処刑のための1回限りの特別補償として500ライヒスマルク超の金額を彼に支払ったのだ。さらに同省は、種類の如何を問わず、彼に副業を営む許可を与えた。もっとも「失われた名誉」については同省としては何もできなかった。州から特別補償を得たにもかかわらず、ライヒハルトは落胆し、死刑執行人の仕事をもう止めようかとまで考えた。その間も経済状況は彼とその家族にとって、あまりにも深刻なものとなった。彼はオランダのデン・ハーグ市に滞在して、たまに故郷ドイツでの処刑の仕事による中断はあったものの、そこで野菜販売によって糊口をしのごうと考えた。しかし不注意な言動からこのドイツ人野菜売りの正体がオランダのその地域に広まり、客足が遠のいてしまった。当然である。いったいどこの誰が、ドイツの死刑執行人の店で果物や野菜を買おうとするだろう？

　1933年1月30日にナチスがドイツで権力の座に就いたとき、ライヒハルトは潮目が変わったことに気づいた。帰国後、新生ドイツで彼の死刑執行人としての経験が活かされないはずがないと考えたのだ。すでに同年6月には、彼に年収3,000ライヒスマルクを保証する新たな契約話が舞い込む。実はバイエルン州とザクセン州の司法大臣が、今後はライヒハルトにザクセン州でも死刑を執行させるという取り決めを交わしていたのだ。急にライヒハルトの株が上がったのはこの事実のせいでもある。それ以後彼は、いつも上品な燕尾服にシルクハット姿で、ドレスデンとワイマールへも出張した。そこではザクセン州がわざわざ地元の助手まで用意してくれていた。それは彼がい

つも望んでいたような公務員の地位ではなかったが、ともあれ上級公務員の給料に匹敵するような定収がもらえることになった。

　数カ月後には報酬がまた増額され、今度は年収3,720ライヒスマルクとなった。彼の雇用者はもはやバイエルン州の司法大臣ではなく、帝国への主権移転を通じて、ベルリンの帝国司法大臣となった。そこでもすぐに、死刑執行人ライヒハルトの文句なしの職業遂行能力が高く評価された。彼の出世を妨げるものは何もなかった。ライヒハルトはヒトラーの党（ナチ党）の忠実なる信奉者であり、自ら進んで新国家の業務に身を捧げる男とみなされていたのだ。彼はたちまち、誰もが手放しで賞賛するわけではないが、それなりの有名人となった。高い順応力を持ち、媚びへつらうことを苦にせず、正しい政治的信念を持つ処刑人。要するに彼こそは理想的なドイツの処刑人であった。

　その間も「ドイツ的な」正しい処刑方法については、司法省内で盛んに議論がなされていた。どの斬首方法が最も目的に適い、「妥当な」方法なのか？　他の処刑方法、たとえば銃殺刑や「自発的な」薬物摂取を採用することは可能なのか？　それらの問題を解明するため、特別に省内委員会が設置された。1934年3月のとある会議の席上では、委員会メンバーたちがさまざまな見解を披露した。

議事録より──処刑方法を巡って紛糾する議論

司法次官フライスラー博士
　「ドイツでは手斧が最も定着しております。私はこの方向に関してはあまり変えるべきではないと思います。ギロチンですと、処刑を秘密裡に行うことが難しくなります。とくに装置を輸送しなくてはならない場合は人目に付きますから。それにギロチンは見た目が冷たく事務的な感じがあります。毒杯も悪くないとは思いますが、誰でもそれを使ってよいとはいいたくないですね。もしかすると毒杯には高い道徳的な価値が認められるかもしれません……」

部長クレー博士
　「手斧と厳罰化の方向への死刑執行の細分化には賛成します。軽罰化の方向は反対。銃殺は反対、毒杯も反対です」

ナーグラー教授
　「私は細分化に反対、ギロチンには賛成です」

ダーム教授

「手斧賛成です。死刑においては国家の優位、共同体の品格が表明されます。この考えからすれば、品位を失わない処刑形式が求められます。私は絞首と銃撃による刑には反対です。それから自殺は、一種の温情措置として例外的な事例においてのみ認めるべきです……」

帝国司法大臣ギュルトナー博士

「皆さまのご意見として、次のようにまとめることができると思います……。処刑方法は斬首とし、その執行を統一化する。ただし手斧にするかギロチンにするかは、個人的な経験やどの地方で生まれ育ったかという事実が複雑に絡むため、難しい問題です。私自身は手斧にはやや抵抗があり、できればギロチンを推薦したいところですが、これは中心問題ではないと思います。自死も捨てがたいが、さまざまな周辺事情を調べなくてはなりません。とくにキリスト教の世界観がそれをどうみるかについてですね」

司法次官フライスラー博士

「死刑を手斧とギロチンのどちらで執行するのかという問題は、総統閣下がご自身でお決めになると思います……。ただ、筋肉の力による斬首にはいくらか根源的なるもの、男性的で自然的な要素がありますね……」

帝国司法大臣ギュルトナー博士

「斬首ということになれば、ギロチンを使った力学的な斬首がまさしく我らが帝国にとっての解決策となるでしょう」

　結局1936年春に、総統と首相を兼ねるアドルフ・ヒトラー自身が、ドイツ帝国全土で死刑を「ギロチン」によって執行する旨を決定した。1938年半ばまでの移行期間中にはまだ手斧による処刑が行われたが、この期間が過ぎると、1938年末までに主要な刑場に指定されたすべての執行施設に、いわゆる「ギロチン装置」が配備された。

　1937年8月25日付の帝国法務省の回覧指令には、後に民族裁判所長官となるローラント・フライスラー博士の署名があった。ちなみに彼はライヒハルトが今後の数年間に何度か会うことになる人物である。このときの回覧指令には新たな「死刑執行人に関する指針」（書類番号: 1418-Ⅲa/4/953）が含

まれ、そこでは全国でライヒハルトの他に2名の死刑執行人があらかじめ指名されていた。1人はマクデブルク近郊にと畜場を所有するエルンスト・ラインデルで、もう1人はハノーファーの熟練の肉屋フリードリヒ・ヘーアだった。

死刑執行人に関する指針の文面
　この指針の文面は以下のとおりである。

第1条
1．死刑執行人の使命とは、司法庁の要求に応じて帝国の全領域で斬首もしくは絞首により死刑を執行することである。
2．帝国司法庁は、個々の死刑執行人に特定の執行施設での処刑を割り当てる権利を有する。

第2条
　死刑執行人はいついかなるときも任務の遂行に備えなくてはならない。同人は与えられた執行命令を時間どおりに遂行し、この命令との関連でなされた指示に従う義務を負う。同人が24時間を超えて居住地を離れる場合、または疾病その他の事情で任務が遂行できない場合は、その居住地を管轄する検事正にその旨を遅滞なく通知するものとする。

第3条
　死刑執行人は、執行庁により、居住地を管轄する検事正を通じて、任務の遂行命令を受ける。助手たちへの通知は、死刑執行人自身が目立たぬ形で行うものとする。

第4条
　死刑執行人は、発せられた執行命令およびその遂行については執行の前後の期間を含めて最高レベルの守秘義務を守らねばならず、助手たちにも同一の内容を義務づける。さらに同人は、執行前、執行中、執行後にあらゆる点で申し分のないふるまいをし、また処刑時には事の深刻さに見合う衣装を身につけなくてはならない。帝国司法庁は着衣に関してより詳細な指示を行う権利を有する。

第5条

　死刑執行人は自身の業務遂行に必要な助手を、規定どおり3名まで選任しなくてはならず、この助手たちの品行およびふさわしい着衣に関して責任を負う。助手の人数については、居住地を管轄する検事正の承認を必要とする。

第6条
1．処刑器具の組み上げ、解体は執行施設が行う。
2．死刑執行人には以下を行う義務がある：
　a）毎回処刑の前に処刑器具の正常性を検査すること。
　b）毎回処刑の後に処刑器具および刑場を清掃すること。清掃に必要な用具類は執行施設から提供される。
　c）死刑囚の遺体を納棺すること。

第7条
1．死刑の執行および第6条第2項に詳細に定める役務に対する報酬として、死刑執行人は年間3,000ライヒスマルクの金員を、毎月1日に250ライヒスマルクの分割前払い金として支給される。
2．さらに同人とその助手は、処刑ごとに60ライヒスマルクの特別報酬を支給される。この特別報酬は、その処刑が死刑執行人の居住地から300キロメートル以上離れた執行施設で行われる場合には、65ライヒスマルクに増額される。
3．出張費および宿泊費は支払われない。ただし処刑が死刑執行人の居住地外で行われる場合は、三等乗車券代と場合によっては急行・特急料金も支払われる。寝台車（簡易寝台車）を利用するためには、死刑執行人はそのつど、居住地を管轄する検事正の承認を得る必要がある。執行命令の送達時に死刑執行人が業務外の理由でその居住地にいなかった場合、そのことにより生じる超過費用は支払われない。
4．第3項は助手についても準用される。
5．死刑執行人とその助手が処刑地として指定された執行施設に宿泊する場合は、宿泊代を支払う必要はない。ただし提供された飲食等については実費を自ら支払わねばならない。
6．死刑執行人とその助手にその他の経費が支給されるのは、居住地を管轄する検事正または執行庁の長による明確な承認がある場合に限られる。

7．死刑執行人は、自らの執行人としての業務に差し障りがない範囲で、副業を営む権利を有する。

第8条
　執行命令が撤回された場合、帝国司法大臣は妥当な斟酌に基づいて、第7条第2項に定める特別報酬の支払い金額を定める。

第9条
1．固定報酬（第7条第1項）は死刑執行人の居住地を管轄する上級司法金庫から払い込まれる。
2．特別報酬（第7条第2項）、交通費（第7条第3項、第4項）、諸経費（第7条第6項）は、執行庁の長により金額が確定され、死刑執行人およびその助手に個別に直接支払われる。
3．居住地を管轄する検事正は、本条第2項により死刑執行人およびその助手に支払われる金員に対して、前払いを指示することができる。これは執行庁の長によってしかるべき形で精算されねばならない。

第10条
1．帝国司法当局はいつでも、死刑執行人の業務を打ち切りとする旨を宣言することができる。この宣言が死刑執行人の側に責のない事由で行われる場合には、帝国司法当局は固定報酬額（第7条第1項）をさらに6カ月間支払うものとする。
2．死刑執行人は、3カ月の経過後であればいつでも、自らの離任を希望する旨を申し出ることができる。

第11条
　本指針から生ずる請求権の追求に法的救済手段を用いることはできない。

フル稼働するナチスの裁判・処刑機構
　ナチスの裁判・処刑機構がフル稼働を開始する。3名の死刑執行人それぞれに具体的な担当区域が割り当てられた。ライヒハルトはバイエルン州の死刑判決をミュンヘン・シュターデルハイム刑務所で執行し、ドレスデンとワイマールへの出張処刑にはミュンヘンのギロチンを持参する。エルンスト・

ラインデルにはベルリン・プレッツェンゼー、ブレスラウ、ケーニヒスベルクでの処刑が任された。3人目の死刑執行人フリードリヒ・ヘーアはハンブルク、ハノーファー、ケルン、ヘッセン地方プッツバッハの各執行施設で死刑の執行を行う。1938年にオーストリアが併合されると、担当区域は再度変更された。（1937年5月1日の「メーデー」に）ナチ党員となっていたライヒハルトが、今ではウィーンでの処刑も一手に引き受けた。

　3人の死刑執行人同士の付き合いは形だけのもので、そこには激しい競争心が透けてみえた。誰もが強い承認欲求を持ち、ベルリンの上司たちに自分の熟練ぶりと手際のよさをアピールしたがった。ライヒハルトは自分が使うギロチンを特別に改造するよう指物師に頼んで、囚人を固定する可動式の厚板を固定の寝台に替えてもらった。「特許取得済み拘束金具」で拘束された罪人は、助手たちの素早い手さばきで寝台に横たえられ、しばし押さえ込まれると、次の瞬間にはギロチンが音を立てて落下する。ふつうは処刑前に死刑囚の眼には目隠しの布が巻かれるのだが、彼はこれも割愛してしまったため、ライヒハルトの殺害プロセスはすべて入れても数秒しかかからなかった。時間を節約する工夫の数々には、処刑人仲間たちもひたすら舌を巻くほかなかった。

　死刑執行人すべてに適用されたのは、斬首の方法を統一化するということである。さらに執行をいつ行うかについても、ベルリン司法省のナチス司法官僚たちによって新たに定められた。当初、死刑は朝の時間帯に執行しなくてはならなかった。それが1942年からは昼夜を問わず、いつでも処刑可能となった。告知から執行までの時間も最初は12時間だったのだが、まず6時間に、そして最終的には2〜3時間にまで短縮された。その結果、死刑囚は、午後も遅い時間に、執行は今晩だ、といきなり知らされるような事態もあり得た。すぐに刑務所は死刑待ちの囚人たちであふれ返り、刑場が増設されたり、新たな死刑執行人が登用されたりした。帝国全土に均等に設置された22の刑場で、今やヨハン・ライヒハルトとその同職の死刑執行人たちが、手慣れた正確さで血なまぐさい職人技を日夜発揮していた。1日1件のみの処刑は減り、同じ日に複数の処刑がまとめて行われるケースが増えていった。死刑の執行はもはや特別な出来事ではなくなったのだ。死刑執行プロセスの掉尾を飾ったのは、解剖による遺体の再利用だった。

　「ここは死が喜びとともに生に奉仕する場所である」。この言葉はベルリン・シャリテ病院のベルリン大学付属解剖学研究所の入口上方に刻まれてい

る。いつの時代でも、処刑された死刑囚の遺体を解剖に使い、医学の後進たちの教育に役立てることは珍しくなかった。遺体利用の需要はつねにあり、いくつかの研究所は今でも、自分たちが遺体の割り当てに関して不利益を被っていると考えている。それはとくに、多くの解剖学研究所の近くに刑場が少ないせいである。すでに1937年以降、主要な刑場はいずれも「被処刑者の遺体の割当・配分基準」の改定を通じて、一つ以上の解剖学研究所に割り当てられてはいるのだが、それにもかかわらず被処刑者の遺体の引き渡しに関しては、再三苦情や不満が寄せられ、本格的な遺体の分捕り合戦が展開されていたのだ。

　それだけでなく、希望があれば被処刑者の遺体は親族に引き渡さなくてはならないという規定もあって、解剖学教授たちはこれを一種の「センシティブな」研究妨害と感じていた。1939年4月にはケルン大学とグライフスヴァルト大学が、帝国司法省の所轄の国務長官に苦情を申し立てた。

「以下の点につき、ぜひとも法制面からの働きかけをお願いしたいと存じます……。
1. 通常規定により被処刑者の解剖を原則的に認めること。
2. 親族への遺体引き渡し規定を〈引き渡さねばならない〉から〈引き渡すこともできる〉に変更すること」

　これが聞き入れられた場合、刑務所事務局を通して「適切な素材」を把握し入手することがかなり容易になるだろう。
　こうした状況がしばらく続いたが、1943年になると、ついに司法執行施設での死亡事例での手続に関して、拘束力のある命令が発せられた。これには当然ながら一連の特別規定が盛り込まれていた。たとえば大逆罪、国家反逆罪、または政治的動機により処刑された者の遺体の引き渡しは、秘密国家警察（ゲシュタポ）の同意がある場合にのみ可能となった。あたかもそれらの遺体は、死んだ後もなお秘密を漏らすことができるかのように。全体として医科大学での国家社会主義的研究・教育のための「遺体の調達状況」は大きく変化した。それはナチス司法が日々、テロのような理不尽な判決を繰り返し、人々に死刑を連発するようになったことに応じた変化であった。このときの状況を、プレッツェンゼー刑務所からほど近いベルリン大学生物学・解剖学研究所のある研究員は後にこう書いている。

「遺体なら十分にあった。そのほとんどは若くて健康な男性の遺体だった。多くの遺体に共通していたのは、首がないということで、だいたい肩までの高さのところでクビがきれいに斬り落とされていた」

彼の上司である所長のシュティーヴェ教授は、夜間の空襲がますます増えてきたにもかかわらず、被処刑者の遺体の引き渡しがスムーズに行われるよう腐心していた。執行庁の代理人との会話が記録されている。

「空襲によって深夜に大混乱が発生する恐れもあるため、ベルリン・プレッツェンゼー刑務所での死刑執行を夜20時に変更したいという意向が示された。
　シュティーヴェ教授はそれを了解し、次学期分の解剖用遺体はもうすでに確保してはいるが、この変更により、夜の比較的早い時間帯に遺体を引き取りに行けることになるので歓迎だと応じた。解剖学研究所としてはそれより遅い時間帯では難しかった。研究のための遺体の事前処理に時間がかかると真夜中になってしまい、医師たちが公共の交通機関で帰宅できなくなる恐れがあったのだ」

野蛮な時代の凡庸かつ下賤きわまるドキュメントである。なんと最終バスの出発時刻が処刑時間を決めたのだ。

ベルリン大空襲後の死刑執行

1943年9月3日から翌日にかけての夜間のベルリン大空襲によってベルリン・プレッツェンゼー刑務所の刑場も甚大な被害を受けたのだが、直ちにナチス司法官僚たちは、死刑の執行が滞ることのないよう、対策を立てた。

「処刑室は屋根が吹き飛ばされ、タイル張りの床が部分的に損壊し、ギロチンは一部が燃え、土台から外れて床に転がっていた。まだどこまで使えるのかについては詳しい検査を待たねばならなかった……。上級参事官ヴァカーノ氏の考えでは、今ついている刃か別の刃が数日中に使用可能になるということが前提になるが、所内の資材を活用すれば例の処刑装置は遅くとも2週間でまた使えるようになるという。場合によっては建物の屋根は飛ばされたままということも覚悟しなくてはならない。それにかつて使用した絞首台も、可動フックのついた横木がまだ残っている……」

このとき、300人を超える数の死刑囚が独房で処刑を待っていた。ナチス司法官僚らは処刑を延期する気などさらさらなかったので、ギロチンが復旧されるまでの間、近くのブランデンブルク・ゲルデンの刑場を一時的に代理施設に指定して、直ちに死刑囚たちの移送を始めた。さらに死刑囚を国防軍の射撃練習場に連れ出して、警察部隊に射殺させることも検討され、いくつかのケースでは実際にこれが行われた。現職の帝国司法大臣ティーラックに至っては、薬物や毒ガスによる処刑を主張したが、実践上の問題で賛同を得られなかった。さらに司法省は恩赦手続の大幅な簡略化も決定した。恩赦申請の審査は今後、大幅に迅速化されることになる。これは死刑の執行を早めるために他ならなかった。

　こうして国家による大量処刑が継続可能となった。ギロチンがだめならロープがある、というわけだ。空襲の数日後の9月7日に、まずは186名の死刑囚に対する執行命令が出された。19時30分に最初の執行が始まった。そのつど8名の死刑囚が拘束された状態で刑務所中庭を通って処刑室に連れてこられた。そしてそこで彼らは死刑執行人レットガーとその助手たちによって、ほぼ20分間隔のペースで絞首刑に処せられたのだ。

　ベルリン・モアビット地区出身の経験豊かな廃馬の解体人で運搬業者のヴィルヘルム・レットガーは、今では例の3名の処刑人の増援部隊として投入されていた。彼こそは第三帝国のすべての死刑執行人の中でも、飛び抜けて多くの処刑を行った人物である。3,000ライヒスマルクの固定報酬と追加の「人頭〔頭1個あたりの〕割増金」30ライヒスマルクが、このフリーの処刑人レットガーの収入だったのだが、彼はこれを猛烈なペースの仕事を通じて、かなりの高給に変えることができた。

　しかし彼とて8人を同時に吊すことはできなかった。そこで処刑が始まると残りの7名は処刑室の入り口で待たせ、その後、順番に部屋の中へと招じ入れることにした。レットガー自身が踏み台に乗って、助手たちが死刑囚の身体を高く持ち上げた後で、その首にロープをかけた。そのロープの端を彼がフックに引っ掛け、助手たちが死刑囚の身体から手を離す。囚人はたちまち気絶した。その晩プレッツェンゼー刑務所に詰めていた教誨師は、後に次のような記録を残している。

　「数日後の晩、急に所長から呼び出しがあった。19時ごろ刑務所に来て欲しいということだった。行ってみると、今しがた司法大臣から電話があり、空襲

で炎上した施設からわれわれが必死の思いで救い出したばかりの300名の死刑囚を、今晩1人残らず処刑しろと命じられたという。そこで私は大いに驚いて所長に向かって言った。『どうやってそんなことをしろと？　もう処刑装置もないのに』。所長は『司法大臣閣下のご命令なんだ！』と言うばかりだった。他の4人の牧師たちと手分けして死刑囚の準備をしなくてはならなかった。9月7日の黄昏どき、19時30分ごろに処刑が始まった。

　寒い夜だった。ときおり闇が空爆で明るくなった。投光器の光が空中を乱舞していた。死刑囚たちは隊列を組んで並ばせられていた。最初は何がこれから起きるかわかっていなかったが、じきに悟ったようだった。

　毎回8名ずつ名前が呼ばれ、連れて行かれた。残された者たちは身じろぎもせずに突っ立っていた。ただときおり牧師の私とカトリック司祭の囁き声が響いた。一度だけ、処刑人が仕事を中断した。近くで爆弾が炸裂したのだ。すでに中庭に出ていた8名ずつ5列の死刑囚はいったん独房に戻された。それからまた再開された。全員が絞首された。処刑は一部、蝋燭の光の下で行わねばならなかった。電灯が消えてしまったからだ。夜が明け、8時になって、ようやく疲れ果てた処刑人たちは仕事を中断した。夜にまた元気に仕事を再開するためだった。その夜もほとんど休憩を挟まずにぶっ続けで絞首刑が行われ、翌朝の8時30分までに186名が吊るされて絶命した」

　この狂気の処刑ラッシュの中で、帝国司法省から渡された処刑リストにもともと名前がなかった6名の者たちも殺された。些細なことで死刑宣告を受けていた者、死刑囚の独房にたまたま入れられただけの者たち。いずれにしても人間の命はなんと軽いものだろう。レットガーは1943年9月だけで、総計324名の人々をベルリン・プレッツェンゼー、ブランデンブルク・ゲルデンの両刑務所で処刑した。それは処刑を待つ死刑囚の数を「指示どおり大急ぎで減らすため」だった。1人あたり30ライヒスマルクの「人頭割増金」はナチスの机上の殺人鬼たちから直ちに振り込まれた。

　遅くとも戦争の熱狂が転機を迎えた1943年以降、ナチス体制に対する抵抗がいよいよ強まった。とくに1944年7月20日のヒトラー暗殺未遂事件の後は、各地の特別法廷がひっきりなしに死刑判決を出したため、死刑執行人たちが音を上げるほどだった。そのため党員処刑人なるものが導入された。これは従来の死刑執行人たちにとって、増援部隊という意味を持つだけでなく、やっかいな競争相手ともなった。1937年には3名の国選の死刑執行人が処刑を

行っていたのに対し、その6年後に帝国司法省が作成した死刑執行人名簿には9名の名前が載っていた。ゴットロープ・ボルト、フリードリヒ・ヘーア、カール・ヘンシュケ、アウグスト・ケスター、ヨハン・ミュール、ヴィルヘルム・レットガー、アロイス・ヴァイス、フリッツ・ヴィツカ、そしてヨハン・ライヒハルトである。1944年にはさらにアルフレート・ローゼリープも加わった。

　彼ら全員に1945年1月17日以降、また新たな指針の遵守が求められた。たとえば第6条には次の新たな項目が付け加えられた。「処刑場ではドイツ式挨拶は行わない」。また従来の規定を補完する形で、執行にあたって銃殺刑もしくは絞首刑を選ぶことも可能とされた。銃殺が考慮の対象となるのは、「斬首による処刑が困難である場合、または時間がかかり過ぎる場合」だった。

　ドイツ、1945年初め。あいかわらず特別法廷が死刑判決を出し、死刑執行人とその助手たちがそれを執行していた。苛烈な最終局面がすぐそこに迫っていた。帝国は灰と瓦礫の中に沈み込み、「千年王国」崩壊のときが迫っていた。だがナチスの処刑人たちは、指示されたとおりに血にまみれた自らの職務を粛々と果たしていた。最終的に彼らは1万6,000件を超える死刑判決を執行したことになる。うち1万1,881件は3人の死刑執行人、ヨハン・ライヒハルト、ヴィルヘルム・レットガーおよびエルンスト・ラインデルの「功績」である。ラインデルは情けを知らない「ベルリンの解体人」だった。ヒトラーの命令にしたがって、7月20日事件の共犯者たちを畜肉用のフックで吊るしたのも彼である。その恐るべき仕事ぶりは、帝国映画監督官ヒンケルの依頼を受けた撮影班によって記録された。それはヒトラーの希望だった。撮影班の1人は後にこう述懐している。

　「裁判が終わった後に私たちは、帝国映画監督官ヒンケルから、もう一仕事頼みたいと言われ、プレッツェンゼー刑務所に向かった。そこで死刑執行の撮影をするためだった。刑務所に着くと、その部屋が撮影には暗すぎることがわかった。しかし帝国映画監督官からは『とにかく撮影してくれ、出来栄えなど二の次だ……』と言われた」

　1945年4月16日になっても、惨憺たるありさまとなったベルリンを尻目に、プレッツェンゼー刑務所では処刑が続けられた。レットガー、ラインデル、ライヒハルトとその同僚たちは最後まで殺戮の手を緩めなかった。彼らの処

刑業務はすでに野蛮なルーティーン作業となっていたのだ。良心の痛みはなかったのか？　思慮深さは？　そして同情心は？　誰もが自分の「国民としての義務」を果しただけだという。ギロチンの傍で、法廷の中で、司法省において。死刑執行人として、法務次官として、あるいは検察官、裁判官、刑務所看守、医学教授、医師、カメラマンとして。全員が自らの任務を良心的かつ狂信的に果たした。総統と民族と祖国のために。最後の日、最後の時間まで。終戦と没落に至るまで。

戦争が終わって

　そして戦争が終わった。負け戦だったとドイツの人々はいう。狂気は終わり、野蛮は去った。集団による過去のロンダリングが始まる。もはや誰も加害者、同調者、傍観者だったことを認めたがらなかった。ヨハン・ライヒハルトはどうだったか？　終焉のときを迎えて自分は何かしら自責の念に駆られなくてよいのだろうか？　彼はそう自問する。数週間前まで正義だったことが、今になってあれは不正義だったなんてことがあり得るだろうか？　自分はいつも法と秩序を守ってきたのではなかったか？　自分は、司法省のお偉方たちから命じられるままに、回覧指令に書かれていたとおりに、誠心誠意自分の職責を果たしてはこなかったか？　自分はそれこそが死刑執行人の義務であり任務であると心得て、検察官が求刑し、裁判長が言い渡したすべての判決を適正に執行しなかっただろうか？　自分は雇用契約書に書かれていたとおりに、信頼と遵法と首尾一貫をモットーにこれまで働いてきたのではないのか？

　ミュンヘン、1945年4月30日。戦勝国米国がミュンヘンの街を占領した。
　勝者が敗者に判決を下す。死刑判決も出る。となればその死刑を執行しなくてはならない。5月半ばに米兵たちがグライセンタールのライヒハルトのアパート前で車を停めた。逮捕されると思い込んだライヒハルトは不安のあまり、自宅で身を竦めていた。「忌まわしいナチスの殺人鬼」がそこに暮らしているという情報が米軍に寄せられていたのだ。彼は捕らえられ、両手を縛られ、ジープでミュンヘンのシュターデルハイム刑務所に連れて行かれた。そこは彼が終戦までの期間、自分にゆだねられた1,200件を超える死刑判決の多くを執行した場所であった。彼に処刑された者の中にはショル兄妹のような罪のない抵抗の戦士たちも大勢いた。かくも多くの人々をギロチンで斬首した彼が、今度は自ら戦争犯罪人として処刑される番がきたのだろうか？

しかしこの死刑執行人の逮捕劇はすぐに終わった。早くも1週間後には刑務所の扉が彼の前で開かれた。米国の将校たちは彼を近くのランツベルク・アム・レヒの刑務所に連れ出した。そこはかつてアドルフ・ヒトラーがクーデター未遂（ミュンヘン一揆）の後で収監された場所で、今ではナチス戦犯らが独房を埋めていた。ライヒハルトは米軍が自分に何を求めているのか何となくわかった。ワイマール共和国時代からこれまでのナチス政権下の年月に求められた彼の例の技能を米国の人々も欲していたのだ。こうしてライヒハルトは終戦のわずか数週間後に、再び処刑を始めることとなる。今回は米国軍政府のために。

　ランツベルクの刑務所中庭に2台の新品の絞首台が設置された。ライヒハルトはこれの使い方も承知していた。すでに1942年に彼自身、イギリスのモデルに倣って絞首台を組み立てたことがあったのだ。そのときは帝国司法省から採用を見送られていた。ナチスの法律家たちが罪人を吊るす方法として、より苦しみを与えるタイプの絞首台を好んだからだった。これが同じ年のうちに、ことのほか死刑囚の名誉を貶める処刑法として、ギロチンと並んで再導入された。そのやり方は、2人の助手が被処刑者を抱え上げ、同時に死刑執行人が罪人の首にロープをかける。そして合図に合わせて、拘束具でがんじがらめにされた囚人の肩に助手たちが下方向の力を加えるというものだった。これだと死は数分後にようやく訪れる。ライヒハルトとその助手たちはランツベルクで、彼らの絞首台を使ってもっと手早く正確に殺害していたのだが。

処刑人ライヒハルトの運命

　戦後の復職により処刑人ヨハン・ライヒハルトは特権を享受した。死刑の執行が決まると、米軍斥候隊のジープが彼の住むグライセンタールに迎えに来て、彼をランツベルク刑務所まで送り届けたのだ。まるで重役出勤だった。処刑の報酬がわりに彼が受け取ったのは缶詰や酒、煙草で、戦後はそれらが魅力的な通貨だったのだ。党上層部、強制収容所の看守たち、親衛隊の大物らを処刑するために、165回も相手の首にロープを巻きつける役目だ。米軍司法部は彼の処刑人としての技能をきわめて高く買っていたので、ニュルンベルク国際軍事裁判で死刑を宣告されたナチスの大物たちの処刑にも彼を起用したいと考えたのだ。しかし米軍政府が決めたのは、ライヒハルト自身にやらせるのではなく、米軍のヘイゼル・ウッズ軍曹への「絞首台による処刑

技術」のレクチャー役に徹してもらうということだった。結局1946年10月16日に死刑囚たちの首にロープをかけたのはこのウッズだった。この日、リッベントロープ、カイテル、ガルテンブルンナー、ローゼンベルク、フランク、フリック、シュトライヒャー、ヨードルといった錚々たるメンバーが絞首刑となった。

　この数カ月前の1945年8月、ミュンヘン市当局に当時の市長カール・シャルナーグル宛の書状が届いた。ライヒハルトの今の恵まれた生活に触れながら、彼のナチス時代の処刑人活動に対する刑事訴追と資産の没収を要求する内容だった。この書状は所轄の検察庁に転送されたが、ほとんど関心を呼ばず、かつてのナチス死刑執行人を訴追する動きにはならなかった。どうやら、ライヒハルトが米軍政府のために処刑人業務を続けているときに、ドイツ側が横槍を挟むようなことはすべきではないと考えられたようである。それに何といってもライヒハルトはまだバイエルン州の公務員だったのだ。1946年4月6日および翌1947年2月7日にバイエルン州司法省は彼との間で新たな雇用契約を結んだ。これはライヒハルトが米軍政府の下で処刑人として活動することを根拠づけるものでもあった。

　しかしライヒハルトは難しい立場にあった。数カ月後の1947年5月に軍警察によって自宅から連行され、モースブルク・アン・デア・イーザルの抑留施設に入れられてしまったのだ。そこは特別な施設で、「ナチスの最重要人物」や突撃隊、親衛隊の高官たち専用の収容所だった。かつての死刑執行人はそこでかつてのヒトラーの副首相フランツ・フォン・パーペンやフーゴー・シュペルレ元帥、国家元帥ヘルマン・ゲーリングの夫人であるエミー・ゲーリングらと出会った。ちなみに絞首による死刑を言い渡されて収監されていた夫の独房に、タイミングを見計らって密かに青酸カリのカプセルを持ち込んだのはおそらく彼女だった。

　つまりライヒハルトはここで貴顕の方々に囲まれていたのだ。しかし彼が誰であるかを知るとお歴々は彼を避け始めた。1948年12月に彼がミュンヘンの非ナチ化法廷で、ナチス時代の自らの処刑人としての活動について申し開きをしなくてはならなくなったとき、最後に彼は、自身に対するとくに司法界からの扱いに関して、苦々しい幻滅の表情を浮かべながら、こう語った。

「私は自分の仕事が国家に奉仕するものであること、そして自分が適正に公布された法律に従っていることを固く信じて、死刑判決を執行していました。

しかし今にしてようやくわかりました。盲目的な信頼と服従を通じて、私は国家とその上層部によっていいように利用され、悪用されていたのです。私は殺人者、凶悪犯、反逆者、民族の敵の首を斬り、吊るしました。それは死刑判決の合法性を少しも疑っていなかったからです。しかしこの自分が、処刑人職に就いた最後のライヒハルト一族になるためとあらば、いかなる努力も惜しみはしません。今後は、裁判官が自分で出した死刑判決を自分の手で執行すればいいんです」

2日間の審理の後で、ライヒハルトは「有罪者」第2級に分類された。彼には以下の9項目の「贖罪のための措置」（制裁措置のこと）が課された。

1. 労働収容所に2年間入所し、賠償・復興のための役務が義務づけられる。すでに経過した1年半の収容期間はこの2年から差し引かれる。
2. 有価物件を含む全資産の50パーセントの没収。
3. 公証人および弁護士を含む公職への就任の継続的禁止。
4. 選挙権、被選挙権、ならびにいかなるものであれ政治的な活動を行う権利、政党に所属する権利の喪失。
5. 公的資金から支払われる可能性のある恩給および年金の請求権の喪失。
6. 組合ならびに経済団体・職掌団体の会員となることの禁止。
7. 以下を5年間の禁止とする:
   a) 種類のいかんを問わず、自由業において、または自営的に各種業態の企業において活動すること、それらに参加すること、またはそれらに関して監督・管理を行うこと。
   b) 非自営業において通常業務とは異なる形で雇用を行うこと。
   c) 教員、宣教師、作家、編集者またはラジオコメンテーターとして活動すること。
8. 該当者は、住宅局またはその他の管轄庁の命令に基づいて居住・滞在制限を受ける。
9. すでに得ているすべての認可、免状、自動車を保有する権利の喪失。当該の者はこの手続に要する費用を負担する。
   訴額2万6,000マルク。

ライヒハルトは控訴し、市長が彼は忠実で信用できる人物であると文書で

証明してくれたのだが、控訴判決では考慮されなかった。深く心を痛めた彼は息子のハンスに抱えられるようにして法廷を後にした。ハンスはこの控訴判決を類のない不当な屈辱と感じたが、結局これを乗り越えることはできなかった。1950年に若干23歳で彼は自らの命を絶ったのだ。

　彼の父は、1924年から1945年までに合計3,126件の死刑判決（うち250件は女性）を執行した。多くは殺人犯、暴力犯、さらには抵抗の戦士たちやナチス体制の敵とされた人々だった。米軍当局の命令で彼はさらに156名を処刑した。その23年間の死刑執行人としての経歴は彼を裕福にした。1943年だけで彼は4万1,748.20ライヒスマルクという途方もない金額を稼いだ。しかし結局は毎月220マルクのささやかな廃疾・軍人年金で暮らす独居老人となった。彼は副業としてミュンヘン近郊のダイゼンドルフで犬の飼育・訓練所を経営していた。そんな彼の名前が一度だけ世間の耳目を集めたことがある。あるとき彼が「社団法人死刑再導入協会」の名誉会員に任命されたことが公表されたのだ。

　79歳の誕生日を目前にした1972年、ヨハン・ライヒハルトはミュンヘン近郊のバイエルン州立病院で亡くなった。

補　足：
死を委託した者たち——「われわれは義務を果たしただけだ」

　ヨハン・ライヒハルトはもはや公職に就くことが許されず、財産が没収され、自動車の所有さえ禁じられた。さらに亡くなるまで非難され続けた。一方、人間を愚弄する法律、破廉恥な起訴、恐るべき判決によって多くの人々をライヒハルトの待つ断頭台に送り込んだ側の人々は？　彼らはどうなったのだろう？　司法次官や検事や裁判官たち。いずれもヒトラー政権下のナチス特別法廷で恐るべき罰を求刑し、過酷な判決を下した者たちだが、彼らは責任を問われたのだろうか？　それとも皆、当時の現行法を適用した「ドイツの公務員」に過ぎなかったのか？

自己正当化のロジック

　戦後ドイツで遠く1970年代まで援用される、鋼のように堅固な自己正当化のロジックがある。めったになかったが、たまにナチス法律家の役割が論議の的になると、このロジックが使われた。「自分はただ自分の義務を果たしただけだ」。この常套句がかつてのナチス法曹人の間で大流行し、それどこ

ろかしばしば「自分たちの行動があったからこそ、さらにひどい状況となることが阻止されたのだ」という主張までなされた。これはすでにニュルンベルク法律家裁判においても開陳されて成果を挙げていたものである。米国軍が主要戦争犯罪人を裁く裁判の一環として行った12の継続裁判のうちの第3裁判で1947年2月17日、ドイツ人法律家16名が戦争犯罪、人道に対する犯罪、組織犯罪に関して弁明を求められた。

ただし矢面に立たされるべき司法界のトップたちには、もはや責任の取らせようがなかった。帝国司法大臣ギュルトナーはすでに1941年に死んでいた。後継者のティーラックは戦後、イギリス軍の管轄する収容所で自殺した。同様に帝国大審院長のエルヴィン・ブムケも、米軍のライプツィヒ入城後に自らの命を絶った。民族裁判所長官フライスラーは終戦間際、審理休憩中に空襲に遭って死亡した。そのためこのときに起訴された16名は、疑わしい経歴に関して十分な証拠を集めることができた存命中の司法界上層部の面々だった。

ナチス法曹人たちの戦後

帝国司法省からは最も高位の被告人として、元司法次官で一時は司法大臣も務めたフランツ・シュレーゲルベルガー博士、ならびに司法次官クルト・ローテンベルガーと同ヘルベルト・クレムの3名が法廷に立たされた。さらに検事長ギュンター・ヨーエルその他3名のナチス司法の高官たちもいた。2名の被告人は疾病による拘留不能〔カール・エンゲルト〕および自殺〔カール・ヴェストファール〕により、事前に訴訟手続から除外された。検察部門からは民族裁判所の元上級帝国検察官エルンスト・ラウツと検察官のパウル・バルニッケルが弁明を求められた。特別裁判所からはニュルンベルクとシュトゥットガルトの3名の長官、民族裁判所からは第4部の部長ギュンター・ネーベルングと1名の素人裁判官が出廷した。いずれも例証となる司法犯罪者たちである。この裁判の眼目は、どちらかというと個々の犯行を証明することではなく（それらについても仔細な言及がなされはしたが）、最後まで司法がナチスのテロ体制の一部をなし、共犯であったと示すことだった。

主な訴因は、被告人らが犯した司法殺人およびその他の残虐行為であった。起訴状で指摘されたのは、彼らが法と正義をドイツにおいて破壊し、その残骸に空疎な法形式をもたせることで、それらを「空前の規模での人々の迫害と隷属化と殲滅のために利用」したという点であった。証拠調べの結果は、

ドイツ司法にとっても、個々の被告人たちにとっても、無罪への希望を打ち砕くものだった。このとき法廷に立たされていたのは、フライスラーやティーラックのようなタイプの狂信的なナチではなく、どちらかというと絵に描いたような保守的な法律家たちだった。しかしまさにこの事実が司法と褐色〔ナチスのシンボルカラー〕のテロ政権の深い癒着ぶりを示していた。彼らが自発的に政権にすり寄っていった法律家の典型例であることが暴露されたのだ。彼らの存在なくして、ナチスの権力者たちは生き残れはしなかっただろう。原告側の結論はこうである。

「被告人らは、それと比べるならば犯罪構成要件の個別的な事例が色あせてみえるほどの、計り知れない規模の犯罪に対して責任があるのである。端的にいうならば、この責任は、国中に広められ政府によって組織された残虐さと不正義のシステムに、戦時国際法と人道の諸法規を侵害しつつ、自覚的に参画した責任であり、しかもそのような残虐さと不正義は法の名において、司法省の権威の下に、裁判所の支援を得て行われた。いわば謀殺者の匕首は法衣の下に隠されていたのである」

こう付け加えることもできよう。法衣の下には匕首だけでなく、手斧とロープも隠されていた、と。当時それらが判決後、直ちに死刑執行人に手渡されたのだ。ニュルンベルク法律家裁判は、第三帝国の司法システムを解明して弾劾する数少ない試み、いや最も真剣な試みではあったのだが、ナチス司法の不正義を刑法で罰することには成功しなかった。それだけではない。この裁判はドイツの法曹界に対して浄化力をまったく持たなかったのだ。反対に多くの元法律家たちはニュルンベルク裁判を勝者による報復裁判と決めつけて、同職者たちとの連帯をいっそう強めることになった。「なぜなら皆が自分に課された義務を果たしただけなのだから」

大部分の者は自分たちの同僚で、元海軍法務官、後の州首相ハンス・カール・フィルビンガーと同じ考えだった。彼はあるとき、元ナチス法律家たちが早い時期からこぞって援用することになる発言をした。それは「当時正義であったことが今日不正義とはなり得ない」というものだった。法律家たちは、ナチス時代に自分たちが政権に同調したことで良心の痛みを感じることはほとんどなかった。起きてしまったことの責任を彼らは政治指導部に転嫁したのだ。

そうした声は新しいものではなかった。かつてワイマールの裁判官たちが共和国にではなく「国家」に仕えたと主張したように、第三帝国の元裁判官たちも、もはや自分たちをナチスの同調者とは考えなかった。(そうとも、自分たちはただ「国家理念」に仕えただけなのだ！)。ほとんどの裁判官がNSDAP（国家社会主義ドイツ労働者党、ナチ党）またはNSRB（国家社会主義法律家同盟）のメンバーだったことは否定しようのない事実であったにもかかわらず。しかし非ナチ化はすでに優先事項ではなくなっており、一般党員であったとしても、それは汚点ではなくなっていた。そもそも他の可能性などあったのか？　誰もが結局、自分の裁判官のキャリアをつつがなく終えたいだけだったのではないか？　皆、自分の義務を果たしたいだけだったのではないか、裁判官、検察官、司法官として？　自分には国是しか眼中になかったと主張する裁判官に対しては、手の出しようがなかった。言い方を変えると、こうした論拠からすれば、確信的ナチスですら高貴な志操の持ち主だったことになってしまうのだが。ヒトラー・ドイツにおいてとくに熱心に活躍したナチス法律家たちでさえ、自分たちの戦後のキャリアを心配する必要はなかった。不利な証拠のある無数の裁判官が処罰を免れただけでなく、復職さえ許された。彼らはすぐにまた裁判官席に座り、ラント裁判所や上級ラント裁判所の長官の座を占め、国や州の司法省の中に逃げ場をみつけた。これらの裁判官世代には過去の克服への貢献などほとんど望めなかった。大勢の裁判官がついこの間まで褐色のテロ体制に仕えていたのだから、当然、誰より先に自らが非ナチ化されねばならないはずだったのだ。しかし他のカラスの目玉を啄くカラスなどいないのだ〔ロシアの諺で、誰しも身内には甘くなるということ〕。

　民族裁判所の元裁判官たちも、今ではしばしば高い地位に就いて、再び判決を言い渡すことが許された。たとえば少なくとも78件の死刑判決に関与した民族裁判所検察官オットー・ラートマイヤー。彼は戦後、ランツフート市のラント裁判所顧問に抜擢され、1963年までその地で再び法文化に貢献することが許された。他にもナチスの法律家たちが続々と復職を決めた。少なくとも47件の死刑判決に関わった民族裁判所検察官ゲルハルト・レーンハルト博士は、1960年までノイシュタット・アン・デア・ヴァインシュトラーセの上級ラント裁判所顧問を務めた。少なくとも4件の死刑判決に関与した民族裁判所主席検察官ヘルムート・イェーガー博士は、1966年までミュンヘン上級ラント裁判所の顧問だった。やはり民族裁判所主席検察官で少なくとも19

件の死刑判決に関与したクルト・ナウケ博士も、後にハノーファーの上級検察官となった。同じく民族裁判所首席検察官兼専門職員ヴァルター・レーマーは少なくとも25件の死刑判決に関わった人物で、これには白バラ抵抗運動のメンバーだったアレクサンダー・シュモレルおよびクルト・フーバー教授への死刑判決も含まれる。レーマーはミュンヘン・シュターデルハイム刑務所の処刑執行部長で、死刑執行人ライヒハルトとは互いによく知る間柄だったが、戦後このレーマーも出世を遂げ、連邦司法省の局長兼部門長となった。

ナチス法律家たちへの無罪判決は例外ではなく通例だった。ナチスの検察官と死の裁判官は、戦後の「アデナウアー共和国」において何も恐れる必要がなく、少なくとも自らの高報酬のキャリアが終わる心配はなかった。その反対に、ナチス司法に対するほとんどすべての訴訟で、被告人たちはツンフト〔もともとは手工業者の同職組合〕仲間たちからの格別の厚意と理解を当てにすることができた。どうやら戦後司法からみると、ナチス時代の判決はほとんどどれもさして野蛮なものではないようで、「当時適用された」法を事後的に正当化することの妨げにはならなかったようだ。

5月8日の終戦までヒトラーのテロ体制に奉仕してきた裁判官や検察官たちのおよそ8割が、1933年から1945年までに、文民裁判および軍事裁判においておよそ5万件の死刑判決を下し、そのほとんどを執行させたのだが、その彼らが皆、新生アデナウアー共和国の正義の女神ユスティツィアの間〔法廷のこと〕に再び座ったのだ。刑法と民法の最高審、連邦裁判所の裁判官として。1953年にそこにはナチス時代の後ろ暗い過去を持つ裁判官は少なくとも72パーセント、そして1962年の刑事部ではなんと80パーセントもいた。後に歴史学者のイェルク・フリードリヒは書いている。「おそらく証拠は上がっていた。司法関係者の集団墓地で、墓石に『法治国家』の死を悼む墓碑銘が刻まれていてもおかしくはないだけの証拠が」

ヨハン・ライヒハルトが、人から大目にみてもらったり、好意的に受け止められたりすることは望み薄だった。彼は国家に利用された死刑執行人に過ぎなかった。だがすべての処刑人の運命が彼にも襲いかかった。彼はシステムの一部に過ぎなかったにもかかわらず、誰も彼に近づこうとはしなかったのだ。

第4部

マーケッター
──殺害の値段

第4部　マーケッター──殺害の値段

第1章　悪に対する米国の闘い

　米国は自らの司法に信頼をおくことができる。この司法は、悪との闘いにおいてつねにこの上なく過酷で長期の罰を支持する。米国は自らの政治家たちにも信頼をおくことができる。「法と秩序」という呪文の言葉は、とくに共和党の場合は、選挙戦レトリックにおける基本装備の一つである。

　あるエピソードから始めよう。美しくはないが例証的なエピソードだ。今から少し前、2003年の1人の共和党政治家の話である。彼はあるリベラルな州に死刑を再導入しようとした。その名はミット・ロムニーである。

マサチューセッツ州の死刑再導入

　米国建国の地マサチューセッツ州は1947年以来、1人の人間も処刑していない州だが、この賢い政治家はそこの知事となり、自分自身と自分を選んだ人々に対して、公約を守る正直な共和党員は信頼できることを示したいと思った。死刑の再導入。それが彼の公約であり、彼は何としてもそれを実現しようとした。そしてそこへの道は拓けたようにみえた。彼は選挙に勝って州知事に就任したのだから。彼はその後、2003年1月から2007年までボストンのビーコンヒル〔州会議事堂のある地区〕で政権を運営したとき、「プロジェクト・死刑」にリーダーシップを発揮して関わり、非常に粘り強く闘った。彼は複数の委員会を立ち上げ、法律家や医師たちにアンケートを行い、専門家による公聴会を開催した。最後に彼は「マサチューセッツ州はまた人を殺せるようになるべきか？」という問題について、議会採決に持ち込んだ。米国の多くの州が死刑廃止を議論していた時期に、彼は死刑導入への賛同を望んだのだ。

　ミット・ロムニーといえば、のちの大統領候補として一時はバラク・オバマの後継者となるチャンスもあった人物だが、この男は2003年秋にこう言った。襲撃を行うテロリスト、殺人事件を起こす犯罪者、そしてとくに残忍な

殺人犯は、今後は死刑に処すべきである。こうした犯罪については、マサチューセッツ州に「人を殺す」権利が認められるべきなのだ、と。

　米国最大の法学部の一つ、サフォーク大学ロースクールの法学教授ジェフリー・ポコラックは、覚えている。「ロムニーにとって死刑は明らかに政治的なテーマで、彼はそれによって自党において新機軸を打ち出すことができると考えたのだ」。すでに過去の何人かの共和党知事も同州での死刑再導入を試みてはいたが、いずれも失敗していた。

　つまりミット・ロムニーは世間にアピールできる難しいテーマを探していたのだ。自分が行動の男であり、何かを動かすことのできる者であるとアピールできるテーマを。それはまた自分の家族史と関係のあるテーマでなくてはならない。彼の父ジョージも知事だった。ただし父の方は死刑が撤廃されていたミシガン州だった。息子のミットは自分の実行力と強さを示したかった。彼はマサチューセッツの州民があるアンケートで、かろうじての過半数ながら、死刑賛成を表明したことを知っていた。つまり党内および選挙民の間で自分の名をあげる絶好のタイミングだったのだ。そこでミット・ロムニーから委託を受けた政府委員会が法案を策定し、集中した長い議論の末、4月にそれを公表した。数カ月後の2005年11月15日に、とうとうロムニーが州議会で、マサチューセッツ州に再び人を処刑する権利を与えることになる法案の可否を問う日がやってきた。だが投票結果は思わしくなかった。100名の議員が法案に反対し、賛成は53名に過ぎなかったのだ。ロムニーの敗北、ヒューマニティの勝利だった。すべては元のままとなった。それ以来マサチューセッツ州では、死刑が息を吹き返してはいない。

　ロムニーはその後、オバマとの大統領選（2012年）に敗れた。オバマに代わる新たな米国の大統領は実現しなかったが、ロムニーは元大統領ジョージ・ブッシュと同様に、死刑を「正しい」罰ではなく「必要な」罰とみなしていた。しかしオバマも明確な死刑反対論者ではなかった。いずれにしても彼は死刑に公式的に反対してはいない。そしてドナルド・トランプ。すべての「実直なる」米国市民が信頼を寄せるこの大統領は、死刑を支持するだけでなく、犯罪に対する「宣戦」をチラつかせている。

米国における死刑問題の位置づけ

　犯罪撲滅と刑事訴追は米国では抽象的な政治問題などではない。ヨーロッパとは異なり、犯罪者の処罰と国民の保護の間の直接的な相関関係が主張さ

れるのだ。裁判官であれ、政治家であれ、犯罪に生ぬるい対応をする者は、選挙で落選するリスクに直面する。犯罪と犯罪撲滅は永遠なるテーマなのだ。

その結果はこうである。米国の人口は世界人口の5パーセントでしかないのに、全世界の囚人の25パーセント、240万人が米国内の刑務所に収監されている。当局による弾圧が取り沙汰される中国は米国の4倍の人口だが、囚人数は150万人とかなり少ない。

米国の囚人の49パーセントほどは、暴力犯罪のゆえに収監されている。とくに法執行機関が薬物犯罪に強硬な姿勢を示すようになって、収監者数は何倍にも増えた。そのうち約14万人の犯罪者は終身刑であり、さらに10万人は独房拘留を延長されている。しかしほぼ半数の収監者は他の、しばしば些細な違反行為で有罪となった人々だ。暇を持て余して「ブラブラしていた」、罰金を払わなかった、警官を侮辱した、自己消費用の薬物入手の際に軽微な違反を犯したといった、ささやかな公序良俗違反の場合も珍しくない。これらがいずれもナンセンスな短期刑で罰せられ、そのことが刑務所に囚人が溢れ返る原因となっている。

米国国歌に謳われる「自由の地（land of the free）」は風前の灯火だ。米国の特派員アンスガー・グロウはこう断言する。「成人のほぼ1パーセントが塀の中にいるとするならば、国歌のその誇らしい一節も絵に描いた餅でしかない」。さらに幻滅させる数字もある。拘留されている囚人たちに加えて、拘留が停止されているか、もしくは執行猶予中の者がおよそ480万人もいるのだ。

実情はこうである。米国では、もともとの犯罪とはほとんど無関係な多くの要素が、被告人が刑務所に収監されるのか、それとも死刑判決を受けるのかを決めるのだ。複数の研究が示しているのは、誰に重い罰が科され、誰が死刑判決を下されるのかを決めるのは、何といっても皮膚の色である。もう一つの手続上の瑕疵は、陪審員の選定の際にときおり認められる人種差別である。つまり一連の陪審員候補を理由なく忌避することができる検事が、その忌避の際にどうやら不適切かつ違法に、陪審員と（黒人）被告人の肌の色を一致させないように努めているということである。このことは連邦最高裁判所から数回にわたって問題視され、とりわけテキサス州の裁判所による死刑判決は何度も取り消された。さらに国選弁護人が、特権をもたない犯罪者にはしばしば不十分な代理人活動しか提供しないことも問題である。

つまり黒人はより頻繁に起訴され、有罪とされる。それはここ数十年ほ

んど変わっていない。批判的な法律家はそれを「人種司法」と呼んでいる。

選挙戦略上の思惑

　最後の問題は、選挙戦略上の思惑である。選挙のために被告人への重罰を求める声高な要請がなされ、これが独房を囚人で満杯にすることに貢献している。それは私経済的に運営される数多くの施設のためであり、それらの施設は金銭的な理由から最適な「稼働率」にしか関心がない。その事業内容とは、犯罪者の宿泊と食事の世話ということであり、その施設に十分な人員、能力、計画が備わっている場合は反社会分子の再社会化プロセスもそこにはいくらか含まれる。米国には州レベルで運営されている拘留施設が1,719カ所あり、国が自ら運営しているものは102カ所である。さらに地方の刑務所が3,283カ所あり、そこは地元保安官が管轄する、軽微な法律違反や未決囚のための拘留施設である。加えて全国2,259カ所の青少年更生施設には、約7万人の未成年者が収容されている。

　これらすべてには金がかかる。膨大な金額だ。年間合計800億ドル。好んで罰したがる共和党員たちですら、システムの意義に関して首を傾げてしまうほどの大金である。「考えてみて欲しい。あなたは少額の万引で有罪となったヘロイン中毒者の運命を自分で決めなくてはならなくなった。あなただったら納税者の税金をいくら使うだろうか？　この人物を刑務所送りにするために。そして刑期はどのくらいにする？　はたして勾留は、その法律違反者の行動を変えるための正しい処罰の形なのだろうか？」。高名なロサンゼルスタイムズ紙に寄稿した書き手たちはそう問いかける。しかもその書き手は社会の敵などではなく、共和党の保守系政治家ニュート・ギングリッチとN・ウェイン・ヒュー・Jr.だった。後者は元囚人と犯罪被害者のケアのための財団を設立した億万長者のビジネスマンである。

　「カリフォルニア州は囚人1人あたり年間6万2,396ドルを払っており、合計すると自州での刑執行に100億ドルも費やしている」。かつて下院議長を務めた、寄稿文の共同執筆者のギングリッチは言う。「その一方でカリフォルニア州が第12学年までの教育費として生徒1人に使う金は年間9,200ドルに過ぎず、新任教師の平均給与は4万1,926ドルである。またカリフォルニア州は30年間に22の刑務所を建設したが、その期間に新設された公立大学はわずか1校のみである」

　怒っているのは彼らだけではない。ますます多くの米国人が、収監して隔

離するシステムが限界にきたことに気づき始めている。収支はあらゆる点で壊滅的とみえる。見直しが始まった。もっともそれは突然目覚めた同情心とはあまり関係がない。単に従来の刑務所システムを擁護してきた保守系政治家が自分たちの二つの政治理念の間の齟齬に気づいたということなのだ。「呵責なき司法」はますます巨額の税金を呑み込む大型刑務所・処刑産業を産み出した。それはもう一つの理念「スリムな国家」とは相容れないものである。改革がなされねばならなかった。その結果、数十年間増加の一途をたどっていた囚人数が初めて減少に転じたのだ。しかもそれはリベラルな州だけではなかった。処罰を好むテキサス州でも同じ傾向がみられたのだ。たとえば同州では、独房数1,100室を誇ったシュガーランドの大型複合刑務所が閉鎖された。金詰りがより穏健な処罰の理由となったということか？

ただしなおも米国人の過半数は、莫大なコストのかかる処罰システムに賛成で、それを放棄したいとは考えておらず、死刑も同様である。このことは2016年11月にカリフォルニア州で米国大統領選と並んで行われた死刑廃止の是非を問う住民投票でも示された。カリフォルニアは他のどの州よりも多くの死刑囚が処刑を待っている州だが、そこでは薬物注射による処刑をめぐる議論とサン・クエンティン刑務所の死刑房の改修のために、2006年に処刑が停止されていた。それ以来カリフォルニア州で有罪となった殺人犯は、もはや死刑房には送られなかった。今回は死刑全般を廃止すべきか否かが市民に問われたのだ。

投票結果は僅差だったが、明白だった。当局発表によれば、死刑を廃止して仮釈放なしの終身刑とするという提案に、有権者の53.6パーセントが反対票を投じた。

法律家の視点からすると初期状況は特別だった。カリフォルニア州では通常であれば死刑判決を受けない可能性が高かった。数年前から誰も処刑されておらず、1978年以降でも処刑数は13件に過ぎないのだ。今カリフォルニア州には死刑囚が750人収監されている。したがって死刑房にいる彼らの通常の刑罰は終身刑ということになる。もし死刑囚がプロポジション（住民投票事項）34〔死刑廃止の提案〕により「通常の」終身刑になるならば、彼らの有利な点は失われる。弁護人に頼んで判決に異議を申し立てることは引き続き可能だろうが、いわゆる心身保護令状（ヘビアス・コーパス）を請求してもらい、然るべき調査を進めてもらうためではない。これにより、通常の司法権の外で、たとえば新たな証拠や裁判官の過誤行為を理由に判決を覆し、

釈放に至るチャンスが大きく失われる。カリフォルニア州ではなお300件の死刑囚からのそうした人身保護令状請求が係争中である。もっとも囚人は自ら人身保護令状請求を行うことができるが、さもなければ裁判所に頼んで弁護人を指名するか、当該事例を把握している弁護人をみつけなくてはならない。

つまり死刑反対派も一枚岩ではなかった。たとえば人権保護団体 ACLU（米国自由人権協会）はプロポジション34を支持したが、「死刑廃止キャンペーン（Campaign to End the Death Penalty）」は反対を表明した。死刑が仮釈放なしの終身刑〔絶対的終身刑〕となることを嫌ったからである。これまで、仮釈放なしの終身刑を言い渡された者で、自分の無実を証明できない場合、1人として刑務所から仮釈放で出ることができていないというのだ。

たとえ僅差の勝利とはいえ、カリフォルニア州の投票者の過半数は死刑の存置に賛成票を投じた。その理由は、先述の司法面の意味合いに基づくのではなく、むしろ法体制の適法性に対する揺るがしがたい信仰と関連しているのだろう。とくにおぞましい犯罪を行い、裁判所から有罪が確定した者は、死をもって罰せられねばならない。この確信はカリフォルニア州民だけでなく、全米国民の過半数が共有している。

学者アーサー・アラーコンとポール・ミッチェルのデータ分析によれば、カリフォルニア州だけで、年間1億ドルを超える金額が調達されねばならない。1978年の死刑再導入以来、太平洋に面したこの州は死刑のために約40億ドルを支出した。この期間に処刑された囚人は13名なので、2人の学者は処刑1件あたりのコストは3億800万ドルを超えるとした。コストが膨大になるのは、とくに判決から処刑までの長い待機期間による。カリフォルニア州では、それは控訴手続を通じて平均25年にも及ぶ。

ところが……。2016年に僅差の過半数で州民が死刑継続を選んだカリフォルニア州の例も示すとおり、巨額のコスト、問題のある手続、誤審のリスク、そしてあらゆる疑念と懐疑と批判にもかかわらず、米国人はこの太古の処罰形式を今後とも存置させたい考えである。全米合計の死刑支持率は61パーセントと、連邦最高裁判所が憲法上の懸念から「恐るべき尋常ならざる処罰」として死刑をさしあたり停止させた1972年以来で最低の数字ではあるが、それでもやはり明らかな過半数である。これとの関連で奇妙なのは、主に宗教的な動機から最も強硬に堕胎に反対する人々が、しばしば最も熱心な死刑賛成者でもあったという点である。要するに持続的なメンタリティの変化は今

のところ、まだ起きてはいないのだ。

　保守的な政治家たちならなおさらである。彼らは自分たちの二つの政治理念の齟齬についてのみ、注目する。司法システムは経済ファクターとしてきわめて重要な役割を担う刑務所産業を産み出したが、もはやその費用をほとんど賄い切れない。ますます増える刑務所と高コストの「死の並び部屋（死刑房）」のための維持費数十億ドルと「スリムな国家」というまさに夢のような理念はうまく一致しない。それなのでニュート・ギングリッチのような保守強硬派ですら、進み始めた改革に賛成しているのだ。それは急に芽生えた同情心などではなく、もっぱら国庫の逼迫と関係している。米国でのそうした見直しは深い洞察からのものでも、ましてや同情からのものではない。せいぜい経済的な必要に迫られてのものである。今（2016年7月現在）全米では2,905名の人々が死刑房に入れられており、そのうちの55人が女性である。彼らがそこから生きて出てくることができるか否かは、彼らがどこの州で収監されているかによって大きく変わる。

未来像は？

　まだ明確な未来像を描くことはできない。テキサス州はもうじき、1982年に処刑が再導入されてから550回目の処刑を行うが、米国での死刑は退潮傾向にある。裁判官が宣告する死刑の数はますます減っている。それには理由があって、時間のかかる検査、控訴手続、上告（Urteilsrevisionen）が刑の執行と執行機関をまさに麻痺させる事態が増えている。しかしその一方では、新たな方法のおかげで無実が証明された冤罪者も増加している。アムネスティ・インターナショナルが公表した統計は警告を発している。それによると1973年以降、150人以上が米国の死刑房から解放されているはずだった。途中で無実が判明したり、その有罪に著しい疑義が生じたりしたためである。これには研究室の新技術やDNA検査が大いに貢献している。さらには世界から、とくにヨーロッパからの抗議、そしてとりわけコストの膨大さも。

　2010年に各地の裁判所は殺人罪で有罪となった112名の被告人に死刑を言い渡した。2011年にはさらに78人の犯罪者が死刑房に収監され、2015年にはその数は49名だった。さらに米国死刑情報センター（DPIC）の調査によれば、2016年には死刑宣告で終わった殺人事件の裁判は30件に過ぎず、執行された死刑判決は20例だったという。対前年比で執行数は25パーセントも減った。それにより死刑判決と処刑の件数は、35年前に米国で死刑が導入されて以来、

最少となった。実施された処刑の多くは米国南部のいくつかの州でのものである。

「この歴史的な少なさは、死刑に対する世論の懸念を反映している」。このところの件数の推移について、DPIC所長のリチャード・ディーターはそうコメントした。どうやら二律背反の現実があるようだ。一方では、前回のカリフォルニア州のように、市民が死刑の存置に賛成票を投じる。トランプ大統領は死刑賛成派だ。もっとも、米国の国家元首が各州の法システムに直接の影響力を持っているわけではないが。ただ予想されるように、トランプの任期中に米国の連邦最高裁判所の裁判官ポストがこのまま空位のままとなると、トランプは新規登用を通じて法的環境に影響を及ぼすだろう。他方では、死刑の公正さと効果に対する疑念がますます膨らんでいる。まだ多数派というわけではないが、死刑が犯罪を減らし、より多くの正義を世界にもたらすと思わない米国人は、ますます増えている。

彼らにはある人物からのサポートがある。少なくとも道徳的権威者として彼らの大統領以上の存在といえる教皇フランシスコである。彼は2015年9月に教皇として初めて米国議会両院合同会議で演説をし、上院・下院の議員たちの良心に向けて、死刑は廃止されるべきものであると訴えた。どの生命も聖なるものであり、奪うことのできない尊厳が各人に備わっている。教皇はそう警告を発した。彼は米国の人々に個別の利害を去って、寛容となるよう訴えた。社会は罪を犯し、有罪となった者たちを受け入れることによってのみ、利を得ることができる。なぜなら処罰にも希望は必要であるから、と。

フランシスコの言葉が聞き届けられたならよいのだが。彼の言葉が米国の議員や裁判官、検事、国民の心に届いたかどうかは定かではない。

第 5 部

告知するもの
──公的な演出

第5部　告知するもの ── 公的な演出

第1章　恐怖の劇場
── 民衆文化と死刑

　米国では処刑は毎回、人々の大きな関心を呼ぶイベントであり、処刑が行われる刑務所前には人々が大挙して押し寄せ、ときが迫ると強硬な死刑賛成論者や、勇ましい市民らが処刑チームの面々に大声で声援を送る。ラジオやテレビのリポーターは現場から中継する。罪人が有名人であればあるほど、見逃せない一大イベントとなっていく。ただし公式の司法代表、弁護士、選りすぐりの報道代表、ならびに親族と立会人を除いて、一般人は処刑の現場からは締め出される。処刑は国民の名の下に、彼らの目の届かない場所で執行される。ただしこれはいつもそうだったわけではなく、むしろ逆だった。

　「群衆にわが頭を拝ませるがよい。このようなことはめったに眼にすることができないのだから」。ジョルジュ＝ジャック・ダントンは刑場に向かって歩きながら大声でそう叫んだ。それは彼の最後の大舞台だった。ダントンだけではない。有名無名を問わず多くの罪人が最後の役柄をその場限りのものとはしなかった。彼らはあれこれ思案した。どの言葉、どの身振りを最後のものとすべきか、「恐怖の劇場」の主役俳優としてどのような印象を残そうか。しかし誰もが、ルイ16世のような感動的な登場に成功したわけではなかった。王は迫りくる死を前にして、国民に呼びかけた。「フランス国民よ、覚悟を決めた汝らの王を見よ。汝らのために死ぬる覚悟である。流されるわが血が汝らの幸福を確たるものとするであろう！　我は罪なくして果つるのだ……」。王がこの言葉を言い終えるか終えないかのときに、頭部が胴体から斬り飛ばされた。処刑人サンソンの助手が地面から王の頭部を拾い上げ、群衆に向かって高く掲げた。多くの者はぞっとして眼をそむけた。しかしその場には残った。残りたかったのだ。

ギロチンがもたらしたもの

　人々はいつの時代も、処刑の目撃証人となるため、できるだけ最前列に立

つために、刑場に殺到した。処刑という血腥い儀式の一部始終を味わおうとしたのだ。驚愕と恐怖、魅惑と激情、感情と行動。ただし処刑の象徴性がその効果を国民に及ぼすことができたのは、処刑が公衆の面前で行われる場合に限られた。血に塗れた「法の剣」は全員に見えるものでなくてはならなかった。見えて初めてそれは、沈静し浄化する効果、ひいては支配を安定させる効果を発揮した。ギロチンがもたらしたもの、それは血に飢えた処刑ではなく「啓蒙化された殺人」だった。歴史家のダニエル・アラスによれば、「それ〔ギロチン〕は、理性が考案した装置を用いることで、国民の司法に理性的な形式を纏わせる」。確かにギロチンは冷たく、即物的で、合理的であり、そのことによって新秩序の品位をも体現した。

　ギロチンの品位は、死刑囚がこの最後の舞台に立って己の役柄を演じ切ることを要求した。恐れを知らぬ死に際を披露する者もいれば、永遠の復讐を誓う者、挑発的な、決然とした、あるいは反抗的な演技を事前に心に決めていた者もいた。元パリ市長のジャン＝シルヴァン・バイイが1793年11月12日に刑場に連れ出されたとき、1人の観衆が「バイイ、お前さんはヤマナラシ〔ヤナギ科の落葉高木〕の葉っぱみたいに震えているじゃないか……」と怒鳴った。バイイは「ああ、ずいぶん冷えるからな」と応酬し、周りから笑い声が上がった。

　国民は公開処刑に殺到した。それは特別な見世物だった。何が待ち受けているのか皆よく知らなかった。あるいはこの事前に知ることができないということこそが、出来事のドラマトゥルギー（作劇法）に特別な魅力を与えていたのかもしれない。パリでは数日前から長いリストが配布され、誰がいつ斬首されるのかが知らされた。それだけでなく、刑場までのツアーまで組まれた。処刑台の周りの一等席は人気の的で、要人たち専用の予約席とされ、共和国広場近くの各レストランは特別メニューを提供した。要するにギロチンは町一番の観光名物だったのだ。外国人も皆、それを見たがり、鋭利なギロチンの刃が罪人の首に落ちる瞬間に居合わせたいと思った。長編小説『レ・ミゼラブル』の中でヴィクトル・ユゴーはこう書いている。

　「処刑台は単なる枠組みであるばかりではない。処刑台は機械装置、木と鉄とロープからなる、一つのメカニズムのつまらぬ部分にとどまるものでもない。それはほの暗い起源をもつ一種の存在、われわれには想像もつかない存在とみえる。こう言うこともできよう。この枠組みは観る、この機械装置は解する、

このメカニズムは把える、この木、この鉄、このロープは意志をもつのだと」

　当然ながらこれはフランス革命の時代に限らなかった。多くの人々が、国家によって命じられた血塗れの残酷な見世物に魅了されていて、恐怖の劇場の公演があるたびにこぞって参集した。アトラクション、不安と喜びの直接体験、いわば「恐怖はあれども危険を伴わない不安」を呼び起こすものとしての死刑執行。抗しがたい魅惑を放散したのは、好奇心と驚愕、恐怖と同情の絶妙な混淆であった。トマス・ホッブズが17世紀半ばに早くも強調したように、それは「他人の不幸」でなくてはならず、「人々が集まったのは、他人の死と危険を目のあたりにするためだった」。大衆が血腥い司法見世物に殺到したことについては、歴史上さまざまな記録が残っている。しばしばそれは民衆の祭りという性格を持っていた。真ん中に処刑台の置かれた広場は愉楽と法悦の場だったのだ。

　出来事の二律背反性や個人的な距離と心の動揺、魅惑と恐怖、神と法への畏敬と罪人への同情について、ヨハン・ヴォルフガング・ゲーテは18世紀末に『ヴィルヘルム・マイスター』〔『ヴィルヘルム・マイスターの演劇的使命』第2部第5章〕の中で次のように書いている。

「いかに多くの人々が、自分では嫌悪していながら、処刑に心を奪われることだろう。罪人に対して群衆の胸はどれほど不安を覚えることだろう。そして罪人に恩赦が下ってその首がつながったままとなれば、どれほど多くの者が不満顔で家路につくだろうか？　罪人のうなじを真っ赤に染めて流された血は、観衆たちの想像力にも消しがたい痕跡を残す。人々は何年も経って、また止むに止まれぬ欲望の虜となって、恐る恐る処刑台をふり仰ぐ。ゾッとする状況を今一度目のあたりにして、実は自分がこの恐ろしい光景に胸を躍らせていることは、誰も認めたがらない」

　同書の別の箇所では1840年代の革命精神についても触れられている。当時のリベラルな市民階級は、死刑廃止を支持しただけでなく、公開処刑の廃止をも要求したのだ。しかしまだ誰もそうした処刑を手放したいなどとは思わなかった。公開裁判こそなかったものの、厳かな判決言渡しと公開処刑の儀式を人々は見逃そうとはしなかった。こうした状態について、バイエルンの刑法学者パウル・アンゼルム・フォイエルバハはすでに1813年に、実に辛辣

な調子で言及している。

「秘密の告発を受けて、秘密の取調室で容疑者が尋問され、秘密の監督官の下、秘密の法廷で裁かれる。このミステリアスな悲劇の最終章になって、ようやく秘密に満ちた緞帳が上がり、容疑者がこの流血裁判の舞台に登場するのだ」

　実際、誰もまともに公開処刑の廃止を考えはしなかった。民衆は毎回、処刑台の周りに集まった。犯された殺人が凄惨であればあるほど、罪人が有名人であればあるほど、集まる群衆の数も多かった。中でも女性の斬首刑は観客動員数の記録を更新した。1831年にハンザ都市ブレーメンで行われた女毒殺犯ゲッシェ・ゴットフリートの処刑には、3万人を超える野次馬たちが押しかけたという。
　できるだけ多くの観衆が処刑イベントに集まるということ。恐ろしさに震えながらであれ、のんびり見物気分に浸りながらであれ、それは社会の上層部と民衆の間の調停にとって望ましいだけでなく、不可欠なことだった。それは判決が民衆からも受け入れられたことの目にみえる証拠だったのだ。というのも処罰する当局ではなく、神のみがすべての法の源泉とみなされたからである。国家はせいぜい神の正義の仲介者として登場するに過ぎない。したがって18世紀の司法にとって公開処刑の儀式は、絶対国家の行為であるだけでなく、つねに当局と民衆の間の相互理解の試みでもあったのである。国家が利用できる法の貫徹と訴追の装置は、しばしば弱すぎて、いささかなりとも民衆の合意がなければ、自らの重要性を示すことができない。死刑についての民衆の考えは、国家の権威のみが生殺与奪の権利を持つとする公式見解とは、頑ななまでに異なっていた。民衆と民衆文化が信奉したのは、ひたすら神の正義の表現としての処刑、贖罪と応報の儀式としての処刑であり、国家の示威としての処刑ではなかった。
　数多くの吟遊詩人の歌が民衆文化と死刑の複雑な関係を証している。好んで歌われたのは、たとえば子殺し女、気性の激しい妻殺しの夫、腹黒い盗人といったいくつかのスタンダードな人物とその悪事だった。ザクセン地方のある吟遊歌では、深夜帰宅した夫が妻を殺してしまう。

「どっこい神さまの眼は奴の犯行を見逃しはしない
　朝まだきに早々と引っ立てられ

裁判官の前に立たされ
　死刑を言い渡され
　処刑台に寝かされて
　悪党らしい最期を迎えるのだ」

　ここには悪党への思い入れなどはない。この吟遊歌の歌詞は道徳的な非難に満ちているが、犯罪者の逮捕は国家の介入ではなく、もっぱら神の介入とされている。
　押しかけた大勢の群衆はさまざまな問題も起こした。というのも観衆は騒音を立て、広場を汚し、一番いい席を取ろうとしてよく取っ組み合いの喧嘩を起こしたからだ。そこでベルリンでは、当局がすでに1820年に、オラーニエンブルク門の刑場を郊外のユングフェルンハイデに移転することを計画した。共同住宅の所有者たちから、刑場がそばにあると自分たちの不動産の価値が下がるとの抗議の声が上がったからである。しかし刑場移転の真の理由は、それまでの経験から、処刑日になると群衆が大挙して押し寄せ、彼らによる狼藉が目に余るという苦情が多数寄せられたことだった。
　1843年にベルリン王室裁判所は、その地での処刑の際に治安を確保する騎兵がいないことを嘆いた。「陽気のいい時節になると処刑見物に大勢の群衆がベルリンに殺到するが、彼らのやりたい放題の乱暴狼藉は歩兵たちの手に負えるものではない」。しかし当局の悩みの種となったのは、群衆の上品とは言いがたい振舞いばかりではなかった。ときには処刑台の上の罪人も問題を起こした。今では神を畏れる宗教的な儀式という伝統的な要素は処刑セレモニーからますます失われ、「哀れな罪人」自身が「恐怖の劇場の舞台」での自分の役柄を勝手に書き換える始末だった。死刑囚たちは抗議し、挑発し、うすら笑いを浮かべ、侮辱し、罵倒した。当局にとってとくに由々しいのは、人生最期の瞬間に死刑囚がみせるこうした厚顔無恥な態度が、民衆の間に賛嘆の念さえ呼び起こしかねない点であった。
　それはあってはならなかった。国家権力の僕たる官吏たちにとっても避けたい事態だ。バイエルンのある官吏は次のように警鐘を鳴らした。

　「血腥い処刑劇が大勢の観衆に恐怖と嫌悪を呼び起こす力を失えば失うほど、罪人は大胆不敵で畏れを知らぬ姿で立ち現れてくる。ある作家がこれについて述べた言葉は実に的を射ている。『……罪人が頑なな心のまま死に、勇ましい

様子をみせる。そうすると虚栄心を助長したり、新たに犯罪を招いたりするのだ。英雄にもいろいろあって、市民社会のあらゆるレベルにも存在する。死刑台で身じろぎもせずに首を差し出す殺人犯だって、英雄視され、賛美者のみならず、往々にして忠実な模倣犯を生むこともあり得るのだ……』」

公開処刑の廃止と民衆の意識

　公開処刑は人々を抑止するのではなく、かえって犯罪に走らせているのではないかという危惧、観衆が思わず知らず同情心を吐露し、それがさまざまな騒動に至ったという事実、そうしたすべてが公共秩序に関する懸念を呼んだ。ついにはプロイセンで、1847年の出来事〔飢餓暴動〕の印象が醒めやらぬ中、刑法典のある法案が提出された。それは死刑を今後は公開とせず、「密室で観衆には見えないように」執行するためのものだった。当局はこれにより、民衆の祭りのようなイベントも、観衆たちの勝手気ままな行動も、もはや過去のものとしたかったのだ。処刑は鐘を撞いて告知し、それでも刑場の前に参集した者たちには、司法官が死刑のより深遠なる意味について演説をすることになった。当局の見解では鐘を鳴らすことは、ちょうどよい機会だった。その音が鳴り響いたときに親が家族を集めて、宗教的で道徳的な沈思黙考を促すのだ」。ドイツ近現代史家のリチャード・J・エヴァンズはそう書いている。

　処刑の日時と場所はあらかじめ公表され、それどころか選ばれた立会人たちは処刑の場に臨席することができた。ここでこっそり国が何かやったなどという印象が呼び起こされてはならなかったのだ。とはいえ、制御不能な民衆はすでにフィルターにかけられて選別されており、それにより国家の権威は回復されていた。

　しかしプロイセンでの改革がドイツの残りの地域での公開処刑への熱狂に水を差すことはなかった。とくに1848年革命に敗北した大混乱の中で、どんな処刑であれ、観衆が多幸感と興奮状態に陥り、当局をさんざん罵倒するようなことになると、公共の秩序にとっては大いに危険だった。大衆の制御しがたい動きは、革命的な出来事の記憶も冷めやらない中で、あいかわらず危険きわまるものだった。

　たとえば中部フランケン地方のアンスバッハで行われた処刑には２万人を超える野次馬たちが集まった。1850年５月18日、ミュンヘンでのヨーゼフ・シュトップファーの斬首刑では、大勢の群衆が犇めく中、刑務所から刑場に

向かう罪人と刑吏の一行がなかなか前に進めなかったという。1人の官吏が苦々しげにこう述懐している。「あのような処刑は、教養のあるなしを問わず、すべての人にとって派手な見世物に他ならず、しかも国にとっては多大な出費だ」

それはジレンマだった。蒙を啓かれた市民階級の幻想の中では、処刑の儀式はここ数十年で世俗化されており、人々は宗教的な応報・救済の儀式から解放されていた。もともと究極の厳かな国家行為として考えられていた死刑執行は、恭順な国民の見守る中、処刑人その他の国家権力者たちがフロックコートにシルクハットといういでたちで登場し、真剣な面持ちで自らの義務を果たすものだった。そうした首尾よく行われた国家行為が制御不能の娯楽見世物になり果てた。こんなものはプロイセンだけでなく、国全体で廃止したい、当局としてはそう考えたのだ。

ヴュルテンベルク王国では1853年の死刑再導入を機に、処刑場所が刑務所中庭という制御しやすい閉じられた空間に変更された。ハンブルクで公開処刑が廃止されたのは1856年、同じ年にバーデン大公国でもプロイセン方式が採用された。それはとくに将来の「不都合な事態」を回避するためだった。同政府の考えは、大多数の国民が処刑を単なる見世物としか考えておらず、「粗野な欲望の充足と犯罪に対する嫌悪のみで、その犯罪に対する人間的な償いを認めようとしない」ことだった。必要なのは公開を制限することであり、それは「とうにそうした影響が看過できないほど倫理や正義の規範を踏み越えてしまっている」からであるとされた。今後バーデン大公国での処刑は、従来のように大群衆から拍手喝采を受けながらではなく、限定された人数の当局の担当官と立会人の前で行うものとする。立会人は今後処刑1件につき12名とされた。

通例こうした立会人は男性だった。19世紀の公共空間は男性に支配されていたのだ。そうでなくとも当時女性たちは、あまりにも感情的な存在とされ、その意味で足手まといになる可能性があると考えられていた。結局のところ処刑は、とくに以前のように戸外ではなく閉じられた空間で、しかも少数の人々の前で行われた場合には、まだ試行錯誤の段階ながら、真剣な催しだった。血に塗られた行為が行われたわけだが、そこは品格が示される場、静謐さと権力が支配する場だった。これに新たな儀式も役立った。たとえばバーデン大公国では「汝の生命は失われた。神が汝の魂に恵みを垂れ給わんことを」という言葉に合わせて、死刑囚の目の前で黒い杖が折られた。また処刑

式典の開始から終了まで、ずっと鐘を鳴らし続けなくてはならなかった。

　鐘の音のあるなしにかかわらず、公開処刑の終焉は確定した。ザクセン王国は1855年、ハンブルクは1856年、ハノーファー王国が1860年、ラインヘッセンは1863年、その2年前の1861年にはバイエルンでも、処刑の場は刑務所の壁の中に移された。これはしばしば公開裁判制度の導入と同時に行われた。観衆は締め出されていた。観衆はもう以前のように処刑行為の合法性を補強するものとして必要ではなくなり、ただの添え物となった。ドイツの各地域だけでなく、他のヨーロッパ諸国でも公開処刑は廃止される。たとえば1868年にはオーストリアと英国が続く。集団的な窃視症と荒れ狂う暴力、強迫的な示威行動と過剰な宗教的高揚はこうして終わりを告げた。

　それとも（ある程度は改革史の一部として）必要な変化のきっかけとなった理由は他にもあったのだろうか？　道徳的・人道的な必要性というより、経済的・政治的な必要性が潜んでいたのだろうか？

　これについてエヴァンズは次のように要約している。

「公開処刑が廃止されたのは、とくに国家当局ならびにリベラル市民たちが、1848年革命の後で、暴徒たちの行き過ぎた行為が誘発されることを恐れたからだった。1848年から1849年までの経緯が示していたのは、リベラル派や国家当局がそうした国民の反乱をいかに危険なものと評価していたかということである。今回裁判所の中庭に人工的に作り出された『公衆』は、革命後に商・産業界の、そして学識を積んだ中間層と秩序の間の妥協を通じて、1850年代、60年代の協会や議会、集会の形態をとって誕生したのと同じ公衆だった。つまり地元の名士たちや官吏といった冷静で責任を自覚した男たちからなる公衆である。彼らは政治的にはそれぞれ異なる立場であっても、公的秩序は維持されねばならず、公開討論では市民同士の意見交換の諸ルールに従わねばならないという点では同意見だった。その彼らは公開処刑の廃止を新しいこのコンセンサスを実現する手段とみなしていた」

　もはや処刑の証人になれないことを受け入れねばならなくなった民衆は、当然ながらこうした仲間外れをあっさり受け入れようとはしなかった。それを証明する出来事があった。1853年にダルムシュタットである高名な実業家が桟敷席を作った。野次馬は料金を払ってそこに登り、刑務所の中庭を覗き込む。そこからは中で行われる処刑が丸見えだったのだ。

たとえ死の見世物に対する民衆の欲望が根強いものであっても、屋外で上演される恐怖の劇場は、少なくともドイツとヨーロッパの一部ではすでに過去のものとなった。では処刑方法は？　どのようにして処刑は行われたのか？　刀剣や手斧といった伝統的な処刑器具は、市民および官僚国家の新しいリバタリアン精神とは相容れなかった。要求されたのは「人道性と正義」であって、「台無しにされた処刑」などではなかった。たとえば刀剣や手斧による処刑では、加える力と正確さの絶妙な組み合わせが必要なのだが、処刑人の中にはその力量のない者もいたのだ。「人道性と正義」をどう理解すべきかについては、バイエルンの司法官らが1854年の書簡でこう書いている。

　「死刑はすでにそれ自体が、なされた犯罪に対する現世で最大の罰である。それにより罪人は現世における最高の財産である生命を失うことを宣せられ、これにより立法の要求が満たされる。死によって犯罪は償われ、国家の要求が叶えられる。しかし死の種類ではなく死そのものが罰とみなされねばならないならば、そこから国家には義務が生ずることになる。つまり最も確実かつ迅速な死をもたらす死刑を選ぶ義務である」

　その後バイエルンの法務省の官吏たちは、絞首刑や銃殺刑に反対し、死刑の標準方式としてのギロチン刑の導入に賛同した。何といってもそれは、聖書の言葉「人の血を流させし者は、己の血を流させらるる」を通じて「深く国民の心情に根づいていた」からである。ドイツではすでにギロチンはザクセン、ヴュルテンベルク、ラインラント、ハンブルク、ヘッセン-ダルムシュタットで使用されており、今回バイエルンでも導入されることになったのだ。こうして19世紀末のドイツでは二つの処刑方式だけが適用された。プロイセンのいくつかの地方での手斧とそれ以外の地域でのギロチンである。ギロチン導入に反対の声は上がらなかったが、批判者たちはフランス革命の恐怖時代やそれと結びついている連想、つまりギロチンは際限のない血腥い破壊の象徴であるという点にも言及した。
　「確かに合法的な形を隠れ蓑にした殺人に対してドイツの国民は、その特性からして想定できることだが、いかなる状況下であっても尻込みをすることだろう」。バイエルンの法務大臣フリードリヒ・フォン・リンゲルマン（1803-1870）の下には、ギロチンの投入によって、かつてフランス革命の時代がそうであったように、ドイツでも死刑執行が品位と真摯さを失い、猛り

狂うような野蛮へと堕落するのではないかという懸念が多く寄せられた。それに対してこの政治家は、「違います。その反対に、むしろバイエルンのようなドイツでのギロチン導入は、住民にまったく異なる感情を引き起こすでしょう」と応じた。1933年以後、ナチスドイツの司法官とその執行人たちがギロチンをいかに容赦なく使うことになるか、この時点での彼に知る由もなかった。処刑を告知するために各都市に掲示された血のように赤い民族裁判所の通知に対して、どこからも表立った抗議の声が上がらないであろうことも。

　何が残っているのか？　処刑を見届けたいという魅惑は窃視症的なアナクロニズムなどではない。死刑とその執行の歴史が示しているのは、アンビバレントな心的素質を持つ人々は、できるだけ舞台のかぶりつきに立とうとして我先にと、殺到する。国家によって承認された処刑イベントがありさえすれば、数世紀の伝統のある集団的な復讐儀式のドラマトゥルギーが、そのつどの時代に合わせた新演出で披露されるのだ。たとえば1939年6月17日のベルサイユでは、殺人犯オイゲン・ヴァイトマンの処刑を翌日に控えて、早くも騒動が持ち上がっていた。いい席を確保しようと、観客たちが前の晩から刑場に殺到したのだ。警官たちが秩序の回復に努めねばならず、その結果、処刑は何時間も延期された。その情景を描いた絵画が過ぎ去った時代を思い起こさせる。恐怖の劇場の新しい演目。これは特別な上演となった。なぜならそれはフランス最後の公開処刑だったからだ。

　今日ではどうだろう？　公開処刑は公衆受けする「イベント」なのか？「正義の名の下で」行われる活気ある民衆の祭り？　そして判決は「国民の名の下に」下されるのか？　危惧されるのは大勢の野次馬たちには事欠かないという点である。罪人が有名人であればあるほど、事件がセンセーショナルであればあるほど、メディアの関心も大きくなる。ひょっとすると処刑は高視聴率が取れる新しい定番の番組となるのか？　有名な司会者、当意即妙なリポーター、さらにコメンテーターの法律家。間にコマーシャル休憩が入る。究極のリアリティ番組だ。それは今米国のテレビ視聴者の間で大人気の法廷物を、さらに進化させたものといってもよいだろう。

　皮肉なシナリオ？　実際に処刑をテレビで放送する可能性が米国では何度か議論された。これまでのところ、この案は実現していない。そうしたテレビ中継が引き起こすであろう世界中からの抗議もその理由の一つである。したがってメディアがそのような野蛮さへと退化することはないだろう。とは

いえ処刑は米国ではいつも大きな関心を集める。新聞やテレビは人々の窃視症的な欲求に応えて、処刑を詳細に報道する。とくに著名な死刑囚の場合には発行部数や視聴率が急増するのだ。

すでに17世紀半ばにトマス・ホッブズは「人々は他人の死と危険を目のあたりにするために集まった」と書いている。そこからの変化はほとんどみられない。アトラクションとしての処刑。好奇心、驚愕、恐怖、同情のこうした混淆は根強いものであり、死刑が続く限り、なくならないだろう。

第5部　告知するもの——公的な演出

第2章　最期の言葉
——処刑された人々が遺した言葉

　「死刑房ブロガー」ジョン・ミルワードは、米国・テキサス州で処刑された484名の囚人たちの「最期の言葉」を調べ上げた。

——ミルワードさん、あなたは米国・テキサス州で過去30年間に処刑された484名の殺人犯たちの最期の言葉を調べ上げましたね。悪名高いハンツビル刑務所からの「最期の言葉」の中にあなたは、死刑囚の避けられない別れの言葉と並んで、ふと漏らされた愛する人や家族への想いをみつけました。テキサス州では22日に１人の割合で処刑が行われています。今日またそこで薬物注射で亡くなった人はいますか？
　先週、死刑房で18年過ごしたマーヴィン・ウィルソンが処刑されました。彼は知的障害者といわれていて、知能指数が70未満でした。しかしテキサス州の司法当局は恩赦を拒否しました。処刑の数時間前に米国最高裁も処刑の延期を拒みました。

——ハンツビルで処刑される前にウィルソンは何か言い残しましたか？
　処刑は厳格な手順に従って行われます。囚人がストレッチャーに拘束され、両方の腕のカニューレに薬液の注入管が装着されると、すぐに刑務所の牧師が慰めるように片手を囚人の足首に載せます。続いて看守が死刑囚に、何か言い残したいことはあるかと尋ねます。ウィルソンは意識を失う前に、頭の上方のマイクに向かって「罪人が聖人になった」と言いました。彼の最期の言葉は「あなたたちをみんな愛している。覚悟はできた」でした。

——処刑の際に和解の言葉というのは、どちらかというと珍しいのでは？
　その反対です。テキサス州の殺人犯が息を引き取る前に一番多く口にするのは「愛」です。次が「家族」、その次が「感謝」なのです。親族がハンツ

ビルを訪れてガラス壁越しに処刑を見届けることもしばしばです。死刑囚は彼らに向けて自分の愛を言葉にして残すのです。

——「最期の言葉」はあなたの心に響きましたか？
　調査を始めたとき、背景説明だけでも私は心を揺さぶられました。数十人の言葉を聞いた後は、最期の言葉はむしろ互いに似ていて、まるで1人の人間が残したかのような印象があります。しかもそれらはテキサス州刑事司法局のウェブサイトで、彼らが死刑を宣告されることになった犯罪の概要のすぐ隣に載っています。そのことが「最期の言葉」に別の光を当てています。しかも米国の処刑に積極的な州では、死刑囚は平均11年もの間、処刑を待ち続けます。ですから彼らには心の準備をする時間がたくさんあるのです。

——テキサス州の司法当局は女性3名を含む484名の被処刑者の「最期の言葉」を公表しました。その中に予想外の言葉はありましたか？
　何人かの死刑囚は詩を披露したり、自分で書いた言葉を看守に読み上げてもらったりしています。ほとんど楽しそうにみえた死刑囚もいました。5年前にハンツビルで薬物カクテル剤によって処刑されたヴィンセント・グティエレスです。彼はペントバルビタールが彼の血管の中を運ばれる数分間に、周りの者たちに尋ねました。「必要な場合に交換要員はどこにいる？」
　グティエレスはこの処刑の10年前に、被害者の高級車を「交換部品」のストックとして使うために39歳の軍人を殺害しました。もっともこれはまた別の話になりますが。

——とくに嫌な気分にさせられた「最期の言葉」はありますか？
　庭師ジェームズ・ジャクソンの最期の言葉はふさわしくないと思いました。彼は死刑房で恋人のイブを金では買えないダイヤモンドに譬えたのです。奥さんのシャロン、2人の娘ソンセリアとエリカの首を絞めて無惨に殺したというのに。結局ジャクソンは2007年2月に、「看守のお前ら、さあ俺を殺せ」と命令してこの世を去りました。

——最高裁が40年前に「残酷で異常な刑罰」であるとして死刑を違憲と判断した後、1974年にテキサス州を始めとして死刑が再導入されました。「最期の言葉」を通じて自分の無実を訴える死刑囚はいますか？

死刑囚の10人中、2人が死刑房で話をしません。10人に1人の割合で自分は犯行を犯していないと訴えます。考えると恐ろしくなります。何しろ死刑情報センターの発表では、「キャピタル・パニッシュメント（死刑）」が再導入されて以来、テキサス州では12人も無罪決定が出されているのですから。

――あなたは昨年、客によるコールガールのオンライン評価についての研究を発表されました。商業的なセックスの調査とテキサスの死刑囚たちの「最期の言葉」に関する分析は、つながりがないように思いますが？

　いずれも社会現象と関連していて、それをよりよく理解するために私は言葉に着目したいと考えました。コールガールの客たちのコメント5,000件を評価してわかったのは、客が「商品」とされる女性たちに対して意外と敬意をもっているということです。ハンツビル刑務所の死刑房では死刑囚たちが過去30年に約4万語の言葉を遺しました。それらは神や赦しというより、好意や愛情をめぐるものでした。

エピローグ

死刑についての考察
──ある見解表明

　1761年にジャン・カラスという名のトゥールーズ出身のフランス人プロテスタントが死刑判決を受けて処刑された。彼は息子たちの1人、カトリックに改宗しようとした息子を殺害したことで有罪を宣告された。すでに名声を得ていたヴォルテールは、この事件に注目し、審理のやり直しを勝ち取った。その審理で被処刑者の無実が判明した。まだ審理が最終的に終了していない段階で1冊の本が刊行された。その後100年以上にわたって、いわば死刑反対論者のマニフェストとなる本で、25歳のミラノの法学者チェーザレ・ベッカリーアによる『犯罪と刑罰』である。その中で死刑について書かれた部分は10頁足らずだが、それこそがこの本を有名にした箇所である。そこで死刑が初めて、不適法であるとして徹底的に否定されたのだ。なぜなら誰一人として自分自身を殺す権利をもたず、またそれゆえ誰一人としてそのような権利を他者または社会に有効に譲りわたすこともできないからである。さらに同書では、終身の自由刑を言い渡せば死刑執行に劣らず公共の安寧は確保されるからという理由で、死刑は徹頭徹尾不要であるとされた。最後に同書は、第三者への犯罪抑止効果は、一瞬で終わる処刑シーンを目のあたりにするよりも、刑務所に収監された者の終生続く苦悩を眼にする方が容易に達成されるとしている。

　また同書によれば、死刑は倫理的な理由からも非難し得る。なぜなら法律は人間の徳性を高める働きをするものであり、自ら人々にとって野蛮さの手本となるものではない。そう考えるならば、法律が殺人を禁止し違反者を処罰しておきながら、自らの手で殺人を犯すということは矛盾しているし、また市民に殺人を犯させないために、自ら公開死刑を手配するということも同断である。

　ベッカリーアの本はたちまち数多くの言語に翻訳され、多くの人々に読まれた。この本を読んでヴォルテールも情熱的な死刑反対論者となる。彼はベッカリーアの主張を表現を変えて繰り返すことに飽き足らず、誤審の可能性

を死刑反対の論拠とした最初の人々の1人となった。彼は誤審を司法殺人と呼んだ。それは「国家の利益」があらゆる考え方の中心にあった時代において、一つの挑発であった。

　ベッカリーアの論拠はドイツでも賛同者を見出した。かくして1840年代には、議会制度の革新から貧困との闘いにおける抜本的な修正に至るまで、さまざまな改革を要求する新たなリベラル市民層の成立とともに、死刑の廃止要求もリベラリズムの中心的なクレド（信条）となった。彼らの考えでは、死刑は貧困や犯罪、騒乱といった問題を解決する方途ではない。しかも死刑はほとんどが貧しいプロレタリア階級に対して宣告されているという事情もある。犯罪抑止効果という考えも誤っている。真の変化は有効な警察制度とオープンな手続によってのみ達成される。公開処刑についてリベラルな改革派は、「国民の不道徳化」を招くだけだとして断固反対した。彼らの批判は賛同者を得た。

　1824年にヴュルテンベルクの代議院で死刑反対を表明する勇気を持つ者はまだ1人きりだった。それが1838年になると早くも29名の代議士が死刑廃止に賛同した。ある代議士は「死刑によって国民の復讐心が養われてはならず、また死刑が国民教育と国民道徳の欠陥を糊塗する手段とされてもならない」と述べた。もっとも彼らのこうした考えは少数意見にとどまっていた。あいかわらず53名もの代議士が死刑の存置に賛成票を投じたのだ。それだけではない。公開処刑もこれまでどおり実施することが可決された。新たな刑法典策定の一環として同様に激しい議論が交わされたザクセンとプロイセンでも同じ結果となった。死刑賛成者たちの声が通ったのだ。

　にもかかわらず、1840年代のドイツのリベラルな人々、ならびにベッカリーアやヴォルテール、いずれも死刑反対の闘いの中で同盟を組んだ者たちが当時挙げた論拠は、今なお有効であり、あいかわらず激しい議論に耐えるものである。

　過去450年間、西欧世界では死刑への賛否の論拠はとりわけ以下の二つの原則に絞られてきた。抑止効果と応報である。自らの死という取り返しのつかない罰がおぞましい犯罪行為に対する抑止になるというテーゼは、18世紀以来、数多くの著述家たちから疑問視されてきた。刑法学者、心理学者、医師、政治家、さらには哲学者たちが二つの点を指摘している。それによると、そもそも意図的な犯人は自分が捕まらないと考えており、他方、圧倒的に多

いケース、つまりついカッとなって殺人などの重大な犯罪に及ぶ者は、自分の行動の結果をあらかじめじっくり考えて、コントロールすることなどできない。先に体が動いて、事件が「起きて」しまうのだ。

　統計を犯罪抑止効果の証明としたくとも、統計の利用価値は少ない。死刑に賛成の者も反対の者も認めなくてはならないことがある。それは、死刑廃止が殺人の増加をもたらしたか否か、死刑再導入が殺人の減少をもたらしたか否かについては、いまだ証明されていないという点である。リチャード・J・エヴァンズは、死刑執行率が高く、厳しい処罰が行われている社会では、人間同士の暴力事件も多くなりがちであり、それを示す証拠はあると指摘した。要するに抑止効果の論拠が弱いことは明白であり、これを認識する死刑賛成論者もますます増えている。そこで彼らは論法を変化させている。今彼らは応報という点に重心を移しているのだ。彼らは、犯人の処刑は殺人者に償わせるために社会が取り得る唯一妥当な反応であると主張する。最も重大な犯罪には最も厳しい罰がふさわしい。目には目を、歯には歯をだ。ただし聖書の伝統に根ざした応報思考にはジレンマがある。つまり応報の論拠が恣意的であるということだ。罪と同一の罰。なぜ殺人にだけそれを求め、他の犯罪には求めないのか？

　なぜ傷害や窃盗や詐欺には求めない？　応報の原理は、法的平和の回復という立派な理由から適用されるのではない。路上強盗が襲撃の際に被害者の腕を骨折させたからといって、罰として強盗の腕を折れとは誰も言わないだろう。多重殺人犯の場合はどうなる？　中世の処刑儀式のように殺人犯を何度も処刑するのか？

　民主的な現代の司法制度は、米国を除き、それに対して禁固刑から罰金刑に至る多段階の処罰・補償システムを作り上げた。私人制裁があってはならない。国家のみが（補償的な）暴力を独占する〔マックス・ヴェーバー『職業としての政治』より〕。ではなぜ死刑賛成論者たちは、殺人のような最も重大な犯罪行為の際にこそ、社会は加害と同じ死で贖わせねばならないと思うのか？　そこで殺人の例外的な性格が強調され、殺害者はみせしめとするべきであり、またそうしなくてはならないと主張される。つまりその犯行により、温情に値しないほどのおぞましく、恐ろしく、卑しむべきことを行った人々には死を、というわけだ。彼らの考えでは、死刑は通常の罰ではなく、例外的な犯罪に対する例外的な刑罰なのだ。

今私たちはドイツの歴史から知っている。「例外的事例」という概念が大いに拡大解釈可能であり、そのつどの政治的現実によって悪用され得るということを。ナチス不正国家では、体制批判や「最終勝利」への疑念、総統ヒトラーに対する否定的な発言が防衛力破壊や敗北主義と決めつけられ、死刑判決を受けることもあった。長官ローラント・フライスラー率いる民族裁判所の容赦なき裁判実践はその恐るべき証拠である。

こうした例外性というレトリックが疑わしいものであり、犯罪抑止と応報の論拠がいかなる犯罪学的・文化社会学的・社会心理学的検証にも耐えないものであるならば、死刑を正当化する術はいったいどこにあるのだろうか？国家権力の象徴としての死刑？　パウル・ボッケルマンはいう。「死刑反対の最も重要な合理的根拠は、死刑に合理的な根拠などはないということである。死刑は犯罪撲滅に少しも寄与しない。少なくとも他の刑罰と同程度に寄与しないのだ」

オックスフォード大学の犯罪学教授ロジャー・フッドによれば、死刑は恣意的で効果がなく、時代錯誤で、人間の尊厳を傷つける。彼は死刑廃止のための中心的な論拠として、以下の4点を挙げている。

- 死刑は生存権という基本的人権を損なう罰である。欧州評議会もEUも、死刑は現代の文明社会の司法システムの中に正統な居場所をもたず、その適用は拷問にも比すべきものであり、EU基本権憲章第3条により非人道的で人間の尊厳を損なう刑罰であると表明している（勧告1264、1994年）。
- 功利主義的またはより実利的な論拠として挙げられるのは以下の点である。すなわち死刑とその執行を法律に盛り込むことで殺人発生率の恒常的な低下に結びつくという考えに関して、これまで説得力のある証拠は存在しない。死刑が科されるその他すべての犯罪についても同様である。終身刑や長期刑のような他の選択肢に比べて、死刑がより効果的な犯罪抑止手段というわけではない。
- 手続保障によって公正な裁判を確保するとされる法治国家（たとえば米国）では死刑は特別な犯罪にのみ適用され、しばしば判決の際に酌量事由が考慮されるため、結果として死刑となる事例の数は少ない。しかしその場合でも判決までの全過程において、受け入れがたいほどの恣意や不平等、差別がないとはいえないのだ。
- すでに1764年にチェーザレ・ベッカリーアによって以下の論拠が提示され

ている。つまり死刑はそのメッセージ性において、原則的に非生産的である。なぜなら死刑は自ら撲滅しようとする、まさにその行動（たとえば謀殺や故殺）を正統化するからである。これがとくに該当するのは、被処刑者がスケープゴートと思われる場合であり、無実の者が処刑される場合はなおさらである。それは死刑にとっては避けがたい帰結であり、それゆえに死刑は法制度全体の正統性と道徳的権威性の基盤をともに切り崩すものである。

　人権団体アムネスティ・インターナショナルの論拠も同様である。第1に処刑とは恐るべき、被人道的な、人を貶める処罰である。第2にそれによる犯罪抑止効果が証明されていない。そして第3に誤ることのある人間によって死刑が宣告されるということ。結果的に誤審の可能性が排除できず、その場合は無実の人の命が奪われることになる。
　死刑賛成論者はこれをどう考えるのか？　せいぜい彼らが認めるのは、冤罪はあり得るがきわめて少ない、それが人間の可謬性にのみ起因するものである限り、誤審は仕方がないということである。しかし統計データが証明しているように、冤罪は決してまれではない。死刑判決は被告人の出身階層や地位、人種によって左右され、さらにはそのつどの政治状況および恩赦権を行使する権力者の見解や性格によっても変わり得る。何といっても法制度は人間によって担われているのであるから、外的要因からの影響を受ける主観的判断がそこにはどうしても入り込む。たとえば、裁判をどこの地区で行うか？（たとえば米国の州選挙のように）重要な選挙が控えているか？　どの犯人に責任能力があり、誰が情状酌量に値するか？　それら計量不能な要素（それこそが現実というものだが）が判決に影響を与える。「理論から実践への道程において、死刑判決には避けがたく恣意が入り込む」。エヴァンズは冷静にそう断じている。
　ここ数年、世界的な死刑廃止の潮流がみられる。最新統計によれば、21世紀初めにヨーロッパは「死刑のないゾーン」となっており、世界の国々をみても死刑の適用を否定する国の方が明らかに多い。それにもかかわらず、死刑の全世界的な非合法化と廃止に向けた決定的なブレイクスルーにはまだ至っていない。死刑は、中東イスラム諸国の宗教に根ざした法文化やアジア、アフリカの権威主義的な独裁体制の必須要素なのである。世界中で最も多くの人々が処刑されているのは中国だが、米国や日本のような民主主義の法治

国家も、本書ですでに詳しく述べたように、今なお死刑に固執している。
　死刑が適用され得る犯罪の種類は多くの国でなおも多い。事実、ここ20年でそれがさらに増えている国も少なくない。中国では60種を超える犯罪が死に値するものとみなされており、34以上の国々では違法薬物の売買、さらには性犯罪・経済犯罪も死刑の対象である。
　軍部が権力を掌握した場合に限らず、国家的な危機や内政上の権力闘争の際に、長年にわたって適用されていなかった死刑が再導入されたケースも多い。カリブ海のいくつかの国々のように。
　ベッカリーアとその信奉者たちが現代に蘇って、最新の世界死刑統計を眼にしたならば、きっと落胆の色を隠せないだろう。社会のさまざまな進歩にもかかわらず、死刑信仰はなおも広まったままである。しかも死刑を放棄した国々においてすら、重大犯罪の量刑を決める際には抑止効果や応報といった古い考え方が根拠とされている。それは死刑賛成論者たちが好んで援用する事実である。

　変化の兆しはあるのか？　世界的な死刑廃絶運動の成功の鍵を握るのは米国である。これは論を俟たない。なぜなら米国は自国をリベラルでオープンな民主主義国家のモデル、人権の守護者を自認する国だからだ。何人かの法の専門家たちは、連邦国家構造の中で統一的な法文化を樹立することがそもそも可能かという点について、かなり疑問視している。というのも連邦法の下で死刑を宣告できても、その執行は個々の州の立法府の管轄事項であるからである。別の専門家は、おぞましい犯罪が報道された後に世論が衝撃を受けると、政治家たちがポピュリスト的な姿勢を強めると強調する。「死刑に対する立候補者の姿勢がリトマス紙となっている」。反死刑運動のリーダー格であったヒューゴ・ベドー教授〔哲学者（1926-2012）、「被害者なき犯罪」という概念の共同提起者〕はそう断言した。
　それでも今、死刑の意味と正統性について考える米国人は増えている。これは、死刑の犯罪抑止効果がどこの国でも持続的に証明されていないという事実と関係があるだろう。処刑システム全体のコストが将来的に賄えなくなるという洞察も一因となっている。あるいは米国がきわめて多くの価値や確信を共有するヨーロッパが、人権と法の実践という問題において、何ら社会的な危険をもたらさない規範を自分たちに示してくれているという米国の人々の認識も、そのような動きに一役買っているかもしれない。

応報文化から人道的な文明社会へと向かう米国。それは死刑廃止への全地球的な闘いに新たなインパルスを与えることになるだろう。
　「死刑否定の最も重要な論拠とすべきは、国家が自らの権力を１人の人間の人生を終わらせるために使用するならば、それは国家、さらには国民であるわれわれすべてを貶め、汚すことになるという点である」。エヴァンズはそう書いた。
　これに同意すべきは米国人ばかりではない。

展望

希望のとき？
——死刑制度をめぐる世界の現状

　毎年同じドラマが繰り返される。今回は2017年4月の火曜日の午前だった。会場の前方にはアムネスティ・インターナショナルの報告者たちが着座し、聴衆席にはジャーナリストや各メディアの代表たちが詰めかけた。皆一様に、実務的で、ときに意気消沈させるプレス会議の開始を待っている。この人権団体がベルリンで死刑判決と処刑をテーマとする報告を行うのだ。

　そこで発表される情報は、省庁や政府の公式統計、市民社会の各種組織の報告書、ならびにメディア報告など、さまざまな出典のものである。いずれもアムネスティのリサーチにより十分信頼に足るとみなされた数値であり、情報である。それは実に困難な取り組みだ。多くの国で政府は死刑執行の情報をまったく公表していない。逆に公衆がそれを知る可能性がある場合にはあらゆる形の公表がいっさい禁じられ、処罰され、弾圧される。死刑執行は国家機密に区分されている。この問題を追求する者は国賊として弾圧され、起訴されるのだ。こうした背景があるため、中国、ベトナム、北朝鮮、イエメン、マレーシアといった国々では、信頼できる情報の入手は不可能である。

　それゆえ報告書に挙げられている数値は、わずかの例外を除いて、せいぜい最小値に過ぎない。死刑を宣告された人々の数と執行数は実際にはもっと多いだろう。それにもかかわらずこの恐怖の年次統計は重要な文書であり、最小限ながらさまざまな情報と世論の反対の動きを確実に伝え、各地の現状を知らせ、種々の展開を描き出す。意気消沈させるようなものであれ、喜ばしいものであれ。2016年の公式の死刑執行数は前年の1,634件から1,031件へと減少したものの、死刑判決が言い渡された件数は1,998件から3,117件へと激増している。

　アムネスティによれば、この死刑判決の急増は、とりわけナイジェリア、カメルーン、ザンビア、ソマリアでの訴訟に起因する。アフリカで記録された2016年の処刑数は前年の443件から約2.5倍増えて少なくとも1,086件となった。アムネスティ報告によれば、テロ組織ボコハラムが不安と恐怖を巻き

起こしているナイジェリアだけでも、死刑判決の数は171件から527件へと3倍になっている。

　他方、今では世界の141カ国で死刑がもはや行われていない。アムネスティによると104カ国で死刑は廃絶され、30カ国では理論上は可能だが実際には死刑宣告はない。そして残りの7カ国では特別な犯罪に対してのみ、死刑が科される。

　さらにアムネスティ報告は、2016年に死刑囚を処刑した国は23カ国だったとしている。そのうちの四つの国が世界の全処刑数のほぼ90パーセントを占めている。第1位はイラン（567件の処刑）、第2位はサウジアラビア（154件）、そのあとにイラク（88件）、パキスタン（87件）と続く。ちなみにパキスタンは対前年比でかなりの減少となった。

　本当に処刑数が減ったかどうかは誰にもわからない。断片的な情報しかなく、統計数値も操作されたり、検閲されたりしている。表に出てこない数字が多く、情報価値は少ない。少なくとも部分的な欠落を免れない。このことはとくに中国に該当する。中国では死刑判決と執行に関する情報は国家機密とされ、厳重に管理されているのである。

　「中国の公式国家データバンクは、中国での死刑適用が減少したかどうかについては、政府の主張に反して、いかなる帰納的推論をも許していない」。アムネスティの研究員アレクサンダー・ボジチェヴィッチはベルリンでの報告でそう語った。同報告は学者や批判的なオブザーバーたちの判断に基づいて作成されたものである。確実にいえることは、中国ほど多くの人々が処刑されている国はどこにもないということである。中国では毎年、数千人を下らない数の人々が処刑されているのだ。

　中国だけでなく多くの国々、具体的にはイラクやイラン、北朝鮮、サウジアラビアでは、公正な裁判のための国際的な法的水準に満たない裁判手続によって死刑が宣告されている。これはいくつかの事例で、拷問による「自白」が強要される事態を招いた。世界のほぼすべての地域で政府は、国家または公共の安全を脅かす本物の脅威や建前上の脅威に対抗するべく、引き続き死刑を利用した。少なくとも世界の7カ国で、死刑はテロを動機とする犯罪に対して適用された。たとえば近東および北部アフリカ地域のほとんどの処刑がそれを根拠としたものである。いくつかの国々は死刑が適用され得る犯罪リストにテロ攻撃を追加した。また18歳未満の犯罪者も処刑されている。

　国際法は死刑を「最も重大な犯罪」に限定しているのだが、この「最も重

大な犯罪」に科される高い要件を満たさないような軽微な犯罪にも、死刑判決が言い渡された。そうでなくとも、何を「最も重大な犯罪」として起訴するかを定義する権利が、もっぱらそれぞれの国の権力者に占有されている点も問題である。かくしてサウジアラビアは2016年1月だけで47人を処刑した。公式的に「テロリズム、暴行教唆、組織犯罪謀議」を理由として死刑判決を受けていた人々である。瀆神、つまり神の冒瀆や「預言者や宗教に対する侮辱」のような犯罪も、同国では死刑となる。同性愛や姦淫の罪を立証された者もやはり死刑になる可能性がある。

　サウジアラビアはすでに2015年に、20年来で最多の死刑を執行していた。報道機関AFPの計算によると被処刑者は153名にのぼる。処刑数の増加はサルマン国王の即位と関連している。彼は2015年に先代のアブドゥル国王が死去した後を受けて王位に就いた。アムネスティは、サウジアラビアが死刑判決を少数派であるシーア派に対する政治的ツールとしても利用していると非難している。

　つまり同国は多くの死刑を執行しているにもかかわらず、これまで国際社会からの継続的な抗議を免れてきた。というのも経済的な利害が絡んでくると、まさにこのサウジアラビアとの関係でのように、倫理的な諸原則は背景に追いやられてしまうからである。

　商売は商売なり。商売相手の出身国で人権がどうなっているかなどという問題は、国際経済においては実際、まったく議論のテーマにはならない。たとえばサウジアラビアへの製品とサービスの輸出によって、ヨーロッパ、とくにドイツの企業はここ数年で、数十億ユーロを稼いでいる。それらの企業は、死刑を執行し野蛮な身体刑を実施している国との間で取引をしているのだ。

　だがそれは経済にとっては何の障害にもならないようだ。各社はこの権威主義的な王国への納品を続け、そして沈黙する。ドイツ企業は最近、市場に流通している防衛技術関連製品のほとんどをサウジアラビアの商売相手に売りつけた。2015年と2016年の売上品リストには、自動小銃から空中偵察システム、戦闘機の部品、武器の照準装置、ロケット・ミサイル、戦車砲用の榴弾砲まで載っていた。

　留意しなくてはならない点がある。それは2016年の年末時点で少なくとも1万8,848名もの人々が世界各地の死刑房に入っていて、自分の処刑を待って

いるということである。採用されている処刑方法は、中世の斬首刑から病院での薬物注射まで、きわめて多岐に渡っている。

- 斬首刑（サウジアラビア）
- 絞首刑（アフガニスタン、バングラデシュ、ボツワナ、インド、イラク、イラン、日本、パキスタン、パレスチナ［ガザ地区のハマス当局］、スーダン）
- 銃殺刑（ベラルーシ、中国、イエメン、ガンビア、北朝鮮、パレスチナ［ガザ地区のハマス当局］、ソマリア、台湾、アラブ首長国連邦）
- 薬物注射（中国、米国）

アムネスティがあいかわらず憂慮しているのは、人々が死刑判決を受け、処刑されている国々の多くで、公正な裁判のための国際的な法的水準に合致しない裁判手続によって死刑が宣告されている点である。それらの死刑判決や処刑が、しばしば拷問や虐待による「自白」に基づくものである可能性があるのだ。これが該当するのは、とくにアフガニスタン、ベラルーシ、中国、イラク、イラン、北朝鮮、サウジアラビアおよび台湾の各国である。イラクとイランでは、こうした「自白」が裁判の前にテレビで放送され、それにより推定無罪の扱いを受ける被告人の権利が大幅に制限されてしまった。

強制的なものとして定められた死刑判決は人権の諸原則と相容れない。というのも、それは被告人の個人的な事情や犯罪行為の特殊事情を考慮しないからである。そのような形で死刑が宣告されているのは、バルバトス、インド、イラン、マレーシア、モルジブ、パキスタン、シンガポール、タイならびにトリニダードトバゴである。

さらに故殺ではない犯罪行為を理由として人々が死刑を言い渡され、執行される例もある。その場合は「市民的及び政治的権利に関する国際規約」第6条が死刑判決の言渡しに課している「最も重大な犯罪」というハードルがクリアされないままとなる。一連の国々では麻薬犯罪にも死刑を適用していることが知られている。それは中国、インド、インドネシア、イラン、イエメン、マレーシア、パキスタン、サウジアラビア、シンガポール、タイおよびアラブ首長国連邦である。

死刑が科せられるその他の犯罪構成要件としては、姦淫と同性愛（イラン）、改宗のような宗教上の違反行為（イラン）、瀆神、（パキスタン）、魔術（サウジアラビア）、経済事犯（中国）、強姦（サウジアラビア）、さまざまな形態の悪質な強盗行為（ケニア、ザンビア、サウジアラビア）などが挙げられ

る。他にも死刑は、さまざまな種類の裏切り行為、国家の安全に反する行為、その他の反国家的犯罪（たとえばイランでは *moharebeh*〔神に対する敵対行為〕）に対して宣告されるが、その際、当該の行為によって人命が奪われたか否かは無関係である。そのような死刑判決が出されているのはガンビア、クウェート、レバノン、北朝鮮、パレスチナ地区（西ヨルダンのパレスチナ当局、ガザ地区のハマス当局）およびソマリアである。北朝鮮では問題となる犯罪が同国の法律では死刑に該当しない場合ですら、死刑が言い渡される。これは軍事法廷や特別法廷でしばしば起き、民間人が被告人である場合もある。これは北朝鮮だけでなく、エジプト、コンゴ民主共和国、レバノン、パレスチナ地区とソマリアでもみられる。

　ささやかな潮目の変化も、ほんのわずかな希望も認められないのだろうか？　いや、そんなことはない。数は少ないながら、いくつかの国では改革が行われており、それはアムネスティの調査にも示されている。中国とベトナムは、死刑が科され得る犯罪構成要件の数を減らした。マレーシアは改革を発表した。それは強制的に死刑を定めている法律を見直すためである。ブルキナファソ、ギニア、ケニア、大韓民国（韓国）では死刑を廃止する法案を検討している。

　40年以上前にアムネスティが死刑廃止のキャンペーンを開始したとき、すでに16の国々が死刑を法律から完全に削除していた。この1977年は突破の年だった。今日では地球上の国々の過半数が完全に死刑を廃止している。さらに数十の国が10年以上死刑を執行していないか、もしくはこの刑罰を完全に停止する考えを明確に発表している。2016年にはそれと逆行する流れ（とくにイラン、イラク、パキスタン、サウジアラビアでの死刑執行数の増加）も若干みられたが、長期的なトレンドは世界的な死刑廃止の方向に進んでいる。

　死刑廃止へと向かう潮流が逆流することはない、アムネスティ報告はそう断言する。2016年にはさらにナウルとベニンの両国が死刑を法文から削除し、実践面でも撤廃した。これにより両国は世界の国々の多数派に仲間入りしたことになる。アムネスティの専門家アレクサンダー・ボジチェヴィッチによれば、いったん死刑が廃止されると、再導入されるのはまれであり、これまでのところそれはガンビア、パプアニューギニア、ネパール、フィリピンでしか起きていないという。ちなみにネパールとフィリピンは今では再び死刑を廃止している。

太古の死刑から薬物注射まで。それぞれの比較はアンビバレントである。サウジアラビアでの斬首が野蛮で、薬物注射による処刑は「モダン」なのかという問題も提起される。実際に米国では、「人道的」で「清潔な」処刑方法であるという理由で薬物注射による処刑は「モダン」とみなされている。それは画期的な進歩であり、人道性の発露とまでされているのだ。死刑の必要性を多くの米国民はほとんど疑問視していないが、ただその執行については法治国家らしいモダンな方法を執ることを求めている。当然彼らは過去の恐るべき処刑儀式とはもはや何も共有していないという。しかし死刑の廃絶となると米国のいくつかの州はあいかわらず苦戦している。先の米国大統領選で死刑の存置を支持したのは、共和党のドナルド・トランプ氏だけではなかった。

　いずれにせよ、死刑反対論者たちが歓迎できる状況はあるだろう。米国は2006年からは世界で処刑数の多い上位5カ国に入っていないのだ。それでも米国では2016年になお20名の人々が処刑された。その前年2015年は28名だった。もっともこれは必ずしも米国民の考え方が変化したということではない。いくつかの州では処刑規定に関する訴訟によって処刑が停止されただけであり、また別の複数の州では、本書ですでに述べたように、単に処刑用薬物の調達面の問題で処刑が行われていない（これに関しては、たとえば本書「プロローグ」のアーカンソー州の事例を参照されたい）。

　現状はといえば、ここ数年、製薬会社が次々と致死的な薬物の納入を停止している。それどころかEUは輸出を禁止した。現存する死刑存置国を示す世界地図上でヨーロッパはほぼ完全に白一色である。そこでも何世紀にもわたる国家による殺害の伝統があったのだが、それはもうすでに過去の話となった。

　希望はもてるのだ。

死刑制度に抗して

トーマス・フィッシャー*

　ヘルムート・オルトナー氏の本書は『国家が人を殺すとき』という表題である。この表題が意味するもの、それは殺人全般ということではない。単に人が人を殺すということでもない。ここで問題となっているのはかなり特殊な殺人、われわれが「死刑」と呼ぶ現象なのだ。単純にみえるこの言葉の裏には無数の前提や想念、さまざまなレベルやコノテーション（共示、潜在的な意味）が潜んでいる。最もシンプルなものは、死と罰、罰としての死である。オルトナー氏が扱う対象は、ことの本質上、さらに限定され、国家による制裁罰としての死である。こうした限定はいささか細か過ぎるようにみえるかもしれないが、対象をきちんと把握しようとするならば、決して細か過ぎるものではない。

I.

　殺すことは無化、生命の消去、存在の排除である。人間は食べるために無数の動物たちを殺している。ほとんどの人はそれを何ら問題のない「自然なこと」だと考えている。人間の殺害ではそういうわけにはいかない。戦時下で感覚が鈍磨しているときですら、人を殺すことは前代未聞の、恐るべき、最悪なことなのである。私の知る限り、あらゆる法秩序において殺人は、原則として最も重大な犯罪とみなされている。

　人を殺すことはさまざまな点で共同体の破壊をもたらす。社会的存在である人間は共同体が存続し、機能することを頼りとする。それゆえ共同体の中でこそ、家族や一族、部族、社会的・経済的なシステムといったさまざまな形の密接な関係性や相互依存が生まれるのだ。こうした事情を考えれば、殺人がとりわけ非難されるべきもの、社会を害するものとして扱われることは納得できよう。このことが同時に示すのは、人間にとって殺すということが決して馴染みのないもの、遠いものではないということである。競争相手や

トラブルメーカー、資源や生存のチャンスをめぐってライバルを殺すことは、最終的な解決と持続的な成功を約束してくれるのだ。

II.
　ここに復讐という現象が絡んでくる。加えられた不正や傷害・毀損、侮辱に復讐したいという欲求と衝動は、人類の進化の構造の中に深く根づいた要素なのである。さほど顕著ではないものの、これは類人猿にもすでに認められる。類人猿では、社会関係全般において、そしてこの社会的関係が個体の精神に定着した部分においても、いわゆる「レシプロシティ（互恵性）」の原理が重要な役割を演じるのであるが、これは「正義」に関するわれわれ人間の考え方の根底にもあるものである。すなわち侵害とその帰結、ギブ・アンド・テイク、メリットとデメリットが、適正で「公正」で妥当であるとみなされるためには、互いに均衡のとれた「正しい」関係になくてはならない。このことは人間の文明においてすでに非常に早い段階で、次のような永遠の課題を人間に突きつけてきた。その課題は、際限のない復讐の代わりに、そのような相互性、適切な相互歩み寄りの問題をうまく調整し、共同体が互いに殲滅と損壊の破滅的プロセスの中で苦しまないようにすること。その一方で「平和的」な、つまり可能な限り暴力のない、公正と感じられる均衡点（調整方法）をみつけ出し、それを維持できるようにすることである。
　「内部」に対するそのつどの「外部」の状況は、個別的な差異はあるもののほぼ同一である。すなわち、多少は離れていてもともに暮らす複数の共同体（部族、集落）の内部では、暴力のない高度の調和が集団にとってきわめて重要であるのに対し、よそ者、部外者やその共同体は、継続的に敵対者、競合者、競争相手とみなされ得る。そのような相手を殲滅することは、戦利品や影響圏の拡大だけでなく、敵から反撃されないという安心感をも約束する。

III.
　復讐とは、個人に関係する個別的な行動モチーフであり、好みや愛情、嫌悪、憎悪、所有欲などとまったく変わらない。これは個人同士の集合である共同体にも投影され得る。つまりいわゆる「仇討ち」で、これは儀式化された個人的なモチーフが数世代にわたって作用し、つねに新たな相互作用と復讐のモチーフを作動させ得るという例である。同様のことは、フェーデ〔中

世ヨーロッパで広く行われた紛争解決手段としての私闘〕やいわゆる反目する氏族・部族間の抗争にも当てはまる。敵の殲滅を狙う新たな闘いは、いずれも同時に敵の先行する戦闘行為に対する復讐行動である。

　しかし近代国家という意味での「お上（Obrigkeit）」の成立とともに視点は変化する。近代国家は「個人的な」利害や動機をもたず、「公権力」、すなわち全体の利害を代表し、場合によっては自国民の個々の利益を損なってでも国家の意志を貫くものとして定義される。近代国家の成立は、私的なフェーデや復讐心に基づく自力救済の抑制、私的権力の正統性の否認、国家機関における権力行使の独占といった要素と不可分に結びついていた。つまりどれほど正統性が認定されていようとも、国家は「上位におかれ」、脱個人化された全体利益の単なる管財人だった。絶対的な支配者のクレド「朕は国家なり」はまさしく個人的な利害の申立てではなく、脱個人化された機能において人物が開花を遂げたことの現れなのである。

　このことは民主的な（法治）国家における国家支配の正統性構造においてさらに明確なものとなる。そこでは支配を正統とするメカニズム（代表選挙、議会、評議会、多数決の原理）のみが個人的な利害や気分に依拠していないのではなく、行政の執行権力も立法や司法の権力から分離されている。この社会的発展の全体像を俯瞰すると明らかなように、家族の一員の死に復讐したい（あるいは復讐しなくてはならない）と思う「族長」や家長と、刑罰を下したり執行したりする裁判官や司法執行官の間には、かつてなかったほど大きな正統性の違いが生じている。

　簡単にいうと、国家は自らを放棄せずして、自国民に復讐し得ないということである。これは、若干名の国家代表や組織が主観的にそのことを感じている場合ですら当てはまる。近代国家の「処罰権」は応報に根ざしたものであるが、それは個人的な償い、つまり国家の個々の構成員を満足させる償いという意味での「復讐」構造ではない。本書でオルトナー氏は死刑執行人の個人的な述懐や報告、自己分析を引用している。それらが有力な証拠として証しているのは、処刑人たちが禍々しい恐怖を伝える使者・化身として、近隣でタブー視され、排除されていた時代でさえ、彼らの自己理解においては、「職業」義務の履行、法と秩序と命令を守る義務、技能の修得とさらなる上達といった要素が支配的であったという点である。

　そして近世で最も重要な処刑装置の考案者であるギヨタン氏（ギロチンの考案者）もエジソン氏（電気による処刑装置の考案者）も、復讐欲求や恐ろ

しい殺戮意志を動機として行動したわけではなかった。その反対に彼らは、それぞれが対症療法的なやり方で、国家による（「敵」ではなく）「自国民」の殺害を、産業革命と脱個人化の時代にうまく融合させたのだ。それは「復讐」などとは何の関係ももっていなかった。

IV.

　国家の処罰目的という視点からすると、犯罪行為の法的帰結として人間を殺害することは、完全にとはいわないまでも、かなり不合理なことである。死刑による脅しは、さまざまに調査され、証明されているように、（長期的な）自由刑の宣告に勝るほどの犯罪抑止効果を達成していない。喧伝されているのとは異なり、死刑は格別に手間もコストもかかる。それが単なる復讐欲の充足たり得ないからである。死刑には、被処刑者に最大限の損害を与えておきながら、それが修正不能な誤謬と判明するリスクがつきまとい、しかもこのリスクは小さくはない。したがってそれは国の処罰システム全体の深刻な正統性喪失を招きかねない。そうした重大なデメリットに対して、「メリット」は二つしかない。つまり犯罪者の潜在的な危険性が最終的に除去される点と、輝かしいか否かはともかく、一定の応報感情が満たされる点である。両者の対立、それはつねに社会内部の法政策上の対立でもあるのだが、それがさらなる重大な負荷となって、法システムを継続的に弱体化することになる。

　国家の合理性は個々人の復讐心に根ざした破壊欲求とどのように結び合わされるのか？　われわれは部分的に重なり合う二つの特性をそこにみる。犯罪者を敵とみなして排除することと、復讐の「管財人」として被害者の代理を務めることである。

　第1の特性は、たとえばいわゆる「国家に対する犯罪」、つまり大逆罪、国家転覆罪、国家反逆罪、スパイ罪などにおいて主流である。そこでは犯人はそれぞれの国家から「よそ者」として扱われ、敵勢力の回し者、さらにはいわば国民共同体からの離反者、いまだそこに所属したことのない者、せいぜいが（戦時）国際法に基づく保護請求権をなおも有する者として遇せられた。

　第2の特性は経験上も感覚的にも、より身近である。ここで国家の処罰権力は注目に値する人形(ひとがた)のような働きをする。つまり個人による復讐を回避するために自分たちには代理で処刑を行うことがゆだねられていると称するの

だ。当の処罰権力がそのような動機をまったく共有していないにもかかわらず、いや、共有していないからこそというべきか？　もちろんこれがうまく機能するのは、実際に個人的な動機を持つ個々人が、国家権力への委託を通じてそのような欲求（応報感情）の充足を要求する（ことが可能な）場合に限られる。

　しかしそれは、合理的・官僚主義的な国家構造および行政執行の諸条件の下では可能ではない。犯罪被害者の遺族が死刑囚の処刑に立ち会う権利は米国の複数の州で認められているが、それは個人的な復讐のシミュレーションというほとんど亡霊じみた過去の遺物である。これがとくに当てはまるのは、犯行と有罪判決と死刑執行の間にしばしば何十年も間が空く場合である。

V.

　ドイツ基本法第102条は死刑を禁止している。この禁止が歴史的にはナチス戦犯たちに処罰を逃れさせる試みに起因するものであることは、言及されてよいし調べる価値もあるが、結果的には重要ではない。

　人間の尊厳は不可侵であるという基本法第１条の位置づけの方が、より重要と思われる。人間の尊厳の保障の保護範囲がどのように決められるかという点とは無関係に、わが基本法の国では、「あらゆる国家権力」に義務づけられる人間の尊厳の保護は人間の身体的存在とは無関係に命じることができない。この点は否定しがたい。つまり純然たる生命が尊厳の実現にとって欠かせない前提なのである。この公理に関しては異論の余地があり、さまざまな疑問が呈されている。なぜ正当防衛で相手を死なせることは許されるのか？　なぜ戦時下での殺人は許されるだけでなく、特別に名誉なことなのか？　なぜ敵への攻撃の際の「巻添え死」は甘受されるのか？　いわゆるテロリストとされる者は、あらゆる国家権力から保護されるべきいかなる尊厳を持つのか？　そしてそれは、ドイツの連邦首相がテロ殺人の容疑者の「殺害に成功したことは喜ばしい」と公式に発表することと、どう折り合いがつくのか？　ドイツ連邦共和国の支援と同意の下で世界の危機地域の容疑者たちが遠隔操作によって殺害されているが、それは死刑判決なしに処刑が「先取り」されたということではないのか？

　そしてその帰結として、人は自らの人間としての尊厳を喪失し、それを台無しにすることができるのか？　もしできるとするなら、なぜわれわれはいわゆる「死の候補者たち」の扱いにかくも苦慮するのか？　なぜ彼らを動物

のように扱わないのか？　なぜわれわれは良心の呵責を感じるのか？　なぜわれわれは指示するのか？　彼らを恐ろしいやり方でではなく「優しく」死なせることを。彼らを苦しみ悶えた末にではなく、楽に死なせるようにと。さらには彼らがゴールデンタイムに生中継されて、数百万人の視聴者の前でポップスターのような処刑人に殺されるのではなく、遠く離れた場所で処刑装置によってひっそり死ぬようにと？

　最後に挙げた処刑の生中継については、いつでも賛同者を集めることができる。共和国の横断歩道や酒場、茶の間で訊いてみるとよい。そうした場所で目にすることができる恐怖と暴力のファンタジーには際限がない。まともなドイツの納税者や自宅前道路の駐停車禁止の賛同者は、好きにしてよいとなれば、「性的児童虐待者」や年金生活者を殺害した犯人に何をしでかすことか。それはいつでも、暗鬱な大量殺戮や禁忌とされたカニバリズム（人肉嗜食）と大差のないものとなるだろう。

VI.

　どのようにしたら、これらすべてをうまくまとめることができるのだろう？　議会民主制の正統性が問題となる場合や、「真なる」国民意思による支配に反対の論拠が重要となる場合、さらには直接民主制の諸形態が問題となる場合には、一般に広まっている死刑支持が好ましい論拠となる。しかしそれがうまくいっているとは言いがたい。ただこれは反対のものについてもいえる。つまり代議員の意思でないとするならば、代議制の市民支配においていったい何が代表されるというのか？　死刑を脅しに使い、命令し、執行する国々、そしてドイツ連邦共和国の側から「人権のための闘いにおける同盟国」とみなされている国々では、そのような見方がなされているのだ。

　国家、いやむしろ国家権力は、復讐や私的制裁の正統性を否認するという使命を持つだけではない。その物質的内容は技術的な濾過作用や量的に重要な利益の実現によっては汲み尽くされない。むしろつねに重要となるのは質的特徴なのである。これらの質的特徴は「天与のもの」ではなく、社会の状態、発展、構造、支配関係と無縁ではない。そのことを通じてそれらの特徴は規範的決定、すなわち評価的決定の表現となっているのである。

VII.

　国家は自国民を殺してはならない。これはしごくもっともなことに聞こえ

るが、必ずしも絶対的なものではない。国家がどこかの国に宣戦布告するや否や、国家は国民を命令と強制により戦地に赴かせることが許される。そこではかなり高い確率で殺されたり、他国の国民を可能な限り多く殺したりすることになるだろう。先日「今年のテレビ界のできごと」という番組が放送され、その中で数百万人の視聴者のうちのなんと7割が、ある考えに賛同した。それは、もしそうすることで「さらなる被害」(たとえばさらに多くの人の死)を回避できる可能性があるならば、国はまったく罪のない犯罪被害者を殺すよう職員に命じてもよいというものだった。そのような命令に従わない警察官、兵士、公務員は、命令拒否もしくは規律違反で訴追すべきだというのだ。適切な働きかけをしさえすれば、ドイツの平和を愛する市民や人権派の人々の70パーセントがこれに賛同するだろう。「特殊ケース」であることを十分に説明して質問すると、同じくらい多くの人々が、自白の強要のためや重大な危険を防ぐためなら、拷問の活用についても支持するのだ。

Ⅷ.

衝撃的で人を混乱させる、わかりにくい結果だが、これにはきちんと向き合わねばならない。管見では、歴史を背景にして考えるならば死刑反対の有力な論拠が二つ残っている。

第1の論拠は、われわれの理解するような法治国家は敵の殲滅を根拠とする復讐のモチベーションを国民に対して「みせつけ」ず、せいぜいそのようなみせつけを情報伝達のためにシミュレートし得るだけであるということである。しかし国家はこれを行うことによって、このみせつけと自身の存在を正統化してくれる構造自体を切り崩してしまう。

第2はモラルと倫理の論拠だが、いかにそれを社会的に根拠づけるかということである。壊滅的な復讐のモチーフと同様に、共感、連帯、共苦のモチーフも人間の本性に深く根ざしている。このモチベーションは原則的にどの同時代人にも当てはまり、同様に原則的に個々人が仲間の誰からも期待するようなモチベーションである。

多くの死刑支持者のほとんど誰一人、どこかの公式に認定された機関が、それは正しいと決定した場合に、これを理由として自分自身、ならびに自分の身体と生命を殺害および根絶のプロセスにゆだねる覚悟はない。大口を叩いてきわめて残酷な死刑の執行を支持する者ですら、自ら雇われ処刑人として働き、純然たる「義務心」から公安部で交代勤務をして人々を殺す覚悟も

能力も持ち合わせていないだろう。相手の「罪」を知らず、自分の判断に身をゆだねてもいない。これを可能ならしめるには、20世紀がわれわれに教えたように、大掛かりな非人格化のメカニズムが必要である。

　それゆえ犯罪に対する国家的制裁としての死刑は、国家が合理的に定義された公共体の圏域から外に踏み出ること、そしてどうやら復讐の圏域へと後戻りすることとして描き出される。この復讐の圏域とは核心において不合理で、測りがたく、自分自身から截然と区別されない欲求の圏域である。もちろんこのことはシミュレーションの道程においてのみ生じ得る。つまり情熱や情熱のファンタジーの劇場での劇作品のシミュレーションである。国家は犠牲となった人間の尊厳のため、そして処刑される者の尊厳を守る義務のために、スタッフを使ってこの劇を演じさせるのだが、そうすることで国家は自らあらゆる真摯さを演じることになる。

IX.

　ここではそれ以上をいうことはできない。死刑に関しては多くの人々が重要で啓発的なことを語っている。

　ただしこのオルトナー氏の本は特別である。表面的な読み方をすると、詳細な分析という面を脇において、事実のみに語らせているようにみえる。しかし本書は諸々の事実を実に正確に受け止めており、どう評価すべきかという問いは事実自体が読み手に突きつけてくる。本書はこのことを通じて内在的な分析力の獲得に成功しているともいえよう。この分析力こそは注目に値し、心を打つ本書の美質なのである。

2017年6月

＊トーマス・フィッシャー　　　Thomas Fischer
　　1953年生まれ。ヴュルツブルク大学教授。刑法・刑事訴訟法を専門とするドイツ連邦裁判所刑事第2部の元裁判長。毎年改定される刑法典（StGB）の標準コンメンタールの著者であり、多数の書籍および論文の著作者。ツァイト・オンライン上の舌鋒鋭いコラムやコメンテーターとしてのテレビ出演でも知られる。

訳者あとがき

須藤 正美

　ナチス時代に多くの国民がささいな言動で死刑を言い渡され、法的救済手段もろくに与えられないまま死刑執行された歴史的事実を踏まえ、ドイツ連邦共和国（西独）では1949年という戦後かなり早い時機に死刑が廃せられた（ただし東独は1987年）。統一から28年が経った現在のドイツでも死刑反対の論調は強く、本書でもいくつか引用されているように、メディアも他国の死刑執行を詳細に伝える記事や死刑反対の論説を頻繁に掲載している。

　たとえば数年前にドイツの優れたジャーナリストの記事を顕彰するヴォルフ賞に輝いた記事が話題になった。この賞はナチス時代に迫害され、逃亡の最中に病死したユダヤ系ジャーナリスト・新聞発行人のテオドール・ヴォルフの名を冠した賞である。当時は政権から執筆禁止を命じられた彼が戦後に死後の復権を果たし、その名が今では優れたジャーナリストに与えられる賞となっているのだが、例年になく短いものの強烈なインパクトを与える受賞記事「親愛なるサキネー・アシュテイアニ」の中で、記者メリィ・キヤックは石打ちの刑の実態を生々しく描いた。これは、石打ちの刑がいかなるものか、死刑囚はどのような感覚をもち、どのように死んでゆくのかを、処刑される女性になり代わってドキュメンタリー風にまとめ、そのような刑罰の残忍さを浮き彫りにするとともに、そのような死刑を存置させている社会の現実を鋭く批判したものである。

　ドイツのジャーナリスト、ヘルムート・オルトナーが該博な知識を披瀝しながら読者に突きつけるのも、まさにこのことである。

　2017年日本で初めて、ナチス時代の悪名高き人民法廷を主導した裁判官ローラント・フライスラーについての彼の評伝が邦訳された（拙訳『ヒトラーの裁判官フライスラー』〔原題: *Der Hinrichter: Roland Freisler – Mörder im Dienste Hitlers*〕白水社、2017年）。そこではナチスが政権に就くや、法律家たちが雪崩を打つように体制にすり寄っていった経緯、ドイツ帝国の敗色が濃くなるのに反比例して些細な言動に対しても死刑判決が連発され、粛々と

執行された事実、そして戦後ドイツでほとんどのナチス法曹人が非ナチ化の粗い網の目を掻いくぐって復職を遂げた経緯が、周到な調査と揺るがぬ反骨精神をもって描き出されていた。本書においてもオルトナーは見事な徹底性と巧みな構成力で、死刑の歴史とその現状を浮き彫りにしている。凄惨な処刑方法が事細かに紹介されてはいるが、類書にありがちな、怖いものみたさの読者の好奇心への「媚び」でないのは、彼のこれまでの著作一覧をみれば一目瞭然である。ヒトラー暗殺未遂犯の素顔に迫った評伝『孤独な暗殺者ゲオルク・エルザー──ヒトラーを殺そうとした男』(*Der einsame Attentäter: Georg Elser – Der Mann, der Hitler töten wollte*, 2008〔1989年刊行版の改訂増補版〕) でも、世界的に有名な冤罪事件を扱った『見知らぬ敵、サッコとヴァンゼッティ──ある司法殺人』(*Fremde Feinde: Sacco & Vanzetti – Ein Justizmord*, 2015) でも、彼の視線は処刑された無辜の人々、正義の人々に向けられている。

　本書でのオルトナーは、トーマス・フィッシャー教授の「死刑制度に抗して」にもあるように、自身の死刑反対論を展開するというより、さまざまな時代、さまざまな国の人々が残した文章や最新の統計数値に語らせようとしているようにみえる。古代からの死刑の実践とその「文明化」、「人道化」の歴史を縦糸に、死刑を巡る現在の世界各地の状況を横糸にして編み上げられたテキストの中に、死刑という制度のありようが自ずから浮かび上がる。その図柄を通してオルトナーは読者に熟考と再考を促しているのだと思う。

　死刑存置に賛成する人が多数を占める日本が、世界の死刑廃止の潮流の中で、いかに特異な国であるか。ヨーロッパ文化圏のオルトナーの本書はそうした視点からも私たちに再考を促す。本書に含まれるさまざまな知見が一つの契機となって、日本でも死刑を巡る議論がより活性化し、日本人がより多角的な見地からこの問題を考えるようになること、それが彼の願いである。

　一橋大学名誉教授の村井敏邦先生には、日本における死刑の歴史と現状についての、きわめて啓発的な文章をお寄せいただいた。本書が原書にもまして重層的・多面的な啓発の書となり得ているとすれば、村井先生のお力である。日本評論社の串崎浩さん、武田彩さん、大東美妃さん、ブックデザイナーの日下充典さんにも、その細心かつ精力的なご協力に対し、オルトナーに成り代わって感謝申し上げたい。

　最後に、前作『ヒトラーの裁判官フライスラー』の日本にとっての価値を

いち早く見抜かれ、オルトナーを招待講師として招聘していただいたERCJ（NPO法人刑事司法及び少年司法に関する教育・学術研究推進センター）理事長の故守屋克彦先生には、本作『国家が人を殺すとき』の邦訳出版にも強力な後押しをしていただいた。衷心より感謝申し上げる次第である。

2019年1月

補　遺

◆処刑方法に関する資料──絞首刑から薬物注射まで

かつてよく行われた殺害方法

身体を引きちぎる（八つ裂きならびに内臓抉りと四つ裂き）
内臓抉り
高温で溶かした金属の流し込み（使われたのはたいてい鉛だが金のこともあった。古代ユダヤ世界およびその他の古代オリエント諸文化）
生埋め
さまざまな刀剣による刺殺
絞殺（たとえば1974年までスペインで行われたガローテ〔鉄環絞首具〕による処刑。フィリピン・マニラのビリビッド刑務所でのガローテを用いた処刑、1901年）
凍死
撲殺（車輪刑、フストゥアリウム〔ガントレット〕）
突き落とし（たとえば塔や橋など高所から）
溺死
皮剥ぎまたは拷問
釜茹で
餓死（飲食物を与えない）
磔刑
マッツォラータまたはマッツァテッロ（イタリアで19世紀初めまで行われた。罪人は大勢の観衆の方に顔を向けて立たされ、聖アンデレ十字架に架けられることもある。その後、罪人は棍棒で頭部を滅多打ちにされた）
袋詰め、溺死刑の変種（罪人を生きている動物とともに袋の中に入れて縫い閉じ、水中に沈める）
公開での生体解剖
失血死（杭打ち、細断、四つ切り）

焼死（薪の山）
薬物投与による毒殺（おそらく最も有名な事例はドクニンジンの杯によるソクラテスの処刑）
圧壊死（石またはガローテに似た器具を使用）

21世紀によくみられる殺害方法

電気椅子（米国、1889年以降）
断首（刀剣による）
絞首（絞首台。死は頸椎骨折、脳への血流停止または窒息によりもたらされる）
銃殺（心臓部または頭部への銃撃、頸部銃撃施設）、軍部では「フュジリーレン（射殺部隊による銃殺刑）」と呼ばれる。
石打ち（イスラムのシャリーア）
毒殺（ガス室）

◆1976年以降に死刑制度を廃止した国々

1976　ポルトガル。カナダ（平時）
1978　デンマーク。スペイン（平時）
1979　ルクセンブルク、ニカラグア、ノルウェー。ブラジル、フィジー、ペルー（ともに平時）
1981　フランス、カーボベルデ
1982　オランダ
1983　キプロス、エルサルバドル（ともに平時）
1984　アルゼンチン（平時）
1985　オーストラリア
1987　ハイチ、リヒテンシュタイン、ドイツ民主共和国（旧東独）
1989　カンボジア、ニュージーランド、ルーマニア、スロヴェニア
1990　アンドラ、クロアチア、スロヴェニア、アイルランド、モザンビーク、ナミビア、ハンガリー、サントメ・プリンシペ、チェコスロバキア共和国。ネパール（平時）
1991　マケドニア
1992　アンゴラ、パラグアイ、スイス
1993　ギニアビサウ、香港、セイシェル。ギリシャ（平時）
1994　イタリア
1995　ジブチ、モーリシャス、モルドバ、スペイン。南アフリカ（平時）
1996　ベルギー
1997　ジョージア（グルジア）、ポーランド、ネパール、南アフリカ。ボリビア、ボスニアヘルツェゴビナ（ともに平時）
1998　アゼルバイジャン、ブルガリア、エストニア、イギリス、カナダ、リトアニア
1999　東チモール、トルクメニスタン、ウクライナ、バミューダ。リトアニア（平時）
2000　マルタ、コートジボワール。アルバニア（平時）
2001　ボスニアヘルツェゴビナ。チリ（平時）
2002　キプロス、ユーゴスラビア。トルコ（平時）

2003　アルメニア（平時）
2004　ブータン、ギリシャ、サモア、セネガル、トルコ
2005　メキシコ
2006　フィリピン
2007　アルバニア、キルギスタン、ルワンダ、クック諸島、カザフスタン
2008　アルゼンチン、ウズベキスタン
2009　ボリビア、ブルンジ、トーゴ
2010　ガボン
2012　リトアニア
2015　フィジー、コンゴ（共和国）、マダガスカル、スリナム
2016　ベニン、ナウル、ギニア

　　　　　（出典：アムネスティ・インターナショナル、2017年4月11日現在）

◆出典について

　この書物は文献の渉猟と調査と聞き取りの産物である。学術研究書ではない。私は自分のみに啓蒙の義務を感じる著述家の自由を自らに禁じた。以下にさまざまな出典を掲げるが、そのうちの何冊かは特記に値する。一つにはそれらが私に本書執筆の動機を与えてくれたからであり、もう一つにはそれらの本による感動を他の人たちとも分かち合いたいからである。したがってここに掲げるのは、それぞれのテーマについて関心のある向きには認識を広げてくれる必読の書物である。

　当然ながら国家による処罰と殺害の歴史に関しては、数多くの書籍や研究がある。歴史上の各時期についての基本書としては高名な書籍が多いが、このテーマの非常に優れた明晰な入門書としては、Jürgen Martuschkat『演出された殺人——17世紀から19世紀までの死刑の歴史』(*Inszeniertes Töten - Eine Geschichte der Todesstrafe vom 17. bis zum 19. Jahrhundert*, Köln/Weimar/Wien 2000) が挙げられる。私がとくにインスパイアされた書籍はリチャード・J・エヴァンズ『復讐の儀式——ドイツ史における死刑1532-1987』(*Rituale der Vergeltung. Die Todesstrafe in der deutschen Geschichte 1532-1987*, Berlin/Hamburg 2001) である。

　分野横断的でグローバルな問題設定と視点について印象的な方法で教示してくれるのが Christian Boulanger、Vera Heyes、Philip Hanfling による論集『死刑のアクチュアリティについて——分野横断的でグローバルな視点』(*Zur Aktualität der Todesstrafe. Interdisziplinäre und globale Perspektiven*, Berlin 2002) である。

　古い著作の中にも価値のあるものは多い。たとえば1764年に初版が出た（当時は著者名なし）Cesare Beccaria『犯罪と処罰』(*Über Verbrechen und Strafe*, Frankfurt 1966) や太古の刑罰について概要を明らかにしてくれる記録書 Ch. Hinckeldey『古い時代の司法』(*Justiz in alter Zeit*)。これはローテンブルク中世犯罪博物館の叢書として1989年に刊行された。

　さらに歴史学者 Richard van Dülmen の労作『恐怖の劇場——近世における裁判儀式と処罰儀式』(*Theater des Schreckens. Gerichtsrituale und Straf-*

rituale in der frühen Neuzeit, München 1988）も紹介したい。同書で彼は近世の裁判実践と処刑の儀式をわかりやすく説明している。

　さまざまなテーマについても、たいへん興味深く、ぜひとも紹介したい研究がある。たとえばギロチンの歴史に関しては Daniel Arasse の偉大な書物『ギロチン——機械の力と正義の見世物』（*Die Guillotine. Die Macht der Maschine und das Schauspiel der Gerechtigkeit,* Reinbek bei Hamburg 1988）ならびに必読の Andreas Schlieper『啓蒙された殺人——ギロチンの歴史』（*Das aufgeklärte Töten. Die Geschichte der Guillotine,* Berlin 2008）である。

　真に迫った個人的なルポルタージュや手記、文書資料には感動させたり、当惑させるものがある。たとえば1793、94年の恐怖の時代を記したシャルル＝アンリ・サンソンの日記『処刑人』（hrsg. Chris E. Paschold, Albert Gier, *Der Scharfrichter,* Frankfurt a. M. 1989）である。ドイツ最後の処刑人の1人ヨハン・ライヒハルトを描いた Johann Dachs『ギロチンによる死——ドイツの処刑人ヨハン・ライヒハルト（1893-1972）』（*Tod durch das Fallbeil, Der deutsche Scharfrichter Johann Reichhart (1893-1972),* 初版 Regensburg 1996）もここに掲げておきたい。

　「死刑囚最後の食事」の慣習について詳細に分析しているのが Hans von Hentig の名著『最後の食事の起源について』（*Vom Ursprung der Henkersmahlzeit*）である。これは1958年に初版が出て、ネルトリンゲンで1987年に再版された。

　私は写真術を自律言語として評価している。本書には収録していないが、米国の女性カメラマン Lucinda Devlin の卓越した写真集 *The Omega Suites* を紹介したい。米国の処刑室を撮った彼女の資料価値の高い冷静な写真の数々は、見る者に感動を与えるが困惑させもする。Susanne Breidenbach の編集、Barbara Rose の読み応えのある序文付きの同書は、2001年にゲッティンゲンで刊行された。

　無味乾燥とみえる統計資料も黙せる証言として考慮に値する。毎年フランクフルト・アム・マインのアムネスティ・インターナショナルから刊行される世界の人権状況に関する報告書は信頼できる情報、数値、統計資料の集成であり、特記に値する。やはり毎年公表され、アムネスティから刊行される処刑と死刑判決に関する報告書も同様である（アムネスティ日本 URL: https://www.amnesty.or.jp/library/report/）。

◆註

　個々の出典については本書のそれぞれの章ごとに、本文で引用した順に紹介する。いずれも本書の準備作業に使用させていただいたものである。

プロローグ

　日本での処刑について：「日本が2件の死刑を執行」（"Japan vollstreckt zwei Todesurteile" tagesanzeiger.ch［2017/12/19］）
　中国における大量処刑について：
URL: http://www.spiegel.de/panorama/justiz/china-todesurteile-in-sportstadion-verkuendet-a-1183899.html［2017/12/18］
　イスラエルの死刑関連法について：「イスラエル議会は〈テロリスト〉に対する死刑を承認」（"Israels Parlament stimmt Todesstrafe für 'Terroristen' zu" merkur.de［2018/1/14］）
　Barbara Roseからの引用は以下の詳細な論文による：Lucinda Devlin, *The Omega Suites*, Göttingen 1986

序

　米国における死刑の状況については、アムネスティ・インターナショナル『国家が人を殺すとき』（Berlin 2016）を参照されたい。さらにヴェルト紙日曜版［2015/10/4］掲載のTina Kaiser「死刑判決」（"Das Todesurteil"）は米国の司法制度とグレン・フォード死刑囚についての印象的な特集記事である。フォードは特別厳重な警備で知られる刑務所でほぼ半生を過ごしたが、後にその無実が判明した人物である。
　ロナルド・スミスの人生最後の数分間をシュテファン・シュルツは、spiegel-online.deに寄せた文章「ロナルド・スミスの不手際な処刑」［2016/12/10］で紹介している。
URL: http://www.spiegel.de/panorama/justiz/todesstrafe-qualvolle-hinrichtung-loest-streit-ueber-todesstrafe-aus-a-1125340.html

使用薬物の消費期限が迫ったことによるアーカンソー州での処刑については n-tv.de「アーカンソー州は同州での処刑立会人を探している」［2017/3/29］
URL: http://www.n-tv.de/panorama/Arkansas-sucht-Zeugen-fuer-Hinrichtungen-article19770887.html

薬物注射による死刑のための麻酔剤の納品問題と禁止については、Michael Remke「処刑用の薬物は死刑囚に買わせて持参させる」（"Todeskandidaten sollen Gift kaufen und mitbringen" Welt N24［2017/2/20］）を参照のこと。
URL: https://www.welt.de/vermischtes/article162166556/Todeskandidaten-sollen-gift- selbst-kaufen-und-mitbringen.html

これについては以下も参照されたい。Kathrin Werner の報告「薬物の消費期限切れ」（"Das Gift wird schlecht" 南ドイツ新聞［2017/3/6］）、ならびに「迷走する処刑──米国アーカンソー州で計画されていた処刑は裁判所によりひとまず延期」（"Hin und Her bei Hinrichtungen – Die geplanten Exekutionen im amerikanischen Arkansas sind vorerst durch ein Gericht gestoppt" faz-kiosk.de［2017/4/27］）

トミー・アーサーの処刑に関する報告を参照のこと。彼は2017年5月25日の深夜に処刑され、執行官の発表によれば同年5月26日0時15分（現地時間）に死亡が確認された（シュピーゲル・オンライン［2017/5/26］）。
URL: http://www.spiegel.de/panorama/justiz/alabama-verurteilter-moerder-nach-34-jahren-im- todestrakt-durch-giftspritze-hingerichtet-a-1149294.html

フロリダ州で処刑に薬物フェンタニルを使用することの検討については、次のサイトを参照されたい。
URL: http://www.spiegel.de/panorama/justiz/usa-bundesstaaten-wollen-fentanyl-fuer-hinrichtungen-einsetzen-a-1182614.html

第1部　儀　式──太古の罰

第1章　殺害のカタログ──権力と名誉と死

　太古の処罰についての描写と記述は、次の卓越した文書資料に負っている。『古い時代の司法』（前掲書）333頁以降。

　石打ちの刑の詳細は、Ingo Wirth『死刑』（*Todesstrafen*, Augsburg 1998）204、205頁を参照のこと。

　ソラヤ・マヌシェフリの物語は、フレイドーネ・サヘビャムの書籍『石打ちの刑に処せられた女』（*Die gesteinigte Frau*）に描かれている。Renate Heimbucher に

よるフランス語からの独訳、Reinbek bei Hamburg 1992（原書：*La femme lapidée*, Paris 1990）

第 2 章　神の手による殺害——報復と和解

　Sigfried Birkner 編『子殺し犯ズザンネ・マルガレータ・ブラントの生と死』（*Leben und Sterben der Kindsmörderin Susanne Margaretha Brandt*, Frankfurt a. M. 1973）、再録されている Richard van Dülmen『恐怖の劇場』（前掲書）103、104頁より。

　「痛ましい引き回しの儀式」の描写は、J. H. Rothern『法学の技による痛ましい裁判』（*Der peinlichen Processe rechtsgelehrter Kunst*, 1752）538、539頁。引用は van Dülmen『恐怖の劇場』（前掲書）108頁による。

　ニュルンベルクとフランクフルトを例にした処刑方法に関する数値は van Dülmen『恐怖の劇場』（前掲書）117頁以降に詳しい。

第 3 章　最後の食事——和解の申し入れ

　フランクフルトの子殺し女の処刑に際しての食事メニューならびにその他の「死刑囚最後の食事」の儀式は Hans von Hentig『最後の食事の起源について』（*Vom Ursprung der Henkersmahlzeit*, Tübingen 1958）に記載されている。

　刑務所システムとその規律化権力についてはミシェル・フーコー『監獄の誕生——監視と処罰』（*Überwachen und Strafen. Die Geburt des Gefängnisses*, Frankfurt a. M. 1994）を参照のこと。これは刑務所を例に多形的な権力、その技術と作用方式を浮き彫りにした研究である。

　米国ハンツビル刑務所の死刑囚224名が希望した最後の食事は、「テキサス州刑事司法局」がリストの形で公表している。これについては Andreas Bernard が記事「最後の食事」（"Das letzte Gericht" 南ドイツ新聞［2001/5/31］）で触れている。引用した食事の希望はそこからのものである。

　Wolfram Eilenberger からの引用は彼の寄稿文「最後の食事」（"Das letzte Mahl" *Cicero* 誌［2006/6］）による。

第 2 部　処刑器具——殺害技術の進歩

第 1 章　すべての権能を機械にゆだねて——ギロチン

　ギロチン第 1 号の完成についての引用は、ダニエル・アラスの偉大な研究『ギロ

チン』（前掲書）37頁。

　ギロチンの歴史については、読みがいのある Andreas Schlieper の『啓蒙された殺人』（前掲書）を参照されたい。

　シャルル゠アンリ・サンソンの日記の1794年6月17日の書き込みは、Chris E. Paschold、Albert Gier 編『処刑人――シャルル゠アンリ・サンソンの日記、1793、1794年の恐怖の時代より』(*Der Scharfrichter, Das Tagebuch des Charles-Henri Sanson aus der Zeit des Schreckens 1793-1794*, Frankfurt a. M. 1989) 208頁以降にある。

　処刑人一族サンソン家については、Karl Bruno Leder 編『パリの処刑人』(*Der Henker von Paris*, Hamburg 1970) の編者による序文も参照されたい。

　サンソンの日記は『刑場の秘密』(*Geheimnisssse des Schaffotts*) に収められている（後掲）。これは全6巻本として1862年に刊行された。アンリ゠クレマン・サンソンはサンソン一族の最後の一員で、パリの処刑人の恐ろしい職務を務めた最後の人である。

　ギロチンに関する詳細は Johann Dachs『ギロチンによる死』（前掲書）14頁以降でも読める。Ingo Wirth『処刑――死刑の執行について』(*Exekution – Das Buch vom Hinrichten*, Berlin 1993) 104頁以降も参照されたい。

第2章　銃弾による死――銃殺

　銃殺刑の歴史については Karl Bruno Leder『死刑――起源、歴史、犠牲者』(*Todesstrafe. Ursprung, Geschichte, Opfer*, München 1986；新版：Neuauflage Erftstadt 2006) 291頁以降、ならびに Ingo Wirth『処刑』（前掲書）176、177頁を参照。ゲオルク・ヴィルヘルム・ベーマーの引用も同書177、178頁より。

第3章　身体に流される電流――電気椅子

　前世紀後半の技術的変転ならびに死刑の電気化についての記述は、知見に富む Jürgen Martschukat『北米における死刑の歴史』(*Die Geschichte der Todesstrafe in Nordamerika*, München 2002) に基づいている。ノース・アメリカン・レビュー誌およびニューヨークタイムズ紙からの引用は同書87頁以降の優れた分析による。

　獄医 Carlos F. MacDonald の描写は Ingo Wirth の読む価値のある『処刑』（前掲書）19、20頁に、ベルトルト・フロイデンタールの立会報告は21、22頁にある。

　ヘンリー・ホワイトとメリー・ファーマーの失敗に終わった処刑は、Karl Bruno Leder『死刑』（前掲書）247、248頁からの引用である。そこにはいわゆるモダンな刑罰の発展などに関する詳細な記述もある（245、246頁）。

第 4 章 「アクアリウム」での死──ガス室

　ガス室の発展についての記述は Ingo Wirth『処刑』(前掲書) 216、217 頁による。記録書の抜粋も同書 219、220 頁からの引用である。

　キャリル・チェスマンについての本の原題は *Cell 2455. Death Row: A Condemned Man's Own Story*（New York 1954）である。

　チェスマンの処刑記録は Karl Bruno Leder『死刑』（前掲書）250 頁による。

第 5 章　血管からもたらされる死──薬物注射

　引用は spiegel.online の記事「米国の殺人犯の処刑が撮影される」（"Hinrichtung von US-Mörder gefilmt"［2011/7/22］）からのものである。死刑囚の米国人弁護士たちは処刑方法に異議を申し立て、証拠として処刑を撮影することを実現した。
URL: http://www.spiegel.de/panorama/justiz/todesstrafe-hinrichtung-von-us-moerder-gefilmt-a-775928.html

　米国の処刑に使用される恐れのあるドイツの製薬会社の医薬品の納入をめぐる議論、および処刑用薬物を今後米国には一切提供しないことを求めたドイツ保健相の要請については、fr.de の「ドイツの企業は致死性の薬物を納入するつもりはない」（"Deutsche Firmen wollen kein tödliches Gift liefern"［2011/12/12］）を参照のこと。
URL: http://www.fr.de/politik/hinrichtungen-in-den-usa-deutsche-firmen-wollen-kein-toedliches-gift-liefern-a-899090

　さらに以下も参考になる。
URL: http://www.spiegel.de/politik/deutschland/protest-gegen-us-todesstrafe-aerzte-draengen-pharmafirmen-zu-gift-lieferboykott-a-741152.html

　このテーマについての情報量の多い啓発的な記事が Andreas Frey「正しく殺すこと」（"Richtig töten" Die Zeit［2017/2/27］）である。Kathrin Werner の報告「毒が消費期限切れ」（"Das Gift wird schlecht" 南ドイツ新聞［2017/3/6］）および Michael Remke の「処刑用の薬物は死刑囚に買わせて持参させる」（"Todeskandidaten sollen Gift kaufen und mitbringen" Welt N24［2017/2/20］）も参考になる。
URL: https://www.welt.de/vermischtes/article162166556/Todeskandidaten-sollen-Gift-selbst-kaufen-und-mitbringen.html

　米国ユタ州での死刑再導入については、「銃殺による死刑が再び許可される」（"Hinrichtungen durch Erschießen wieder erlaubt" faz.de［2015/3/24］）を参照されたい。
URL: http://www.faz.net/aktuell/politik/ausland/amerika/todesstrafe-in-amerika-

hinrichtungen-durch-erschiessen-wieder-erlaubt-13502453.html

ミズーリ・プロトコルの詳細については、Stephen Trombley『処刑産業——米国における死刑』(*Die Hinrichtungsindustrie. Die Todesstrafe in den USA*, Hamburg 1993) 140、141頁にある。ドン・ペーロの引用は同書257〜269頁より。

第3部 執行人——法の手足となって

第1章 処刑人という職——追放されし者

処刑人という職業の歴史と処刑人一族については、Karl Bruno Leder『死刑』(前掲書) 299頁以降を参照されたい。

処刑人一族サンソンの家族史の表題は、『アンリ＝クレマン・サンソン：刑場の秘密 - 処刑人七代の回想録 (1685-1847)』(*Henri-Clément Sanson: Geheimnisse des Schaffots. Memoiren von sieben Scharfrichter-Generationen (1685-1847)*) である。これは最後のパリ最高法院の死刑執行人 H. サンソンのフランス語からの翻訳である。全6巻本 (Berlin 1862/63) (フランス語の原題は *Sept générations d'exécuteurs, 1688-1847: mémoires des Sanson*, Paris 1862)。

他にシャルル＝アンリ・サンソンの日記は『処刑人』(前掲書) としても刊行されている。

かつての処刑人たちへのインタビューは Jens Becker、Gunnar Dedio『最後の処刑人たち』(*Die letzten Henker*, Berlin 2002) による。

第2章 カルニフェクス (死刑執行人)——関連資料

この資料は、Markus Gansel によるインターネットサイト上のテキスト「処刑人」("Der Henker") からのものである。
URL: http://www.unmoralische.de/henker.html

第3章 「私はよき処刑人でした」——死刑執行人が語る

フェルナン・メイソニエについての記述は、Jens Becker と Gunnar Dedio のドキュメンタリー映画「死刑執行人——死神には顔がある」("Henker – Der Tod hat ein Gesicht" 82分、2001年) からのものである。彼らの書籍『最後の処刑人たち』(*Die letzten Henker*, Berlin 2002) から転載した。その厚意によりここでは会話記録の抜粋を挙げてある。彼らによる上記の映画も観ていただきたい。

第4章　ギロチンの隣に立つ男——ヨハン・ライヒハルト

　処刑人ヨハン・ライヒハルトの人生と活動についての叙述は、Johann Dachs の研究に多くを負っている。彼の印象深い著作『ギロチンによる死』（前掲書）、とくに32頁以降ならびに97頁以降を参照されたい。雇用契約書も Dachs の同書36、37頁にある。

　ローラント・フライスラーの人物像、ナチス司法の構造、とくに民族裁判所の裁判実践については、『処刑人ローラント・フライスラー、ヒトラーに仕えた殺人者』(Helmut Ortner, *Der Hinrichter – Roland Freisler – Mörder im Dienste Hitlers*, Rastatt 1992）ならびに法政策学誌（ZRP）［1994/5］、169頁を参照されたい。そこには刑場と解剖学研究所、Stieve 教授の記録についての記述と引用もある（引用は連邦公文書館 R22／帝国司法大臣の情報業務）。ともに221頁。

　ミュンヘン非ナチ化法廷によって課された贖罪措置は、Dachs『ギロチンによる死』（前掲書）132頁による。

　戦後数年でのナチス法曹人とその他のナチス体制の高官たちの復権については、*Der Spiegel* 誌の連邦共和国50周年記念号［1999/5/17］所収の Henryk M. Broder による寄稿文「法の下僕たち——法治国家は裁判官たちをどうみたか」、および *Der Spiegel* 誌に掲載された Beste, Bönisch, Darmstädt, Friedmann, Fröhlinghaus, Wiegrefe の共同執筆「真実の波」（"Welle der Wahrheiten"［2012/1］）32頁以降を参照のこと。

　かつてのボン共和国司法省におけるナチスの残滓がどれほどのものだったかに関する学術委員会の研究結果は、Manfred Görtemaker と Christoph Safferling による優れた研究書『ローゼンブルク文書』（*Die Akte Rosenburg*, München 2016）で読むことができる。

第4部　マーケッター ── 殺害の値段

第1章　悪に対する米国の闘い

　米国の処罰・収監システムについては、Ansgar Graw が「米国の愚かしくも厳しい処罰システム」("Das absurd-drakonische Strafsystem Amerikas" Die Welt ［2014/10/17］）で報告している。
URL: https://www.welt.de/politik/ausland/article133356384/Das-absurd-drakonische-Strafsystem-Amerikas.html

John Suroco による「檻の中の米国——いかにして米国は刑務所先進国となったのか」（"Amerika hinter Gittern – Wie die USA zum Gefängnis-Spitzenreiter wurden"［2015/12/7］）も参照されたい。
URL: https://www.vice.com/de/article/amerika-hinter-gittern-0001167-v11n10

死刑の費用については、Simon Book、Gregor Peter Schmitz「殺害の値段」（"Der Preis des Tötens" Der Spiegel 29/2011［2011年7月18日号］）86頁を参照のこと。
URL: http://www.spiegel.de/spiegel/print/d-79572336.html

米国における刑務所システムの発展については、Jörg Häntzschel「転回点」（"Die Wende"南ドイツ新聞［2012/5/2］）を参照。さらに Christiane Heil「より少ない死刑判決、より少ない処刑」（"Weniger Todesurteile, weniger Hinrichtungen"フランクフルター・アルゲマイネ紙［2011/12/21］）も参照されたい。
URL: http://www.spiegel.de/panorama/justiz/kosten-von-todesstrafen-in-den-usa-24-millionen-dollar-fuer-jede-hinrichtung-a-656284.html /21.10.2009

ロサンゼルスタイムズ紙の Newt Gingrich、N. Wayne Hughes Jr.「カリフォルニア州が犯罪と処罰の多発状態から学び取れること」（"What California can learn from the red states on crime and punishment"［2014/9/16］）も参考になる。
URL: http://www.latimes.com/opinion/op-ed/la-oe-0917-gingrich-prop--47-criminal-justice-20140917-story.html

2人の学者 Arthur Alarcon と Paula Mitchell の数値については、Carol J. Williams「研究によればカリフォルニア州が毎年死刑に費やす金額は1億8,400万ドル」（"Death penalty costs California $184 million a year, study says" ロサンゼルスタイムズ紙［2011/6/20］）を参照されたい。
URL: http://articles.latimes.com/2011/jun/20/local/la-me-adv-death-penalty-costs-20110620
URL: https://deathpenaltyinfo.org/YearEnd2016

第5部　告知するもの——公的な演出

第1章　恐怖の劇場——民衆文化と死刑

パリにおける死刑の演出については、Andreas Schlieper の優れた著作『啓蒙された殺人』（前掲書）220頁以降を参照のこと。

またこれについては、Jürgen Martschukat『北米における死刑の歴史』（前掲書）所収の「司法見世物と暴力の悦び」（"Das Justiz-Lustschauspiel und die Lust an der

Gewalt"）44頁以降、ならびに Richard J. Evans『復讐の儀式』（前掲書）の「民衆文化と死刑」（"Volkskultur und Todesstrafe"）の章の解説と記述を参照されたい。本書の流しの歌うたいの歌詞も同書229頁による。Paul Anselm Feuerbach からの引用も同書118頁からのものである。公開処刑とその廃止についても、Evans（前掲書）の317頁以降が参考になる。同書393頁には公開処刑廃止に向けた要約的な引用もある。

第2章　最期の言葉──処刑された人々が遺した言葉

　この会話は「一番多い言葉は愛」（"Das häufigste Wort ist Liebe"）というタイトルでフランクフルター・アルゲマイネ紙に掲載された［2012/8/19］。質問者は Christiane Heil である。

エピローグ　死刑についての考察──ある見解表明

　ベッカリーアについては以下を要約した。Wolfgang Preiser『啓蒙時代以降の死刑の歴史』（*Die Geschichte der Todesstrafe seit der Aufklärung*, München 1966) 44頁以降。

　Paul Bockelmann「死刑に反対する合理的な理由」（"Die rationalen Gründe gegen die Todesstrafe"）。引用は『ハイデルベルク・スタジオ叢書-南ドイツラジオの放送シリーズ』（*Das Heidelberger Studio – Eine Sendereihe des Süddeutschen Rundfunks*, München 1962) 所収の「死刑についての問い──12の回答』（"Die Frage der Todesstrafe – 12 Antworten"）139頁より。

　Richard J. Evans の基本的な論考は『復讐の儀式』（前掲書）1083頁以降にある。

　これについては Roger Hood を参照。死刑廃止に賛成の論拠は、『死刑のアクチュアリティについて』（前掲書）に所収の彼の論考「死刑：グローバルな視点」（"Die Todesstrafe: Globale Perspektiven"）447頁以降。

　EU 基本権憲章の資料はドイツ連邦政治教育センター刊行の『人権──資料と宣言』（*Menschenrechte – Dokumente und Deklarationen*, Bonn 2004) にある。

展望　希望のとき？──死刑制度をめぐる世界の現状

　すべての情報は、アムネスティ・インターナショナル発行の『処刑および死刑判決報告書』（Berlin 2017) に基づいている。

　Benjamin Schulz の情報量の多い要約「司法の一部としての死」（シュピーゲル・

オンライン［2017/4/11］）
URL: http://www.spiegel.de/panorama/justiz/amnesty-international-jahresbericht-2016-der-tod-als-teil-der-justiz-a-1142761.html
ならびに「4カ国で処刑の90パーセントを独占」（ヴェルトN24［2017/4/11］）
URL: https://www.welt.de/politik/ausland/article163606516/Vier-Laender-verantworten-90-Prozent-der-Hinrichtungen.html
も参照のこと。

　ドイツ連邦共和国とサウジアラビアの関係についてはNico Friedの寄稿文「危機の中の湾岸国——メルケルはサウジアラビアと距離を取る」（南ドイツ新聞［2016/1/5］）を参照。

　イランの未成年に対する死刑判決については次を参照のこと。
URL: http://www.deutschlandfunk.de/todesurteile-gegen-jugendliche-im-iran-hinrichtungen-von.1818.de.html?dram:article_id=343694

　多数の書籍、プレス発表、文書資料と並んで、インターネット上の諸情報も大きな助けとなった。とくに情報量の多い以下のサイトをここに挙げておく。
URL: www.amnesty-todesstrafe.de
URL: www.todesstrafe-nachrichten.jimdo.com
URL: www.todesstrafe.de
URL: https://deathpenaltyinfo.org.
URL: www.todesstrafe-texas.de
URL: www.initiative-gegen-die-todesstrafe.de
URL: backview.eu

◆文献一覧

Amnesty International (Hg.), *Hinrichtungen und Todesurteile. Ein Bericht*, Berlin 2017.

Amnesty International (Hg.), *Amnesty International Report 2016/2017 zur weltweiten Lage der Menschenrechte*, Frankfurt a. M. 2017.

Arasse, Daniel, *Die Guillotine. Die Macht der Maschine und das Schauspiel der Gerechtigkeit*, Reinbek bei Hamburg 1988.
〔ダニエル・アラス『ギロチンと恐怖の幻想』野口雄司訳、福武書店、1989年〕

Beccaria, Cesare, *Über Verbrechen und Strafen*, Frankfurt 1966.
〔ベッカリーア『犯罪と刑罰』風早八十二訳、岩波文庫、1959年；チェーザレ・ベッカリーア『犯罪と刑罰』小谷眞男訳、東京大学出版会、2011年〕

Becker, Jens / Dedio, Gunnar, *Die letzten Henker*, Berlin 2002.

Blazek, Matthias, *Scharfrichter in Preußen und im Deutschen Reich 1866-1945*, Stuttgart 2010.

Boulanger, Christian / Heyes, Vera/ Hanfling, Philip, *Zur Aktualität der Todesstrafe. Interdisziplinäre und globale Perspektiven*, Berlin 2002.

Breidenbach, Susanne (Hg.), Lucinda Devlin: *The Omega Suites*, Göttingen 2001.

Dachs, Josef, *Tod durch das Fallbeil. Der deutsche Scharfrichter Johann Reichhart (1893-1972)*, Regensburg 1996.

Dülmen, Richard van, *Theater des Schreckens. Gerichtsrituale und Strafrituale in der frühen Neuzeit*, München 1988.

Evans, Richard J., *Rituale der Vergeltung. Die Todesstrafe in der deutschen Geschichte 1532-1987*, Berlin/Hamburg 2001.

Friedrich, Jörg, *Die kalte Amnestie – NS-Täter in der Bundesrepublik*, Frankfurt 1988.

Foucault, Michel, *Überwachen und Strafen. Die Geburt des Gefängnisses*, Frankfurt a. M. 1994.
〔ミシェル・フーコー『監獄の誕生――監視と処罰』田村俶訳、新潮社、1977年〕

Gendolla, P. / Zelle, C. (Hg.), *Schönheit und Schrecken*, Heidelberg 1990.

Görtemaker, Manfred/ Safferling, Christoph, *Die Akte Rosenberg, Das Bundesminis-

terium der Justiz und die NS-Zeit, München 2016

Hentig, Hans von, *Die Strafe I. Frühformen und kulturgeschichtliche Zusammenhänge*, Berlin-Göttingen-Heidelberg 1954.

Hentig, Hans von, *Die Strafe II. Die modernen Erscheinungsformen*, Berlin-Göttingen-Heidelberg 1954.

Hentig, Hans von, *Vom Ursprung der Henkersmahlzeit*, Tübingen 1958.

Hinckeldey, Christoph（Hg.）, *Justiz in alter Zeit*, Mittelalterliches Kriminalmuseum Rothenburg o. d. T., 1989.

Koch, Tankred, *Die Geschichte der Henker. Scharfrichter-Schicksale aus acht Jahrhunderten*, Heidelberg 1988.

Leder, Karl Bruno, *Todesstrafe. Ursprung, Geschichte, Opfer*, München 1986, Neuauflage Erftstadt 2006.

〔カール・B・レーダー『図説 死刑物語——起源と歴史と犠牲者』西村克彦、保倉和彦訳、原書房、1989年〕

Martuschkat, Jürgen, *Inszeniertes Töten. Eine Geschichte der Todesstrafe vom 17. bis zum 19. Jahrhundert*, Köln/Weimar/Wien 2000.

Martuschkat, Jürgen, *Die Geschichte der Todesstrafe in Nordamerika*, München 2002.

Müller, Ingo, *Fürchterliche Juristen – Die unbewältigte Vergangenheit unserer Justiz*, München 1987, Neuauflage Berlin 2014.

Ortner, Helmut, *Der Hinrichter – Roland Freisler – Mörder im Dienste Hitlers*, Neuausgabe, Frankfurt a. M. 2014.

〔ヘルムート・オルトナー『ヒトラーの裁判官フライスラー』須藤正美訳、白水社、2017年〕

Ortner, Helmut, *Gnadenlos Deutsch*, Frankfurt a. M. 2016.

Paschold, Chris E. / Gier, Albert（Hg.）, *Der Scharfrichter. Das Tagebuch des Charles-Henri Sanson aus der Zeit des Schreckens 1793–1794*, Frankfurt a. M. 1989.

Prieser, Wolfgang, *Die Geschichte der Todesstrafe seit der Aufklärung*, München 1962

Rossa, Kurt, *Todesstrafen. Von den Anfängen bis heute*, Bergisch Gladbach 1979.

Sanson, Henri, *Der Henker von Paris*（herausgegeben und eingeleitet von Karl Bruno Leder）, Hamburg 1970.

Schlieper, Andreas, *Das aufgeklärte Töten. Die Geschichte der Guillotine*, Berlin

2008.

Sofsky, Wolfgang, *Traktat über die Gewalt*. Frankfurt a. M. 1996.

Trombley, Stephen, *Die Hinrichtungsindustrie. Die Todesstrafe in den USA*, Hamburg 1993.
〔スティーブン・トロンブレイ『死刑産業——アメリカ死刑執行マニュアル』藤田真利子訳、作品社、1997年〕

Waltenbacher, Thomas, *Zentrale Hinrichtungsstätten. Der Vollzug der Todesstrafe in Deutschland von 1937 bis 1945 - Scharfrichter im Dritten Reich*, Berlin 2008.

Wirth, Ingo, *Exekution. Das Buch vom Hinrichten*, Berlin 1993.

Wirth, Ingo, *Todesstrafen*, Augsburg 1998.

著者について

ヘルムート・オルトナー　Helmut Ortner

　1950年生まれ。これまでに政治関連の専門書や評伝を中心に30冊を超える書物を刊行している。それらは合計14の言語に翻訳された。ヒトラーの死の裁判官ローラント・フライスラーの評伝『ヒトラーの裁判官フライスラー』（須藤正美訳、白水社）は日本でも刊行され大きく注目された。

　現在フランクフルトに居を構えて活動している。人権団体アムネスティ・インターナショナル会員。

村井　敏邦　（むらい・としくに）

　1941年生まれ。1964年司法試験合格。一橋大学教授、龍谷大学教授、大阪学院大学教授を経て、現在、弁護士。一橋大学名誉教授、龍谷大学名誉教授。日本刑法学会理事長（2000〜2003年）。

　主な著書に、『公務執行妨害罪の研究』（成文堂）、『刑法——現代の「犯罪と刑罰」』（岩波書店）、『刑事訴訟法』（日本評論社）、『罪と罰のクロスロード』（大蔵省印刷局）、『民衆から見た罪と罰——民間学としての刑事法学の試み』（花伝社）、『裁判員のための刑事法ガイド』（法律文化社）ほか多数。

訳者について

須藤　正美　（すとう・まさみ）

　1956年生まれ。東京都立大学（現在の首都大学東京）人文学部博士課程単位取得満期退学。ドイツ文学、特にカフカをはじめとするユダヤ系文学者の作品、ドイツ人とユダヤ人の関係史などを研究。早稲田大学（2010年まで）、中央大学、明治大学、慶應義塾大学などで講師を務める傍ら、文芸・実務翻訳に従事。主な訳書は、クラウス・ヴァーゲンバッハ『カフカのプラハ』（水声社）、ヘルムート・オルトナー『ヒトラーの裁判官フライスラー』（白水社）、ノーマン・オーラー『ヒトラーとドラッグ——第三帝国における薬物依存』（同）など。

国家が人を殺すとき──死刑を廃止すべき理由

2019年2月28日　第1版第1刷発行

著　者　ヘルムート・オルトナー
訳　者　須藤正美
発行所　株式会社日本評論社
　　　　〒170-8474　東京都豊島区南大塚3-12-4
　　　　電話　03-3987-8621（販売）　-8611（編集）
　　　　FAX　03-3987-8590（販売）　-8593（編集）
　　　　振替　00100-3-16　https://www.nippyo.co.jp/

印刷所　精文堂印刷
製本所　松岳社
装　幀　日下充典

JCOPY　＜(社)出版者著作権管理機構　委託出版物＞

本書の無断複写は著作権法上での例外を除き禁じられています。複写される場合は、そのつど事前に、(社)出版者著作権管理機構（電話03-5244-5088、FAX03-5244-5089、e-mail: info@jcopy.or.jp）の許諾を得てください。また、本書を代行業者等の第三者に依頼してスキャニング等の行為によりデジタル化することは、個人の家庭内の利用であっても、一切認められておりません。

検印省略　©2019 M. Suto
ISBN 978-4-535-52359-3　Printed in Japan